中国生态文明发展战略研究丛书

丛书主编　刘湘溶

"十二五"国家重点图书出版规划项目

国家出版基金资助项目
教育部人文社会科学重点研究基地湖南师范大学道德文化研究中心重大项目（13JJD720006）
湖南省中国特色社会主义道德文化协同创新中心项目
湖南师范大学生态文明研究院项目

城乡建设生态化：

从分离到一体

朱翔　著

湖南师范大学出版社

图书在版编目（CIP）数据

城乡建设生态化：从分离到一体/朱翔著．—长沙：湖南师范大学出版社，
2015.12

（中国生态文明发展战略研究丛书／刘湘溶主编）

ISBN 978 - 7 - 5648 - 2389 - 4

Ⅰ．①城…　Ⅱ．①朱…　Ⅲ．①城乡建设—生态环境建设—研究—中国
Ⅳ．①F299.2②X321.2

中国版本图书馆 CIP 数据核字（2015）第 313955 号

中国生态文明发展战略研究丛书
主编：刘湘溶

城乡建设生态化：从分离到一体
CHENG-XIANG JIANSHE SHENGTAIHUA：CONG FENLI DAO YITI

朱　翔　著

◇丛书策划：陈宏平　何海龙
◇丛书组稿：何海龙
◇责任编辑：何海龙
◇责任校对：胡晓军
◇出版发行：湖南师范大学出版社
　　　　　　地址／长沙市岳麓山　邮编／410081
　　　　　　电话／0731.88873070　88873071　传真／0731.88872636
　　　　　　网址／http：//press.hunnu.edu.cn
◇经销：新华书店
◇印刷：长沙超峰印刷有限公司
◇开本：710 mm×1000 mm　1/16
◇印张：13.25
◇字数：223 千字
◇版次：2015 年 12 月第 1 版　2015 年 12 月第 1 次印刷
◇书号：ISBN 978 - 7 - 5648 - 2389 - 4
◇定价：40.00 元

序

2007 年，由我主持的"我国生态文明发展战略研究"获批为国家社科基金重大项目，项目于 2012 年顺利结题。在项目的研究过程中，我和团队成员先后在《新华文摘》《哲学研究》《光明日报》等重要刊物上发表了数十篇论文，总计 80 万字的结题之作《我国生态文明发展战略研究》亦于 2013 年 1 月由人民出版社出版，产生了较为广泛的积极影响。特别令人振奋的是，2013 年 5 月 8 日，《光明日报》头版头条以"以生态文明理论支撑美丽中国"为题，对我们数十年辛勤耕耘，尤其是近些年的劳作所取得的成就做了专题报道。我心存感激之际，更感责任所系。

党的十八大将生态文明提升到人类社会发展的一个特定时代的高度，指出走中国特色社会主义道路，实现"中国梦"的理想，必须以"五位一体"的总体布局进行生态文明建设，在"五位一体"总体布局中把生态文明建设放在突出地位，并融入经济建设、政治建设、文化建设和社会建设的各方面和全过程。为此，进一步加强我国生态文明建设理论与实践研究就显得尤为重要和迫切。现在呈现给大家的这套丛书就是在这么一种背景下组织论证与撰写的。

围绕着一个主题，从系列论文的产出到一部专著的付梓，再到一套丛书的问世，表明了我们的研究工作一脉相承，循序渐进，不断深化，凝聚着团队成员集体的智慧和心血。如果说"一部专著"是对"系统论文"研究心得的集成，那么"一套丛书"则是对专著所集成研究成果的继续开拓和升华。"路漫漫其修远兮，吾将上下而求索。"这种开拓和升华是没有止境的。

本套丛书和上述专著相比，开拓与升华主要表现如下：

一是视域更加广阔。生态文明是一个全新的人类文明形态，在向它跃迁的历史过程中，不但人与自然的关系会发生深刻的变化，而且人与人、人与社会、人与自身的关系也会发生深刻变化。这是一种趋势，顺其者昌，逆其者亡。为揭示它，把握它，从而主导它，我们在国家社科基金重大项目的结题之作中提出了中国生态文明建设要致力于"一个构建"和"六个推进"的总体框架，即构建生态文明核心价值，推进思维方式、经济发展方式、科学技术、消费方式、城乡建设和人格的生态化。这套丛书，虽仍依据总体框架的思路，但却对它进行了拓展，增加了法治生态化和文学艺术生态化。道理不言自明：中国的生态文明建设不但需要以核心价值的构建为灵魂，以思维方式、经济发展方式、科学技术、消费方式、城乡建设和人格的生态化推进为先导、基础、动力、牵引、载体和归宿，还离不开法治的生态化推进、文学艺术的生态化推进为保障、为催化。可见，原定的框架体系不是封闭僵化的，而是开放包容的，且富于弹性，必须与时俱进，逐步完善。这是学术的生命力所在！

二是内容更加充实。这套丛书中有7部著作是在原有的"一个构建"和"六个推进"的框架下写成的，除加了副标题外，主标题几乎都一样，但内容上得到了极大的充实，仅从文字数量的增加便可见出。在《我国生态文明发展战略研究》一书中，这7部著作都是一章的篇幅，每章6万至8万字不等，而在丛书中，一章成为一书，篇幅都到了 20 万字左右。内容的充实最关键的地方在于，观点更加明确了，结构更加合理了，逻辑更加严谨了，材料更加翔实了，论述亦更加周全了。

三是实践指向性更加突出。生态文明建设，对于现时代既是一个重大的理论课题，又是一个重大的实践课题，尽管对它的理论研究，尤其是基础理论研究还有许多薄弱环节，须臾不可松懈与停顿，但理论的目的在于应用，应用于指导实践，以增强实践的自觉性、主动性，避免实践的盲目性、被动性，在指导实践中接受实践的检验，走向成熟。于是，我们对丛书做了战略对策性研究的学术定位，要求作者尽可能地参照国外正反两个方面的经验教训，结合中国的国情，博采众长，集百家之言，成一家之说，力争从理论与实践的结合上，对我国生态文明建设提出更多、更好的建议。尽管我们做得还很不够，但可以肯定的是，我们努力了。

全套丛书由 9 部著作组成，它们既是一个有机整体，在内容上和排篇布局上具有较高的关联性和统一性；同时，在文字表达与论证方式上又各具风格与个性。这 9 部著作分别为：

1.《生态文明的愿景：寻求人类和谐地栖居》（李培超、张启江著）；

2.《思维方式生态化：从机械到整合》（舒远招、周晚田著）；

3.《科学技术生态化：从主宰到融合》（李培超、郑晓绵著）；

4.《经济发展方式生态化：从更快到更好》（刘湘溶、罗常军著）；

5.《消费方式生态化：从异化到回归》（曾建平等著）；

6.《城乡建设生态化：从分离到一体》（朱翔著）；

7.《法治保障生态化：从单一到多维》（李爱年、肖爱著）；

8.《文学艺术生态化：从背景到前景》（龙娟、向玉乔著）；

9.《人格教育生态化：从单面到立体》（彭立威、李姣著）。

丛书是国家新闻出版广电总局"十二五"国家重点图书出版规划项目，由湖南师范大学出版社出版，它的研究与撰写得到了国家出版基金、教育部人文社会科学重点研究基地、湖南省中国特色社会主义道德文化协同创新中心、湖南师范大学生态文明研究院的经费资助，在此，我代表我们团队向所有对丛书出版给予帮助和支持的单位和个人表示衷心的感谢！

刘湘溶

2015 年 11 月

目　录　CONTENTS

第4章　推进城乡建设生态化／139

第5章　绿色小城镇：城乡建设生态化的战略选择／167

第 1 章

关于城市化的认识

第一节 ｜ 城市与城市化

一、城市

从聚落地理的角度来看，居民居住区域大致上可分为城镇区域与乡村区域。我国城乡区域可划分为城市、设区市的市区、不设区市的市区、镇、县及县以上人民政府所在建制镇的镇区、其他建制镇的镇区、乡村、集镇、农村。

城市是具有一定规模的非农业人口聚居的场所，是一定地域的社会、经济、文化中心。城市经济以非农产业活动——第二、三产业——为主体。在城市，人口、建筑和产业活动高度密集。城市更多地占有现代科学技术、先进工艺装备、高科技人才和技术熟练工人，因而较乡村能获得更高的经济社会效益。城市是区域的核心，具有多功能、动态性、枢纽性的特点，不仅辐射带动周围的区域，还与外界产生广泛的交流。城市的基本特征包括密集性、高效性、多元性、动态性、系统性等。

城市是人类社会发展到一定阶段的产物。有城池者为城，以行政职能为主；商品交易流通者为市，以商贸职能为主。关于城市的发展，主体内容包括：一是人口向城市的集中，城市规模的扩大，城市功能的增强，城市在国家和地区中的地位逐渐提升；二是城市内涵的提升过程，城市基础设施日益完善，城市产业结构逐步优化，城市对地区的辐射带动功能显著加强；三市城乡融合的过程，区域发展的低水平阶段以乡村形态为主，区域发展的中等水平阶段以城市主导为主，区域发展的高水平阶段以城乡统筹为主。

城市是多种因素综合作用的产物，主要因素有经济、政治、社会、科技、战争、私有制、宗教、集聚等。关于城市的成因，大致有防御说、私有制说、阶级说、地利说和生产力说。城市的空间分布，是自然、社会、经济、历史、文化等多因素综合作用的结果，主要特征包括：一是中低纬指向性，大城市主要分布在气候条件较为适宜的中低纬度地区。二是平原指向性，人口分布的平原指向性决定了城市分布的平原指向性，大多数大城市分布在海拔比较低的地区。三是近海岸指向性，滨海城市大多拥有优良的港湾码头和便利的海运条件。四是交通指向性，交通运输干道沿线地带人口和城市相对密集。五是资源指向性，矿产资源的开发成为影响城市分布的重要因素。

二、城市化

城市化是人类生产与生活方式由农村型向城市型转化的过程，主要表现为农村人口转化为城市人口以及城市不断发展完善的过程。在城市化过程中，城市人口占总人口的比重持续上升，劳动力从第一产业向第二、三产业逐渐转移，城市用地规模不断扩大。

《国家新型城镇化规划（2014—2020 年)》要点

《国家新型城镇化规划（2014—2020 年)》是今后一个时期指导全国城镇化健康发展的宏观性、战略性、基础性的规划，也是中央颁布实施的第一个城镇化规划。该《规划》分 8 篇 31 章，主要内容可以归纳为一条主线、四大任务、五项改革。

一条主线 紧紧围绕全面提高城镇化质量，加快转变城镇化发展方式，以人的城镇化为核心，以城市群为主体形态，以综合承载能力为支撑，以体制机制创新为保障，走以人为本、四化同步、优化布局、生态文明、文化传承的中国特色新型城镇化道路。

四大任务 有序推进农业转移人口市民化，优化城镇化布局和形态，提高城市可持续发展能力，推动城乡发展一体化。

五项改革 统筹推进人口管理、土地管理、资金保障、城镇住房、生态环境保护等制度改革，完善城镇化发展体制机制。

城市化的过程表现出以下特点：以区域人口的迁移和集中为前提；以经济

活动的集聚和优化为内容；以社会结构的转变和改善为目标；以地域景观的转化和演变为标志。城市化的基本内涵包括：经济城市化、人口城市化、社会城市化和空间城市化。

乡村是主要从事农业、人口分布较城镇分散的地方。近半个世纪以来，随着交通运输的大规模建设，尤其是信息网络技术的突飞猛进，我国城乡一体化进程明显加快，尤其是小城镇的迅速发展，有力地推动了乡村现代化的进程。

我国长期存在着城乡二元结构现象，城市与乡村之间存在着不对称的发展状况。导致我国城乡分离的因素主要是：城乡所有制的差别；城乡产业结构的不同；城乡交换体制的差异；户籍制度的区别对待。改变我国城乡二元结构问题，仍需要一个较长的时期。

推拉学说（Push and Pull Theory）认为，城市化是由两种力共同作用的结果。一种是农村劳动力过剩所产生的推力，另一种是城市经济社会发展所产生的拉力。从推因角度分析，农业劳动生产率的不断提高，农村土地资源的有限性和人口的持续增长，导致农业劳动力大量过剩。由此形成农业人口向城市转移的推力。从拉因角度分析，城市的人均收入显著高于农村，城市经济社会的发展可创造比较多的就业机会，城市具有丰富的现代文明和更多的发展机遇，这些都对农业过剩人口、尤其是农村青年产生强大的拉力。

乡村—城市转型（rural-urban transition）是农村向城市转变的过程。它强调的是在农村地区发生的城市化现象，包括景观的、社会的、经济的、人口的转型过程，实际上是乡村社会经济结构功能的现代化转变。在我国，乡村—城市转型主要有三种类型：一是乡村地区转型为城市地区，二是乡村集镇转型为现代化城市，三是城市边缘区的乡村转型为市区。在我国城市化进程中，正确处理城乡关系，城乡统筹协调发展，具有重要的现实意义。乡村—城市转型主要表现为自下而上的城市化，但转型的主要动力来自城市。在乡村—城市转型达到一定阶段之后，中心城市则对所在区域产生主导性的拉动作用。比如，20世纪 90 年代，中国经济进入黄金发展期，涌进城镇的农民工急剧增长，每年增加约 2000 万人。农民工成为"中国制造"的主力军，为中国经济创造了巨大的人口红利。在珠江三角洲地区，改革开放初期，是自下而上的城市化推进过程，城市化的主要动力是外向型的工业化，小城镇建设随着"三来一补"企业遍地开花。但随着广州、深圳的崛起，中心城市的辐射带动作用日益突出，表现出典型的自上而下的城市化特征。

城市化水平是一个国家和地区经济发达程度的重要标志。近一个世纪以来，城市进入空前的发展时期，主要表现是：（1）城市化迅速推进。1800 年世界城市化水平仅 5%，1900 年才达到 14%，1950 年为 29.2%，到 2000 年就超过了 47%，2010 年超过 50%，预计 2030 年将超过 60%。发达国家的城市化水平通常在 70% 以上，发展中国家一般在 50% 左右，欠发达国家通常不超过 20%。（2）大城市的数量逐渐增加，并成为区域、国家的发展中心。1900 年，人口数量超过 100 万的城市为 12 个。1950 年，100 万以上人口的城市增加到 83 个。2000 年，100 万以上人口的城市猛增到 411 个。（3）发展中国家城市化进展迅速。与发达国家相比，发展中国家人口自然增长率高，城市化起步水平低，城市成长比较快。（4）世界人口更多地向大城市集中。大城市基础设施完备，就业机会较多，对外交通联系方便，文化教育发达，这些都是吸引人口集聚的重要因素。（5）城市问题日趋严重。比如环境污染、交通阻塞、高犯罪率、地价昂贵、失业率居高不下等。

关于城镇化发展进程的研究，较普遍的做法是将某个地区的城镇化发展历程进行阶段性的划分，如美国城市地理学家 R. 诺瑟姆（R. Northam）在 1979 年提出了城镇化发展的三阶段论，他把一个国家和地区的城镇人口占总人口比重的变化过程概括为一条稍被拉平的 S 形曲线，并把城镇化过程分成三个阶段，即城镇化水平较低、发展缓慢的初期阶段，城镇化水平低于 30%；城镇化水平快速提升的中期加速阶段，城镇化水平处于 30% ~ 70% 之间；以及进入高度城镇化以后城镇化水平增长趋缓甚至停滞的后期阶段，城镇化水平超过 70%。诺瑟姆的三阶段论是在对美国城镇化发展历程研究的基础上提出来的。我国学者方创琳等在诺瑟姆三阶段理论的基础上，结合我国城镇化发展的实际情况，提出了城镇化发展的四阶段论，并对各个阶段的特征进行了概括，如表 1 - 1 所示。

表 1 - 1 城镇化四阶段的基本特征

特征类别	类别城镇化初期阶段	城镇化中期阶段	城镇化后期阶段	城镇化终期阶段
城镇化率（%）	1～30	30～60	60～80	80～100
城镇化年均增速（%）	缓慢，<1.0	加速，>1.0	减慢，<1.0	稳定，≈0
工业化率（%）	1～30	30～70	70～30	<30
产业结构比例（%）	50:25:25	25:45:30	15:40:45	10:30:60
就业结构比例（%）	80:15:55	0:30:20	20:40:40	10:30:60
经济增长速度	缓慢	快速	减慢	极慢
主导经济类型	农业经济	工业经济	工商业经济	服务型经济
城镇空间形态	点状结构	带状或块状结构	网状结构	均衡网络结构
所处的工业化阶段	工业化初期	工业化中期	工业化后期	后工业化期
所处的经济增长阶段	起步阶段	成长阶段	成熟阶段	顶级阶段
城镇化动力	工业化占绝对主导	工业化占主导，第三产业为辅	第三产业占主导，工业化为辅	第三产业占绝对主导

纵观世界经济社会发展历程，城镇化主要有三类模式：一是依靠市场机制主导的城镇化。美国为典型范式，美国奉行市场至上的原则，认为城镇兴起主要是市场机制自然选择的结果，把城市规划及其管理看作地方性事务。二是注重政府调控引导的城镇化。英德法和日韩为典型范式，重视城镇的有序发展，中央政府的宏观调控发挥了引导作用。三是受到殖民历史制约的城镇化。拉美、非洲为典型范式，其城镇化既没有工业化作支撑，也与当地的经济社会发展水平脱节，城镇化没有民族特色，过度城镇化导致严重的"城市病"。

城镇化的国际经验主要有：注重顶层设计，强化规划指导；注重法制建设，强化制度保障；注重循序渐进，强化产业支撑；注重基础建设，强化综合交通；注重社会管理，强化公共服务；注重城乡平衡，强化支农政策。城镇化的国际教训主要有：过度郊区化导致资源环境浪费；人口过度集聚使得特大型城市负载过重；城镇化与工业化脱节引发各种经济社会矛盾；城乡差距过大危及社会稳定。

    城市化的意义主要表现在：第一，城市是区域的中心，城市化过程能够促进区域社会经济的发展，有利于改善地区产业结构。第二，城市化与工业化是相互影响的。离开了城市化，工业生产的效率就会降低；离开了工业化，城市化就会失去经济发展的动力。第三，科技进步和信息化使得现代化大城市成为主要的科技创新基地和信息交流中心。第四，城市化过程能够广泛带动乡村的发展，城市文化也不断地向乡村扩散和渗透，影响着乡村的生产生活方式。第五，在城市化过程中，城市能够大量吸收乡村的剩余人口，创造比较多的就业机会。第六，城市是文化创新的高地，也是文化产业的主要集聚区，对于所在区域的文化建设具有重要的引领作用。总之，城市化过程有助于城市与乡村的相互促进，缩小城乡发展差距。而区域社会经济水平的提高，反过来又会推动城市的发展。

表1-2　发达国家与发展中国家城市化特征分析

发达国家城市化特征	城市发展速度趋缓，城市数量和人口稳定发展；城市功能相对完善，区域中心职能突出；城市体系发育有序，出现城市群和城市连绵带；因城市问题突出，广泛出现"郊区城市化"现象。
发展中国家城市发展特征	大城市数量激增，城市首位度大；农村剩余劳动力大量进城，以谋求较好的生存条件和工作机会；城市问题日益突出，并引发了不少社会矛盾。
发达国家与发展中国家城市化的差别	一是表现在分散与和集中这两种趋势上。在发达国家，随着交通的发展和信息化的普及，市中心区的吸引力下降，城市人口和一部分经济职能表现出扩散的趋势。在发展中国家，尤其是欠发达国家，仍然依靠城市发挥集聚效应，并辐射带动周围地区的发展。二是表现在数量与质量的侧重上。发达国家侧重于城市质量的提升，相继出现了生态城市、数字城市、节能型城市等新的城市发展类型。发展中国家由于薄弱的经济基础和蜂拥而至的进城人流，在完善城市设施、提高城市素质等方面，还有比较长的路要走，现阶段不得不更偏重于城市的拓展。三是表现在城市发展的追求方面。发达国家追求的是良好的城市生态环境和社会文化氛围，注重人文关怀、人性化和满足城市居民的各种需求。发展中国家更加追求城市发展的业绩，比如经济增长率、城市发展规模、建筑物的高度、楼盘的体量等。

逆城市化（counterurbanization）

城市人口向小城镇和广大乡村回流的过程，是相对于城市化过程而言的。近半个世纪以来，在广大发展中国家，大量乡村人口持续涌入城市，导致城市数量的增多和城市人口的增加。但在一些发达国家，尤其是城市化趋于饱和的国家，投资方向从大城市转向小城镇和乡村地区，出现了中心城区人口减少、产业外迁、经济衰落的现象，这种现象在内城区表现得尤为明显。在人口的城乡构成方面，也表现出城市人口比重下降、小城镇和乡村人口比重上升的状况。在英国等欧洲国家，这种现象表现得比较突出。逆城市化发生发展的原因，包括城市的推力与小城镇、乡村的拉力两个方面。在城市发展到一定程度之后，中心区大多会发生多种"城市病"。比如大气污染、水质恶化、噪声污染、交通阻塞、犯罪率居高不下等，导致城区居住环境恶化，一部分居民陆续向城市外围迁移。从小城镇和乡村的拉力来看，由于有了现代化的交通运输网络，即使居住在距离中心城区比较远的地方，乘车进出中心城区也是非常方便的。小城镇和乡村能够给迁入者提供良好的居住环境和生活条件，现代化的信息服务更是缩短了城乡之间的差距。所以，在许多发达国家，中产阶级倾向于由城市核心区向外围小城镇和乡村迁移。

我国的城市化过程，既符合世界城市化的普遍规律，同时也具有自身的特殊性。总体上讲，我国的城市化进程处在加速推进、逐渐提升的阶段。2012年我国城市化水平超过50%，城镇人口占总人口的比重，有史以来首次超过农业人口。继工业化、市场化之后，城市化成为推动中国经济社会加速发展的强劲引擎。我国现有2.8亿农民工，他们大部分居住在城镇，不再从事农业生产，但其大多数却难以融入城市的主流生活，难以享受城市居民所享有的各种福利待遇，生产生活处于不够稳定的状态。从空间分布来看，我国城市化发展水平很不平衡，东部和东北地区城市化水平较高，广大的中西部地区城市化进程明显滞后。长三角、珠三角、京津冀三大城市群综合实力较强，但国内大多数城市还处于中期扩张的阶段。

表 1-3　1978—2014 年我国城市化水平

年份	年底总人口（万）	城镇人口（万）	城市化水平（%）	年份	年底总人口（万）	城镇人口（万）	城市化水平（%）
1978	96259	17245	17.92	2000	126743	45906	36.22
1980	98705	19140	19.39	2001	127627	48064	37.66
1985	105851	25094	23.71	2002	128453	50212	39.09
1989	112704	29540	26.21	2003	129227	52376	40.53
1990	114333	30195	26.41	2004	129988	54283	41.76
1991	115823	31203	26.94	2005	130756	56212	42.99
1992	117171	32175	27.46	2006	131448	58288	44.34
1993	118517	33173	27.99	2007	132129	60633	45.89
1994	119850	34169	28.51	2008	132802	624034	46.99
1995	121121	35174	29.04	2009	133450	645124	48.34
1996	122389	37304	30.48	2010	134091	669784	49.95
1997	123626	39449	31.91	2011	134735	690795	51.27
1998	124761	41608	33.35	2012	135404	711825	52.57
1999	125786	43748	34.78	2013	136072	731115	53.73
				2014	136782	74916	54.77

资料来源：国家统计局. 中国统计年鉴·2015［M］. 北京：中国统计出版社，2015.

表 1-4　我国六次人口普查城市化水平

年份	1953	1964	1982	1990	2000	2010
总人口（万人）	58260	69458	100394	113048	126333	133972
城镇总人口（万人）	7726	12710	20658	29651	45594	66557
城市化水平（%）	13.26	18.30	20.60	26.23	36.09	49.68

资料来源：国家统计局. 中国统计年鉴·2012［M］. 北京：中国统计出版社，2012.

三、现代城市的发展趋势

现代城市发展呈现出多重趋势，主要有群带化、一体化、国际化、生态化、信息化、特色化等。

群带化　是城市化进入高级阶段的产物，是指在特定的区域范围内，集聚有比较多的城市，以一个或几个特定城市为中心，与周边城市共同构成一个相对完整的城市综合体。就世界范围来看，比较大的城市带有：以纽约为中心的美国东北部大西洋沿岸城市群，以芝加哥为中心的北美五大湖沿岸城市群，以东京为中心的日本太平洋沿岸城市群，以伦敦为中心的英格兰城市群，以巴黎为中心的西北欧城市群。我国主要的城市群（带）有长江三角洲城市群、珠江三角洲城市群、京津冀城市群、辽中南城市群、山东半岛城市群、中原城市群、武汉城市圈、长株潭城市群、海峡西岸城市群、成渝城市群、皖江城市带等。

一体化　把工业与农业、城市与乡村、城市居民与农村居民作为一个整体，统筹谋划、综合研究，通过体制、机制的调整创新，促进城乡规划建设、产业发展、市场信息、生态环境保护、社会事业发展的一体化，实现城市与乡村在政策上的一致、产业发展上的互补、国民待遇上的平等，让农民享受到与城市居民同样的文明和实惠，改变长期形成的城乡二元经济社会结构，建立融合、协调的现代城乡经济社会结构。由于历史的原因和特殊的国情，导致了我国城乡分割，城乡二元结构的矛盾日益突出，工农差距、城乡差距不断扩大，使农村成为我国推进城市化进程和全面建设小康社会的重点和难点。现阶段城乡一体化包括：统筹城乡发展空间，实现规划布局一体化；统筹城乡经济发展，实现产业分工一体化；统筹城乡基础设施，实现服务功能一体化；统筹城乡生态建设，实现环境保护一体化；统筹城乡劳动就业，实现社会保障一体化。

国际化　城市发展国际化是一个重大的变革过程，在这个过程中城市之间的交流、联系和协作不断加强。城市发展国际化包含城市运行功能国际化、城市产业结构国际化、城市运行机制国际化和城市运行环境国际化。第一，城市运行功能国际化指的是城市经济参与全球经济一体化，不但参与国际分工，更要加入国际经济循环，同时作为消费中心和核心市场，城市的金融服务业在世界上具有重要的地位。第二，城市产业结构国际化指的是城市产业层次大幅度提升，高新技术和现代服务具有广泛影响，高端服务业成为城市主要的支柱产业，城市产业国际影响力大。第三，城市运行机制国际化指的是按照国际惯例办事，使经济、社会、行政等各项活动的组织结构、管理体制、调控机制、运行方式等与国际社会的通行惯例相协调、相兼容。第四，城市运行环境的国际化指的是城市运行环境与国际社会的广泛对接。城市运行环境既包括为使城市各项活动正常进行所必需的各种社会服务、物质设施及城市规划布局等硬环境，也包括政策法规、社会公德和居民整体文化素质等软环境。交通、通信和生态环境是城市运行环境国际化的三个主要标志。

表 1-5　国际化大都市的主要特征

国际枢纽	与世界上的主要国家、尤其是发达国家保持密切联系，包括经贸、信息、交通、科技等方面的联系；在世界上具有比较高的知名度，产生较为广泛的影响；作为区域性乃至全国的交通枢纽，与国内外的联系交往十分频繁。
移民之城	拥有大量外来人才，尤其是来自发达国家和国内发达地区的高层次人才；拥有大量外籍人士，尤其是留学生和访问学者；外来人口占有较大比重，1000万人口的国际化大都市，至少要有 50 万常住外籍人口；对待城市居民一视同仁，无论本地居民还是外来人口；注重投资环境和产业政策的公平性。
会展中心	作为全国乃至国际性的会展中心，具有现代化的特大型会展设施，配套建设有高品质的交通、通讯、酒店等服务设施；每年至少举办 100 次以上的国际会议，包括 20 次以上的大型国际会议；拥有高素质的国际会展人才，拥有高效率的会展服务体系，拥有高品质的广告公司和传媒体系；城市产业和基础设施能够充分支撑国际会展活动。
总部基地	设置有一定数量的大型企业总部；世界 500 强、中国 500 强、中国行业 50 强等在此设有大区总部、区域总部或派出机构；拥有金融证券、中介服务、信息咨询等机构；对于产业活动具有较强的影响力和吸引力。
服务中心	包括生产性服务业和生活性服务业。生产性服务业涵盖金融、证券、保险、商贸、航运、物流、旅游、法律、教育培训、中介咨询、公关、电子信息网络等诸多领域。建设高品质和高效益的 CBD，也是强化金融服务业的重要环节。
创业与人居之城	国际大都市的魅力"不只是吸引"，但一定要有吸引，成为创业与人居之城。需要营造良好的创业与居住环境，一方面加强政府的服务职能，改善管理体制和运行机制；另一方面要搞好城市群的生态环境建设，彰显文化特质风采。
传媒之城	立足于现有的文化产业基础，集中力量抓好影视、报业、出版、动漫、广告、信息等部门，建立多种类型的文化市场。
文明之城	不断提高城市群的文明程度，包括城市群的外在形象、文化内涵和人文魅力，也要下大气力提升广大市民的文化素质和精神风貌。

生态化 在生态经济和可持续发展的原则下，人们普遍关注可再生资源和不可再生资源的合理维护与利用，推动太阳能、水电、风能等绿色能源成为主要能源形式，采用有利于保护自然价值，又有利于创造社会文化价值的"生态技术"，建立生态化产业体系，实现物质生产和社会生活的"生态化"。随着人们的生态环境意识大大增强，社会、经济与生态环境协调发展的现代城市化思维逐渐为人们所接受，并成为当今城市化的重要取向。与国外生态城市研究相比，国内的生态城市研究更多地强调继承中国的传统文化，注重整体性，理论更加系统，并在建设生态村、生态县和生态市方面做了大量工作。

信息化 信息现已成为经济发展的战略资源和独特的生产要素，成为社会经济发展的强大动力。随着信息技术的日新月异，信息产业的迅猛发展，城市从工业制造中心、商务贸易中心向信息流动中心、信息管理中心和信息服务中心转变。与此同时，在信息化时代，城市化以分散与集聚两种形式向前推进，共同推动工业化时代的城市化向更高层次迈进。城市信息化发展的三大方向是：一是加大信息网络基础设施的建设力度，努力打造宽带、融合、泛在信息通讯网络设施，推动网络升级换代，加快农村信息通讯基础设施建设，加快培育物联网产业。二是融合推进信息化和城市化，加快培育新的增长点。把信息化建设和城市化进程结合起来，加快4G、电子商务、软件服务、网络动漫、电子娱乐等新兴产业的发展。三是促进信息化与工业化的融合，推广信息技术在经济社会各个领域的深度应用，加快信息技术向各行业各领域的渗透。

数字城市

数字城市是指在城市自然、社会、经济系统的范畴中，能够有效获取、分类存储、自动处理和智能识别海量数据的，具有高分辨率和高度智能化的，既能虚拟现实又可直接参与城市管理和服务的一项综合工程。数字城市必须运用超大容量超高速计算机、科学计算技术、虚拟现实技术、卫星图像分析与3S技术、宽带卫星通讯技术、ATM（异步传输模式）、网络技术、互操作系统、元数据等。数字城市信息是实现数字城市的战略准备，城市基础数据库是数字城市建设的战略基础，电子政府作为数字城市建设的战略主导，电子商务架构是数字城市建设的战略核心。

特色化 丰厚的文化底蕴成为发展特色城市的重要资源，一批具有鲜明地

方文化特色与个性的城市脱颖而出，如水乡城市、滨海城市、高原城市、山海城市、沙漠城市等以地理风貌为特色的城市，服装之都、水晶之都、丝绸之都、玩具之都等以产业与资源为特色的城市，以及昆剧之乡、南音之乡、评剧之乡等以地方文化为特色的城市，这些特色既彰显了城市独有的自然与人文文化魅力，也造就了较大的影响力和知名度，为城市的发展带来了可观的社会与经济效益。在城市化过程中，我们要强化城市特色、城市文化、城市个性的挖掘，要求每个城市（包括县和镇）都要有自己的特色，要有体现自身特色的总体定位，有体现自身特色的经济、主导产业、产品、文化和形象设计等，塑造各具特色的地域城市，打造出独一无二的城市品牌。

第二节 | 城市化与资源环境

一、城市体系

城市体系（urban system）是指在一个相对完整的区域中，由一系列规模不等、职能各异、空间分布有序、相互联系密切的城市所组成的城市群体。它包括城市等级体系、城市职能体系和城市空间体系。城市体系将随着国家的社会经济发展和科学技术进步而不断演变，并不断加以调整。

城市等级体系是指在一个区域，各种规模的城市和小城市的组合状况以及它们之间的相互联系。城市规模一般指城市的人口规模、经济规模和用地规模，其中人口规模在很大程度上影响着城市的经济规模和用地规模。大城市具有良好的规模效益和集聚功能，但大城市由于规模过大，往往会产生各种严重的城市问题。与大城市相比，中小城市更贴近于大自然，多数具有比较好的生态环境。但中小城市规模效益和集聚功能都比较差，辐射带动功能也明显不如大城市。我国大、中城市和小城市应当有机结合，共同构建结构合理、效益突出的城市等级体系。2014 年，我国共有地级以上城市 292 个，按照城市市辖区年末总人口分组，400 万以上人口的城市 17 个，200 万~400 万人口的城市 35 个，100 万~200 万人口的城市 91 个，50 万~100 万人口的城市 98 个，20

万~50 万人口的城市 47 个，20 万人口以下的地级市 4 个①。

表 1-6　2014 年我国四大地区地级及以上城市数

地区	合计	400 万以上	200 万~400 万	100 万~200 万	50 万~100 万	20 万~50 万	20 万以下
东部地区	88	8	22	31	21	5	1
中部地区	80	2	6	28	32	12	
西部地区	90	5	5	27	25	25	3
东北地区	34	2	2	5	20	5	
全国	292	17	35	91	98	47	4

资料来源：国家统计局. 中国统计年鉴·2015［M］. 北京：中国统计出版社，2015.

表 1-7　2014 年我国省会城市和计划单列城市人口和 GDP

城市	年末总人口（万人）	地区生产总值（亿元）	城市	年末总人口（万人）	地区生产总值（亿元）
北京	1333	21331	青岛	781	8692
天津	1017	15727	郑州	938	6777
石家庄	1025	5170	武汉	827	10070
太原	370	2531	长沙	671	7825
呼和浩特	238	2894	广州	842	16707
沈阳	731	7098	深圳	332	16002
大连	594	7655	南宁	730	3148
长春	755	5342	海口	165	1092
哈尔滨	987	5340	重庆	3375	14263
上海	1439	23568	成都	1211	10057
南京	649	8821	贵阳	383	2497
杭州	716	9206	昆明	551	3713
宁波	584	7610	拉萨	53	348
合肥	713	5158	西安	815	5493
福州	675	5169	兰州	375	2001
厦门	203	3273	西宁	203	1066
南昌	518	3688	银川	196	1389
济南	622	5771	乌鲁木齐	267	2462

资料来源：国家统计局. 中国统计年鉴·2015［M］. 北京：中国统计出版社，2015.

---

① 国家统计局. 中国统计年鉴·2015［M］. 北京：中国统计出版社，2015.

2014 年，国家对城市规模划分标准进行了调整，明确了新的城市规模划分标准。按照新的城市规模划分标准，以城区常住人口为统计口径，将城市划分为五类七档，分别是小城市（城区常住人口 50 万以下）、中等城市（城区常住人口 50 万 ~ 100 万）、大城市（城区常住人口 100 万 ~ 500 万）、特大城市（城区常住人口 500 万 ~ 1000 万）、超大城市（城区常住人口 1000 万以上）。其中，又将小城市和大城市分别细分两档。20 万 ~ 50 万人口的城市为 Ⅰ 型小城市，20 万人口以下的城市为 Ⅱ 型小城市；300 万 ~ 500 万人口的城市为 Ⅰ 型大城市，100 万 ~ 300 人口的城市为 Ⅱ 型大城市。目前，北京、上海和重庆等城市的常住人口均逾 2000 万，天津、广州、深圳等城市常住人口也逾 1000 万。国家要求，城市规模结构更加完善，中心城市辐射带动作用更加突出，中小城市数量增加，小城镇服务功能增强。

新标准特别提出，将统计口径界定为城区常住人口。常住人口包括：居住在本乡镇街道，且户口在本乡镇街道或户口待定的人；居住在本乡镇街道，且离开户口登记地所在的乡镇街道半年以上的人；户口在本乡镇街道，且外出不满半年或在境外工作学习的人。

按照城市职能，我国城市大致上可划分为综合性中心城市、地方中心城市、工业城市、交通枢纽城市、旅游城市、边境口岸城市、特区城市等。一部分城市综合职能比较强，还有一部分城市专业职能突出。城市职能体系的建设必须强调因地制宜，扬长避短，突出城市的特色，弘扬城市的文化。城市之间应当互利互补，反对低水平的结构雷同和低效益的重复建设。

副省级市是指我国特定的 15 个城市，正式施行于 1994 年 2 月 25 日，其前身为计划单列市。受省级行政区管辖，副省级市的市长与副省长行政级别相同。我国副省级城市现有 15 个，即哈尔滨、长春、沈阳、大连、济南、青岛、南京、杭州、宁波、厦门、武汉、广州、深圳、西安、成都。

国家级新区是指新区的成立乃至于开发建设上升为国家战略，总体发展目标、发展定位等由国务院统一进行规划和审批，相关特殊优惠政策和权限由国务院直接批复，在辖区内实行更加开放和优惠的特殊政策，鼓励新区进行各项制度改革与创新的探索工作。截至 2015 年 9 月，全国共有 15 个国家级新区，即上海浦东新区、天津滨海新区、重庆两江新区、浙江舟山群岛新区、甘肃兰州新区、广东广州南沙新区、陕西西咸新区、贵州贵安新区、山东青岛西海岸新区、大连金普新区、四川天府新区、湖南湘江新区、南京江北新区、福州新区和云南滇中新区。其中浦东新区、滨海新区系行政区，设立区委区政府，其余新区都是行政管理区，只设立管理委员会。

城市空间体系是指在一个区域，城市的地理分布情况以及它们之间的地域联系。在一定的地理区域，有些城市形成城市群，有些城市形成城市带，还有些城市以及周围的小城市形成区域城市网络体系。在城市空间体系建设的过程中，应当注重形成内部联系紧密、经济结构合理的城市产业集群，以产业联系为纽带，把相关的许多城市共同发展成为高水平和高效益的城市经济地带。发展小城市要以条件比较好的乡镇为基础，使基础设施投资能够相对集中，并形成比较大的规模，达到比较高的层次。小城市的发展应走不均衡的发展道路，不能搞平均主义。

二、城市空间结构与土地利用

城市区位是指城市的空间分布，城市与外部自然、社会和经济事物之间所形成的空间关系。城市区位包括自然地理区位、经济地理区位、政治地理区位、文化地理区位等，它们表述的是城市与外部自然、经济、政治、文化等因素所形成的空间关系。自然区位主要是指城市形成和发展的自然条件，城市与山脉、河流、湖泊、海洋等因素的关系，地形、气候、水文、土壤、植被等在不同程度上影响到城市的形成和发展。经济区位是指城市与周围经济事物的关系，诸如铁路、公路、港口、城市、农副产品基地等。政治地理区位因素包括行政区划、邻近国家、民族关系、人口迁移等。文化地理区位因素包括地方文化、历史传统、文化交流、风俗民情等。

城市地理分布的特点可归纳如下：第一，城市具有显著的亲水指向。沿河、沿湖、沿海地区城市较多，在两条河流交汇处，或大的河流入海处，往往会形成比较大的城市。我国古代小城市多临水分布，居民用水和水运是重要因素。第二，城市具有显著的人口分布指向。因为在一个区域的人口中，总有一部分人口从事非农业活动，他们在空间分布上是相对密集的。人口密集地区城市数量较多，并在其人流、物流的枢纽部位形成比较大的城市。第三，城市具有显著的交通指向。在交通运输枢纽处，比如两条或多条铁路交会处，铁路干线与公路干线交汇处，两条或多条公路干线交汇处，也会形成比较大的城市。

第四，城市具有显著的历史文化指向。历史悠久的城市往往具有深厚的文化底蕴。在历史文化胜地，或者著名旅游地，或者大规模的宗教活动地，都有可能形成比较大的城市。

乡村聚落地理分布的特点可归纳如下：第一，乡村聚落多分布于自然条件比较好的地方。从总体上看，自然条件好的地方乡村聚落多，自然条件差的地方乡村聚落少。从地势地貌来看，平原、盆地乡村聚落多，山地、高原乡村聚落少。就气候条件而论，湿润温暖的地方乡村聚落多，酷寒酷热或干旱缺水的地方乡村聚落少。第二，乡村聚落具有明显的亲水型指向，即靠近水源丰富、水运条件比较好的地方。许多乡村聚落临水布局，因为这样有利于当地居民的生活和生产。第三，乡村聚落趋向于交通运输便利的地方。乡村聚落与交通运输有相互促进的关系。比较大的乡村聚落，许多是靠近交通运输干线。第四，乡村聚落与商贸业也存在着相互促进的关系，有不少乡村聚落就是因为地方性商贸活动而形成的。第五，一部分乡村聚落拥有地方特色显著的历史文化。在庙宇、道观、教堂等，在家族祠堂所在地，在旅游地，有助于乡村聚落的形成和发展。

人们把土地作为生产资料，根据其自然属性和经济属性加以改造、利用和保护。城市土地利用是土地利用方式、土地利用程度和土地利用效果的总和。它既是一个把土地自然生态系统转变为人工生态系统的过程，也是一个自然、经济、社会诸要素综合作用的过程。乡村土地利用主要是农业用地，此外还包括居民点用地、交通用地、生态用地等。城市用地可划分为住宅用地、商业用地、工业用地、政府机关用地、休憩用地及绿化地带、交通用地和其他公共事业用地、农业用地和水面。在城市化推进过程中，一些农业用地逐渐转化为非农业用地。

城市功能分区是基于城市的自然地理条件、土地利用现状、社会经济活动、历史文化特色和对外联系交流，对城市区域进行空间功能划分。通常可把城市区域划分为中心商业区、一般性商业区、居住区、市政与公共服务区、工业区、交通与仓储区、风景游览区与城市绿地、特殊功能区等。城市功能分区主要受制于自然条件、历史因素、经济因素、社会因素、交通运输因素等。一般来说，大城市功能分区复杂，小城市功能分区相对简单。

2007年，国土资源部制定了城乡统一的土地分类体系。新的土地分类包括12个一级地类，具体含义见下表。

表 1 - 8 　《土地利用现状分类》（GB/T 21010 - 2007）

一级类		含　义
编号	名称	
01	耕地	指种植农作物的土地，包括熟地、新开发、复垦、整理地、休闲地（含轮歇地、轮作地）；以种植农作物（含蔬菜）为主，间有零星果树、桑树或其他树木的土地；平均每年能保证收获一季的已垦滩地和海涂。耕地中还包括南方宽度 < 1.0 m，北方宽度 < 2.0 m 固定的沟、渠、路和地坎（埂）；临时种植药材、草皮、花卉、苗木等的耕地，以及其他临时改变用途的耕地。主要类型是水田、水浇地、旱地。
02	园地	指种植以采集果、叶、根、茎、汁等为主的集约经营的多年生木本和草本作物，覆盖度大于 50% 或每亩株数大于合理株数 70% 的土地。包括用于育苗的土地。主要类型有果园、茶园、其他园地。
03	林地	指生长乔木、竹类、灌木的土地，及沿海生长红树林的土地。包括迹地，不包括居民点内部的绿化林木用地，铁路、公路征地范围内的林木，以及河流、沟渠的护堤林。主要类型有林地、灌木林地和其他林地。
04	草地	指生长草本植物为主的土地。主要类型有天然牧草地草地、人工牧草地和其他草地。
05	商服用地	指主要用于商业、服务业的土地。主要类型有批发零售用地、住宿餐饮用地、商务金融用地和其他商服用地。
06	工矿仓储用地	指主要用于工业生产、物资存放场所的土地。主要包括工业用地、采矿用地、仓储用地。
07	住宅用地	指主要用于人们生活居住的房基地及其附属设施的土地，主要类型有城镇住宅用地、农村宅基地。
08	公共管理与公共服务用地	指用于机关团体、新闻出版、科教文卫、风景名胜、公共设施等的土地。主要类型有机关团体用地、新闻出版用地、科教用地、医卫慈善用地、文体娱乐用地、公共设施用地、公园与绿地、风景名胜设施用地。

一级类		含　义
编号	名称	
09	特殊用地	指用于军事设施、涉外、宗教、监教、殡葬等的土地。主要类型有军事设施用地、使领馆用地、监教场所用地、宗教用地、殡葬用地。
10	交通运输用地	指用于运输通行的地面线路、场站等的土地。包括民用机场、港口、码头、地面运输管道和各种道路用地。主要类型有铁路用地、公路用地、街巷用地、农村道路、机场用地、港口码头用地、管道运输用地。
11	水域及水利设施用地	指陆地水域、海涂、沟渠、水工建筑物等用地，不包括滞洪区和已垦滩涂中的耕地、园地、林地、居民点、道路等用地。包括河流水面、湖泊水面、水库水面、坑塘水面、沿海滩涂、内陆滩涂。 沟渠是指人工修建，南方宽度≥1.0 m、北方宽度≥2.0 m用于引、排、灌的渠道，包括渠槽、渠堤、取土坑、护堤林。还包括水工建筑用地、冰川及永久积雪。
12	其他土地	指上述地类以外的其他类型的土地，包括空闲地、设施农用地、田坎、盐碱地、沼泽地、沙地、裸地。

三、城市化与资源环境

（1）城市化过程对环境生态的影响

城市化过程对自然地理环境的影响主要是：第一，大规模的城市建设在很大程度上改变了原有的自然地理状况，比如地形地貌、森林植被、河流水文等，使原先的环境生态发生了巨大变化。第二，城市是人口和产业活动高度密集的区域。高强度和长时期的经济社会活动，不但强烈改变了下垫面的原有性质，使城市产生热岛效应，而且还不同程度地影响着周围地区的自然环境。第三，城市是重要的污染源。城市的生产生活污染、尤其是工业"三废"污染，干扰和破坏了所在地区的环境生态。第四，由于城市的核心功能，城市能够带动区域开发，加速经济发展，从而对所在地区的自然环境产生更加深刻的影响。

城市化过程对人文地理环境的影响主要表现为：第一，改变了土地利用方式，原先的农业用地逐步演化为非农业用地，比如居住用地、市政用地、工业用地和交通运输用地，并形成了城市功能分区。第二，改变了居民的就业方式，劳动力从第一产业向第二、三产业大规模转移，产业活动以非农业活动为主，传统的农业社会逐渐演化为现代化工业社会。第三，随着城市化的推进，原先的乡野景观为建筑物密集的城市景观所取代。它既是一个把自然生态系统转变为人工生态系统的过程，也是一个自然、经济、社会诸要素综合作用的结果。第四，人口分布和产业活动由分散到集聚，人们的产业联系和信息交流得到大幅度的加强。

城市化过程给居民提供各种各样的物质文明和精神文明的享受，但也引发了一系列的生态环境问题。无论发达国家，还是发展中国家，人们饱受城市问题的困扰，形形色色的"城市病"危害到人们的身心健康。在发展中国家，随着大量农村剩余人口进城，城市化的迅猛推进更加剧了城市环境问题。

苏南模式

苏南模式，通常是指江苏省苏州、无锡、常州等地区通过发展乡镇企业实现非农化发展的方式。由费孝通在20世纪80年代初率先提出。其主要特征是：农民依靠自己的力量发展乡镇企业；乡镇企业的所有制结构以集体经济为主；乡镇政府主导乡镇企业的发展。苏南模式是"地方政府公司主义模式"、"能人经济模式"和"政绩经济模式"，本质上是"政府超强干预模式"。苏南模式是典型的引进发展型，通过建立工业园区，以强势政府和有效政府为基础，以招商引资为手段，以土地换资金，以空间求发展。政府出面组织土地、资本和劳动力等生产资料，出资办企业，并由政府指派所谓的能人来担任企业负责人。这种组织方式将能人（企业家）和社会闲散资本结合起来，很快跨越和资本原始积累阶段，实现了苏南乡镇企业在全国的领先发展。苏南地区通过发展乡镇企业，走的是一条先工业化，再市场化的发展路径。苏南模式以来料加工为主，产业链短，对外资依赖程度大，大部分利润被外资转移，老百姓并不十分富裕，并且造成严重的环境污染。

常见的城市环境问题主要有：

空气污染 由汽车尾气、工业废气、民用废气等引发，还会导致酸雨、光化学烟雾等问题。酸雨不但直接危害人们的生活环境，还影响到工农业生产，对建筑物和各种设备造成腐蚀。世界上一些著名的古建筑都受到不同程度的酸雨侵蚀。光化学烟雾主要是大气中的氮氧化物、有机化合物及氧化剂在日光照射下的反应产物，是一种氧化性的化合物，会降低大气的能见度。当光化学烟雾达到足够的浓度时，会刺激眼睛、呼吸道，损害动、植物的健康。大规模和长时期的大气污染，还影响到全球气候的变化。

> **细颗粒物（Particulate）**
>
> PM2.5 是指空气中直径≤2.5 微米的颗粒物，也称细颗粒物（Particulate）。该值越高，就表明空气污染越严重。可吸入颗粒物亦称 PM10，指空气中直径在 10 微米以下的颗粒物。细颗粒物粒径小，含有大量的有毒有害物质，且在大气中停留的时间长，输送的距离远，因而对人体健康有不利影响。总悬浮颗粒物也称为 PM100，即直径小于和等于 100 微米的颗粒物。直径小于 2.5 微米的颗粒，对人体危害最大，因为它可以直接进入肺泡。细颗粒物的化学成分是不同的，包括无机成分、有机成分、微量金属元素、元素碳（EC）、生物物质（细菌、病菌、真菌等）等。许多研究已证实颗粒物会对呼吸系统和心血管系统造成伤害，导致哮喘、肺癌、心血管疾病、出生缺陷和过早死亡。

噪声污染　噪声指不同频率和不同强度、无规律地组合在一起的声音，有嘈杂刺耳的感觉，对人们生活和工作有害。噪声是社会公害之一，城市噪声包括交通噪声、建筑噪声、工业噪声、城市基础设施噪声、生活噪声等，一般以 90 分贝作为工作点的最大保护值。噪声影响人们休息，降低工作效率，损伤听觉。大于 140 分贝的噪声，会引发耳聋，诱发疾病，还能影响仪器设备的正常工作。

水污染　主要是城市生产污水和生活污水的污染。不合理的排污，还会造成城市水体的大范围污染以及水体富营养化等。城市水体污染导致城市水质恶化，影响城市居民的正常生活和产业活动。

光污染　现代化城市大量采用玻璃、铝合金等新型建材，它们对于光线具有比较强的反射作用。城市灯光使用不当也会产生一定的光污染。光污染影响城市居民的正常生活，还影响城市景观。

电磁波污染　随着现代化程度的提高，城市各种电器日益增多，生产生活电器的大范围使用可能会造成不同程度的电磁波污染。电磁波污染在达到一定程度之后，就会危及到居民健康，还会影响到城市的邮电通讯、信息传播、交通运输和工业生产。

城市垃圾污染　城市垃圾包括生产垃圾和生活垃圾，不仅占用城市用地，而且会造成二次污染。城市工业废弃物是指在工业、交通等生产活动中产生的固体废弃物，包括危险废物、冶炼废渣、粉煤灰、炉渣、煤矸石、尾矿、放射性废物和其他废物等。与城市工业废弃物相比，城市生活垃圾具有有机质和可燃物含量高、可利用价值大的特点。城市固体废弃物的主要危害有：对城市大气、水体和土壤造成污染；由于垃圾中有许多致病微生物，可能成为疾病传播源；固体废弃物的堆放需要占用大量土地；危险废物和放射性废物对人类健康也构成严重的威胁。

此外，还有因城市建筑装修所引起的化学污染等。近些年来，随着我国城市居民生活水平的日益提高，普遍对住宅进行大规模的装修。由于一部分装修材料的有害挥发成分多，会危及到入住者的健康。

（2）自然资源对城市化的约束效应

就城市化进程来看，水资源、土地资源、矿产资源的约束效应相对突出。许多城市为了接近水资源，多分布在大江大湖的沿岸。在我国的许多地方，快速城市化造成水资源短缺，水的供需矛盾已经成为制约我国城市发展的瓶颈。区域水资源的使用主要包括生产用水、生活用水和生态用水，一个地区水资源的数量、质量和分布状况，对该地区城市的发展有着深远的影响。

土地是人们生产生活的空间，是城市存在和发展的基础，因此土地资源对城市化的约束更为直接。在城市化过程中，农业用地、生态用地不断转化为城市建设用地，这是空间城市化的具体表现。但农业是国民经济的基础，城市与城市经济的发展必须以农业发展为前提。我国实行严格的土地用途管制制度，从严限制农用地转化为建设用地，控制建设用地总量。国家强调，坚持最严格的耕地保护制度，层层落实责任，坚决守住十八亿亩耕地红线。实行最严格的节约用地制度，从严控制城乡建设用地总规模。国家提出提高生态用地的比例，一是加大各类基础性生态用地的保护力度，二是加强城市内部的生态建设，三是构建合理的生态用地空间布局。

城市能源和矿产资源的消费量占总消费量的 80% 以上，城市人均能源消费量是农村人均能源消费量的 3.9 倍。城市化必然导致区域人均能矿资源消费量和能矿资源消费总量的增加。从某种具体的矿产资源来看，不管贮量如何丰富，总有开完用尽的一天。资源枯竭型城市所面临的困境，就是矿产资源对城市发展约束的具体表现形式。随着资源的枯竭，生态环境恶化、耕地退化、盐碱化和沙化，水资源需求告急等问题也接踵而至。

（3）环境生态对城市化的约束效应

城市的环境基础主要是指城市区域的地表空间、岩石、地质与地形、水、生物、大气等要素组成的自然综合体。环境因素一直都是影响城市规划、建设和发展的重要因素。

地质环境作为城市建设的基础支撑城市发展，为城市提供空间资源；又因环境地质、地质灾害等方面的原因，制约城市的发展。地质条件包括工程地质与地质构造两大方面，主要影响建设物地基的稳定性和工程的经济性。工程地质条件主要考虑地基的承载力，包括地表的组成、地层的结构、地基土的质地及地下水情况等，影响着建筑物的高度和密度以及工程建设的成本。地质构造是地壳运动在地球表层的表现，主要包括褶皱和断层，约束着城市的选址和布局。地裂缝、滑坡、泥石流、地震等地质作用经常造成灾害，这类灾害突发性强、破坏力大、很难预测和控制，对人民生命财产、生活环境和工程建设都会造成危害，在城市建设中需要规避。

城市建设与地形条件关系密切，主要通过地貌类型、地表起伏、坡度和海拔等对城市建设产生约束。地形条件不仅影响土地承载能力，也通过成本和空间约束来影响城市建设过程。城市需要有适宜的温度和降水，太热、太冷、太湿、太干都不适宜城市的生产和生活，结果导致城市向中低纬度集中，使中低纬度地区成为城市相对密集的地带。风向、日照条件也影响着城市的建设和布局。

容积率

容积率是指一个小区的地上总建筑面积与用地面积的比率。就开发商而言，容积率决定地价成本在房屋中占的比例；就住户而言，容积率直接关系到居住的舒适度。一个良好的居住小区，高层住宅容积率应不超过5，多层住宅应不超过3，绿地率应不低于30%。容积率一般是由政府规定的，容积率通常为：独立别墅0.2~0.5，联排别墅0.4~0.7，6层以下多层住宅0.8~1.2，11层小高层住宅1.5~2.0，18层高层住宅1.8~2.5，19层以上住宅2.4~4.5。提高容积率可以改进用地效益，但建筑容量增大会导致居住环境恶化，加剧交通拥堵。我国一部分城市为了提高土地利用收益，将一些地块的容积率大幅度提高，脱离了当地的环境承载力和交通承载力，结果导致居住环境恶化，高峰期交通严重拥堵，直接影响到小区居民的生活质量。

第三节 | 推进城市化进程的生态化

区域是一个典型的经济—社会—自然复合生态系统，城市化正是这个复合生态系统中经济和社会子系统发展的过程和演化的形式。城市化过程的生态化就是在城市化过程中保持复合生态系统整体的协调和平衡，以实现人类生态系统的可持续发展。复合生态系统整体的平衡，既包括区域内自然、经济、社会三个子系统内部的协调和三个子系统之间的统一，又包括区域之间复合生态系统的平衡。

一、城市化过程生态化的要求与评价

城市化过程生态化的总体要求是在城市化过程中实现包含经济效益、社会效益和生态效益在内的综合效益最大化。

城市化过程的经济效益是指城市化过程中通过资源、资本、技术、劳动力、信息、市场等生产要素的集中，实现产业的集聚效应，促进产业的升级，提升区域经济发展水平。经济效益是区域城市化过程的直接动力，在市场经济体制下，可通过市场行为和价值规律的作用来实现。因此建立和完善区域各种生产要素市场体系，理顺各种生产要素价格关系，运用市场手段配置稀缺资源，是实现城市化过程经济效益的主要手段。

城市化过程的社会效益是指在城市化过程中通过农村人口向城市转移，提高人们的物质文化生活水平，实现城市、农村的和谐发展，推动区域人口素质的提高，实现科技文化的进步。社会效益是城市化过程的最终目标，是社会子系统和谐和稳定的基石。社会效益的实现有的是经济效益提高的必然结果，可以通过经济手段来实现，如人们物质文化生活水平的提高等；更多的则要通过社会子系统中权力杠杆和文化杠杆的调节，如区域之间的协调、城乡之间的和

谐等。

城市化过程中的生态效益，是在城市化过程中通过社会经济子系统和自然子系统之间的良性互动，实现生态环境的平衡和总体改善。由于自然环境是人类社会存在和发展的基础，任何以破坏环境为代价的经济社会发展最终都是不可持续的。所以从生态学的角度来讲，城市化过程中的环境效益是其经济效益和社会效益的基础，是实现经济社会可持续发展的根本保证。虽然在城市化过程中包含有改善生态环境的效应，可以通过市场手段来实现，或转化为市场手段实现，但更多地需要通过社会子系统中文化杠杆和权力杠杆来制衡。

表 1-9　城市化综合效益的指标体系

目标层	决策层		指标层	
A₁ 经济 效益	B₁	城市化的经济产值贡献率	C₁	GDP 增长情况/城市化率变化
			C₂	人均 GDP 增长情况/城市化率变化
	B₂	城市化的经济结构贡献率	C₃	非农产值增长情况/城市化率变化
			C₄	非农就业人口比例增长情况/城市化率变化
A₂ 社会 效益	B₃	城市化的人均收入增长贡献率	C₅	人均收入增长情况/城市化率变化
	B₄	城市化的贫富差距缩小贡献率	C₆	城乡收入差距的变化/城市化率变化
	B₅	城市化的科技进步的贡献率	C₇	申报专利增长情况/城市化率变化
	B₆	城市化卫生事业发展贡献率	C₈	人均期望寿命变化情况/城市化率变化
	B₇	城市化的文化发展的贡献率	C₉	万人大学生数变化情况/城市化率变化

目标层	决策层		指标层	
A₃ 生态效益	B₈	城市化的资源利用效益指标	C_{10}	能源利用指标/城市化率变化
			C_{11}	水资源利用指标/城市化率变化
			C_{12}	土地资源利用指标/城市化率变化
			C_{13}	矿产资源循环利用指标/城市化率变化
	B₉	城市化的环境改善指标	C_{14}	水环境改善指标/城市化率变化
			C_{15}	大气环境改善指标/城市化率变化
			C_{16}	噪声环境改善指标/城市化率变化
			C_{17}	水土流失改善情况/城市化率变化
			C_{18}	植被覆盖率变化情况/城市化率变化
			C_{19}	生物多样化变化情况/城市化率变化

二、推进城市化过程生态化的思路

推进城市化过程的生态化，就必须从根本上保证城市化过程中人类复合生态系统的三个子系统的协调和平衡。这三个子系统分别是自然子系统、经济子系统和社会子系统。

自然子系统的持续性是城市化过程生态化的基础。人类的生存和发展离不开其所依赖的自然环境系统。从人类社会发展的历程可以看出，城市发展比较重视人工生态环境建设，对自然资源、环境保护比较薄弱。在城市化加快，城市社会经济取得了巨大成就的同时，伴随而来的是世界范围内的人口急剧膨胀、区域资源短缺、整体环境恶化，这种现象反过来又制约了城市化进程。城市的发展方向、规模和水平，应决定于城市所在区域的环境容量和资源承载力，一旦城市发展超出了其生态环境承载力，则城市生态环境发展是不可持续的。因此，要保证人类社会的健康、快速发展，人类必须在注重社会经济发展的同时，注重对自然资源与环境保护，并将其提高到生存与发展的高度进行认识，保证自然资源与环境的可持续性，使城市开发建设限制在环境与资源承载力范围之内，维持城市生态系统的动态平衡，使生命支持系统得以维持和发展。

经济子系统的持续发展是城市化过程生态化的前提和动力。城市发展的目标是要不断满足居民日益增长的物质需求，要实现该目标必须发展经济。只有经济不断增长，才能有条件满足这些日益增长的物质需求，才能解决人类的吃、穿、住、行等问题。但是经济的增长要与区域城市的人口、资源、环境相协调，在保护自然资源和生态环境的基础上发展经济。因此，在城市化过程中要不断调整产业结构，优化生产工艺结构和原材料利用结构，提高资源的利用效率和产出效率，以预防为主，实施经济发展与生态环境保护并举的策略。经济增长的可持续性，应表现为城市经济增长方式的根本性转变，采用清洁生产、文明消费，不仅重视经济增长数量，而且还要重视增长的质量，大力发展循环经济促进资源的高效利用和废弃物的循环再生利用。此外，城市经济的可持续增长离不开区域生态环境支撑，离不开区域内城市与城市之间资源和产业配置、分工协调和城市内部的合理结构，这些都是城市化过程中，保证经济持续增长所必须考虑的。

社会子系统的持续发展是城市化进程生态化的保障和目标。城市发展终极目标是不断提高人类生活水平，促进人类社会的发展。在城市经济增长的同时，应谋求城市文化的可持续发展，还包括城乡居民的基本权利、人居环境的改善、社会资源的公平分配、满足不同层次人群的需要、社会保障体系健全、社会心理稳定等一系列目标的实现，追求社会的共同繁荣和进步。可持续发展的城市是环境、经济、社会协调发展的城市，不仅要满足当代人发展的需要，还要满足后代人发展的需要。因此，要实现区域、城市生态系统的可持续发展，必须在生态理论和可持续发展理论的指导下，树立环境价值观、科学发展观和绿色消费观，正确处理城市建设过程中社会经济和环境之间的关系，维护区域城市生态系统平衡，使人类与自然和谐相处，改变科学技术发展的方向，使朝着有利于资源高效利用和促进人类与环境和谐相处的方向发展，促使城市人口、资源、环境、经济的协调发展，与自然共生共荣保证城市经济不断增长、生活质量不断提高，实现城市生态环境系统良性循环的目的。

促进三大子系统协调发展。第一，充分发挥市场机制和价值规律在配置资源上的基础作用，正确运用资金杠杆，实现稀缺资源的高效配置。第二，通过制定相应的税收制度、社会保障制度、生态补偿制度来协调经济子系统和社会子系统的关系；通过制定和实施资源环境法规、循环经济法规、主体功能区的规划制度、产业准入制度、环境和经济发展规划等，来规范市场主体的行为。第三，有效使用文化杠杆，广泛宣传生态文明的理念，在全社会树立科学的自然观、消费观、发展观，全面协调自然子系统、经济子系统和社会子系统的关系；全面推进环境教育，培养环境意识，提高人们自觉保护环境、改善环境的责任和意识。第四，调整科学技术的发展方向，大力发展绿色技术，使科学技术朝着提高资源能源利用效率、寻找更广阔的资源领域、更经济合理地使用可更新资源、促进资源的循环利用、探索更经济高效的治污手段等有利于协调人类与自然环境关系的方向发展。

三、推进城市化过程生态化的主要手段

第一，根据区域自然条件和自然资源，确定城市化过程的规模和速度。地区水资源的总量、流量、存量、质量以及季节变化、年际变化等因素都是影响区域城市化的重要因素。区域土地资源的总量、质量、结构、价格也会影响区域城市化过程。城市化过程的一个重要方面就是区域土地利用方式的转变，由农业用地转化为工业用地。区域地质地貌条件在城市化过程中应该受到更多的重视。地形条件会影响城市的形态特征、城市的建设成本和城市的布局；地质条件更会影响到人类经济和社会的安全。唐山大地震、汶川大地震以及频繁发生的地质灾害给社会经济带来了巨大的损失，既说明我们对自然子系统运动、演化的规律还没有认识清楚，也说明我们的社会经济子系统没有和自然子系统协调发展。

第二，建立健全市场机制，运用资金杠杆提高城市化的经济效益和环境效益。完善生产要素市场，通过价值规律的作用实现要素的合理流动和高效配置，引导产业、资本、资源、人口、信息向城市集中，实现集聚效益。逐步实现资源有偿使用，以矿产资源有偿使用为重点，实现矿业权有偿取得制度，实现矿产资源、土地资源市场定价机制。以排污权有偿取得和交易为重点，逐步实现环境有偿使用，包括建立和完善我国排污权有偿取得制度，完善和扩大排污权交易制度，以环境有偿使用为基础，建立和完善生态补偿制度。

第三，完善政策法律调控机制，运用权力杠杆促进城市化过程中的社会公平和环境友好。完善社会保障制度、差别税收制度、生态补偿制度，促进城市化过程中的社会公平和地区之间的协调发展。提高义务教育的质量和水平，加快医疗卫生保障体系的建设，完善社会养老制度，使人民的生活水平与经济发展同步提高。制定合理的人口政策，使人口的增长与资源环境的保障和经济发展的水平相适应。加强资源环境法规制度建设，加快制定与资源节约型社会相匹配的生活废弃物治理、分类回收和资源循环利用的法规。制定并出台促进"两型"的经济政策，包括对使用再生材料的产品实行政府优先购买的相关法规或政策，对参与节约资源、环境友好的生产者给予适当的税收优惠，改革现有的以 GDP 为核心的国民收入核算体系和干部考核体系。

第四，构筑社会文化调控机制，运用文化杠杆促进城市化过程中的社会公平和环境友好。在社会的各个阶层传播生态文明的理念，树立尊重自然的价值观和道德观，逐步提高人们建设环境友好型社会的自觉性。提倡节约文化和环境友好的理念，渗透环境友好的社会伦理，倡导环境友好的消费方式，培育环境友好的文化氛围。把环境友好与文化产业有机结合起来，运用影视、演艺、出版、动漫、报刊、广告等形式，宣传贯彻生态文明的理念，积极开展环境友好社会活动，比如义务植树造林、组织资源回收、环保志愿者行动，逐步养成居民的生态环保意识。支持和发展环境保护团体，提升公众环境意识，推广环境教育和社会公益广告，通过咨询服务解决环境问题。利用各种环保纪念日，比如国际湿地日、世界水日、世界气象日、地球日、世界无烟日、世界环境日、世界防治荒漠化和干旱日、世界人口日、国际保护臭氧层日、世界动物日等，开展相关的环境保护活动，提升公众环境意识。对政府和企业的环境行为进行监督，对重大工程举行环境影响评价的公众听证，让广大的城乡居民都参与到环境友好型社会的构建当中来，加强公众监督和社会舆论监督，做到以民为本，人人参与，群策群力，共同推进。

"两型社会"建设

资源节约型社会是指在生产、流通、消费等领域，通过综合采取经济、法律、行政和技术措施，促使人们改变传统的生产方式和消费方式，不断提高资源利用效率，以比较少的资源能源消耗取得比较大的经济社会效益，确保经济社会的可持续发展。

环境友好型社会是以环境承载力为基础，以遵循自然规律为准则，以绿色科技为动力，倡导环境文化和生态文明，构建经济、社会、环境协调发展的社会体系，实现可持续发展。其核心是从发展观念、消费理念和社会经济政策上实现环境的友好性，也就是从源头预防污染产生和生态破坏。

资源节约和环境友好从不同的角度解释人类活动与自然环境的协调关系。资源节约主要关注社会经济活动中有关资源利用的方面，包括节水、节地、节能和节材，即在特定的经济技术条件下尽可能减少资源的消耗。环境友好则是一种更广泛更彻底的人与自然和谐的理念，注重把握人与自然之间关系的平衡，努力实现人与人之间关系的协调。

构建资源节约型和环境友好型社会，应当注重以下方面：加大节能减排力度，提高资源利用效率；实行绿色的政治制度，包括全面协调和可持续的科学发展观、全面的政绩观和环境与经济综合决策机制；大力发展循环经济，把社会经济系统与生态环境系统之间物质能量的流动控制在生态环境系统资源供给能力和环境自净容量的范围之内；建立起全新的生态文明，并以生态规律来改革人类的生产生活方式；大力发展绿色科技。

第五，大力发展绿色科技。运用技术杠杆协调人类经济、社会与自然环境的关系。科学技术对资源的影响表现在四个方面：科学技术的发展能使人类从更广阔的空间去获取资源；科学技术的发展能使现有的资源发挥出更大的潜力；科学技术的发展扩大了资源的利用范围；科学技术的发展能为现有的资源找到有效的替代品。要使科学技术更有效地缓解人类社会对资源、环境的压力，必须大力发展绿色技术，突破传统的科技进步的逻辑思维方式，着眼和立足于人与自然的共生和共存，而不是对抗和征服。传统工业文明科技指向了稀缺资源，不可持续的资源，指向开发资源的规模和速度；而绿色科技应该是指向丰裕、清洁、可持续利用的资源，指向资源利用效率的提高，指向废弃物的无害处理，指向物质、能量的循环利用。

第 2 章

中国城市建设的模式选择

第一节　国外城市化的启示

一、国外城市理论

随着城市化的推进，西方城市理论逐渐成长起来，涌现出众多的学派和大师。在西欧、北美等经济发达地区，新建筑运动对城市规划与建设产生了广泛和深远的影响。该领域突出者如英国的田园城市与卫星城镇，还有城市生态理论、社区运动、邻里单位与区划理论、《雅典宪章》等。这一时期的城市建设，重点在中心城区，尤其是充分重视中心商务区和内城区的规划建设，在城市中心则非常重视文化广场和标志性建筑的建设。从西方城市地理理论来看，城市空间结构模式主要有同心圆模式、扇形模式、多核心模式、西风带模式、港口城市模式等，它们对城市科学的发展产生了深远影响。

（1）田园城市理论

英国著名的城市学家埃比尼泽·霍华德（E. Howard，1898）对城镇群的理论与实践进行了深入探索，于 1898 年在《明日——一条通向真正改革的和平之路》一书中提出了田园城市理论。英国产业革命对城市化提供了强劲支撑，但工业生产、大量农村剩余劳动力涌入城市引发了诸多城市问题，比如大气污染、水体污染、交通堵塞等，致使城市环境逐渐恶化。

针对当时英国城市发展所面临的问题，霍华德提出建设田园城市，实行土地社区所有制，逐步消灭土地私有制，构建城乡一体化的新社会。田园城市是为生活健康和产业和谐而设计的城市，其规模足以提供充足的生活资料，但其规模又必须严格限制；周围环绕永久性的农业地带；城市土地归社区所有。霍华德的"田园城市（Garden Cities）"模式，建议以围绕大城市的相对分散、独立自足的田园城市来解决大城市的矛盾，以达到现代化的城市生活与清静的田园生活的有机结合。他在"田园城市"理论中绘制了著名的三磁铁图，三块磁铁分别代表城市、乡村、城市与乡村，三种引力相互作用，共同影响制约城市的生长。

"田园城市"的城区平面呈圆形，中央是一个公园，由六条主干道路从中心向外辐射，把城区分为六个扇形区。每个城市之间设置永久的隔离绿带，并通过放射交织的道路、环形的市际铁路、城市运河来相互联系。其中，中央城市58000人，周围6个田园城市各32000人。城区占地400公顷，外围2000公顷为永久性绿地。

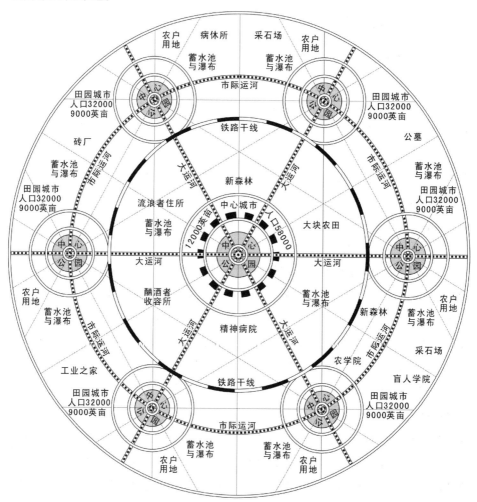

图2-1 E.霍华德"田园城市"理论模式

田园城市理论把城市放在更高的层面进行研究，剖析城乡发展关系，破解城市规划难题，对人口密度、经济发展、绿化网络等问题提出了独到见解，倡导城乡统筹发展。田园城市理论是基于"大城市病"而提出的城市生态型分散发展模式，主张卫星城与中心城市之间建立快速交通联系，卫星城之间有市际铁路和运河联系，共同形成密切联系的城市群体。直到今天，该理论还具有重要的启迪作用和指导意义。

（2）代表性的城市发展理论

雅典宪章　1933 年国际现代建筑协会（CIAM）在雅典开会，中心议题是城市规划，指出现代城市应重点解决好居住、工作、游憩、交通四大功能。会议提出了一个城市规划大纲，即著名的《雅典宪章》。城市应按居住、工作、游憩进行区域划分和综合平衡，在此基础上建立起沟通城市各个部分的交通网。大纲列举了居住、工作、游憩和交通四大活动所表现出来的严重问题之后，明确指出居住为城市的主要因素，要多从人的需求出发。大纲还提出在城市发展的过程中，应注重保护名胜古迹和城市的古建筑，强调城市规划是一个三度空间的学科，应考虑立体空间的开发利用。城市规划要以国家法律法规的形式确保其顺利实施。

中心地理论　1933 年由德国地理学家 W. 克里斯泰勒（W. Christaller）提出，是研究城市空间组织和布局优化的一种城市区位理论。该理论探讨了一定区域内城镇等级、规模、职能间的关系，并采用六边形图形对城镇等级与规模关系加以概括。中心地是指向周围地区提供各种货物和服务的地方。中心地等级的划分，主要根据中心地提供的职能种类和服务范围。城镇空间分布主要受制于商业因素、行政因素和交通运输因素。中心地理论认为，最便于提供货物和服务的地点，应位于圆形商业地区的中心。在理想的均质平原上，同级中心地的服务范围有围绕中心地呈六边形分布的趋势，中心地位于六边形服务范围的正中间。低级中心地和服务范围被高级中心地和服务范围所包括。

同心圆学说　由美国社会学家 E. 伯吉斯（E. W. Burgess）于 1923 年提出。城市可划分为中心商务区、过渡区、工人住宅区、高级住宅区、通勤居民区共 5 个圈层。过渡区原先为高级住宅区，各类政府机构多位于此，后来因商业、工业等的不断侵入，环境质量显著下降。通勤居民区是沿交通干线发展起来的，大多数人使用通勤月票上下班。该学说揭示了城市土地利用的价值分带：中心商务区土地利用层次最高；越靠近中心商务区和城市中心，土地利用的集约程度越高，地租地价也就越高；越往城市外围，地租地价就越低。

扇形学说 由美国社会学家 H. 霍伊特（H. Hoyt）于 1936 年提出。在同心圆学说的基础上，重点考虑了联结中心商务区的放射状交通干线的影响。城市土地利用功能分区，是由中心商务区向外放射形成不同职能的楔形地带。交通干线两侧地租地价较高，楔形外部为低收入住宅区。该学说具有动态性，使城市地域结构变化易于调整，城市活动可沿楔形向外拓展。

多核心学说 由美国地理学家哈里斯（C. D. Harris）和 E. 乌尔曼（E. L. Ullman）于1945 年提出。大城市并非依托单一核心发展，而是围绕着几个核心形成中心商务区、批发商业区、住宅区、工业区和郊区，以及相对独立的卫星城镇等多种功能区，并由它们共同组成城市地域。中心商务区是城市的核心。但城市还存在着次一级的支配中心，它们都有各自的吸引范围。城市的多核心构成城市众多的生长点，交通区位最好的可形成中心商务区。

增长极理论 由法国经济学家弗朗索瓦·佩鲁（F. Perrour）在 20 世纪 50 年代所提出。强调投资应集中于投入—产出效益较好的部门，通过促进本部门以及相关部门的超前发展而导致全面的经济增长。一国经济的发展，并不是同时出现在所有地区，而是以不同的强度出现于一些增长点上，然后通过各自的渠道向外扩散，从而形成以增长极为核心，周边地区不均衡增长的地区性经济综合体，推动型工业所诱导的增长发源于推动型工业所在的地理中心。后来经过法国经济学家 J. 布代维尔（J. Boudeville）、美国经济学家 V. 尼科尔斯（V. Nichols）、A. 赫希曼（A. Hirshman）等人的论证和发展，从而使增长极理论更具有实用性。

大都市带理论 1957 年，城市学家戈特曼（J. Gottmann）系统阐述了大都市带（Megalopolis）理论。在巨大的城市化区域内，支配空间经济形式的不仅是单一的大城市或都市区，而是一个面积广大、集聚了若干都市区、并在人口和经济活动等方面密切联系形成的一个巨大整体，这种城市地域空间组织形式的出现标志着区域空间经济的发展进入了"成熟"阶段。根据戈特曼研究划定的世界六大城市带（大城市群）成为当今城市群研究的重点区域。

核缘理论 英国规划学家 J. 弗里德曼（J. Friedman）提出核心—边缘扩散理论，即将一定的地域空间分为"核心区"和"边缘区"，认为经济发展是一个不连续的、但又是通过逐步累积的创新过程而实现的。核心区集聚或扩散资源要素，引导或支配边缘区，谋求区域经济的一体化发展，其实质就是追求边际效益最大化，对有限的资源要素重新进行空间配置。

弹性理念　"弹性"是指物体在外力的作用下，产生形变后仍可恢复原来形状的性质。在城市学领域，弹性是指对未来需求有一定的预见性，现今方案在今后有持续发展的余地。城市的发展过程有许多不确定的因素，需要建立开放灵活的系统，当不确定因素发生变动时，能够及时作出相关反应。沙里宁（E. Saarinen）的有机疏散理念，就是强调将城市的无序集中转变为有序的疏散，使城市空间结构具有一定的弹性和有序性。希尔德布兰德（F. Hildebrand）在研究可持续的城市形态后提出，相对于核心城市、星型城市、卫星城市和线性城市来说，多中心网络城市是一种具有较大弹性的城市结构模式，中心城市的活动被分散到网络中，并集中到连接整个系统、具有不同密度和某种程度专门化功能的节点上，形成大小不一的中心。在主要节点之间，高密度的线性城市沿交通线路发展；远离这些高密度的节点和线状开发带，网络则趋向于稀疏。

宜居城市理论　联合国第二次人居大会提出城市应适宜居住的理念。2005年北京城市总体规划率先提出了建设"宜居城市"的目标定位。随后，许多城市将宜居城市列为城市发展的目标。狭义的宜居城市是指气候条件宜人、生态景观和谐、适宜人们居住的城市，偏向于生态城市的概念。广义的宜居城市是一个全方位的概念，强调城市在经济、社会、文化、环境等各方面都能协调发展，人们在此工作、生活和居住都感到满意，并愿意长期居住下去。宜居城市包括经济发展度、社会和谐度、文化厚度、生活舒适度、景观怡人度、公共安全度六大判别标准。宜居城市建设的重点包括：尊重自然，亲近自然，城市建设应保留原有的地形地貌和山水风光，构建和谐怡人的城市景观；文化古城的建设必须延续城市的文脉，传承城市的历史；历史街区的改造则要整旧如旧，尽量保持原有的风貌；城市具备广泛的包容性、良好的人文关怀和普遍的市民参与度；拥有深厚而富有个性的城市文化，并且充满生机活力；为城市居民提供尽可能多的生活、工作和出行方便，综合整治"城市病"，诸如交通堵塞、环境污染、生活破坏、居住质量恶劣等。

包容增长理论　发展中国家在经济加速发展的同时，也出现了贫富差距扩大、地区之间发展不平衡、就业压力增大等问题，大量的贫困人口难以分享到经济增长带来的机会。基于此背景，2007 年亚洲开发银行提出了"包容性增长"（inclusive growth）的概念。该理论倡导机会平等的增长，贫困人口应享有平等的社会和政治权利，参与经济增长并做出贡献，同时在分享增长成果时不会面临权利缺失、体制障碍和社会歧视（R. Rauniyar、A. Kanbur，2009）。包容性增长的基本含义是公平合理地分享经济增长，让更多的人享受经济全球化的成果，让弱势群体得到保护，加强中小企业和个人能力的建设，在经济增长过程中保持平衡，强调投资和贸易自由化，反对投资和贸易保护主义，重视社会稳定等。范轶琳、吴晓波（2011）认为，促进包容性增长，需要实施积极的包容性政策，即保持可持续的经济增长以增加就业机会，确保机会的平等获取，提供足够的社会保障。

二、国外城市化典型模式分析

综观各国城市化历程，我们可以总结出几种明显的城市化发展模式，典型的有西欧模式、美国模式、苏联模式、日本模式与发展中国家模式。

西欧的早期城市化发展模式是工业主导下的同步、集中型城市化模式，以英国为典型代表。自工业革命开始至 1851 年，英国基本上实现了城市化，成为世界上第一个城市化国家。英国的城市化走的是高度集中的城市化道路，城市化的启动与圈地运动、工业革命密切相关，圈地运动使大量劳动力流向城市；工业革命使工业和商业迅速发展，吸引大量人口进入城市，实现了工业化和城市化进程的同步协调发展。城市化过程中伴随着产业结构调整优化。城市化初期，以纺织、煤炭等劳动力密集型工业为主导工业；第二次技术革命后，机器制造、汽车和电子等资金技术密集型产业逐渐代替了原产业结构；后期的产业结构则以服务业为主导。值得一提的是，英国等西欧国家城市化的部分启动资金源于殖民掠夺和对外贸易。通过大量的对外贸易、殖民霸权及侵略战争掠夺积累了大量资本，为城市化进程准备了大量的启动资金。

美国的城市化过程主要是农业人口大量进入城市的过程。美国的城市化模式具有其鲜明特征：第一，美国城市化进程与农业现代化密切相关，城市化进程中实施的农业现代化政策使其城市化过程不断获得农村剩余人口的支持，促进了工业化进程，为城市化进程的良性发展提供了保证，此外，入境外来移民的涌入也大大加速了这种城市化进程。1860—1920 年是美国向城市化社会转变的关键时期，也是其历史上前所未有的移民高峰期，从 1890 年起，仅用了30 年时间，美国城市化水平就从 30% 提高到了 51.2%。第二，美国城市化过程经历了由集中到分散的过程。20 世纪以来，在经济高速增长和家庭所有权、政府补贴和高速公路建设、郊区基础设施的投资高速增长等因素的驱动下，美国城市化在空间布局上表现出蔓延式特征。郊区的发展占用了大量的土地，包括森林、湿地、野外游乐场所与农田。从 1950—2000 年，美国城市人口增长了 1 倍，但城市用地从 5.9 万平方公里增加到 23.9 万平方公里，增长了 3 倍。城市建设用地快速向郊外纵深农业地区渗透，造成了城乡在经济、社会等方面的冲突。1990 年代中后期以来，城市蔓延及其引发的社会经济影响逐步得到关注，开始反思其城市化模式，为此提出了一系列对策，主要包括交通导向型开发模式、城市增长边界、宗地再开发，等等。

日本城市化在 20 世纪 50 年代才进入调整发展时期，其特点是高度集中的城市化模式，东京、大阪、名古屋三大都市圈人口占全国人口的一半。集中性还表现在城市国土空间分布上的高度集中，十大都市都集中分布在太平洋沿岸工业地带。日本的城市化进程是由政府引导的。其开始于明治维新时期，但直到 1940 年，城市化水平仍落后于当时欧美工业化国家。1956—1973 年间是日本工业发展的黄金时期，城市化也进入加速期，1975 年日本城市化率达到75.9%。在城市化进程中，日本出现了大都市区超前发展的现象。日本共有 7个中心城市人口达百万以上的大都市圈。政府对工业发展和城市布局起着重要指导作用。为解决区域发展不平衡问题，日本先后制定和实施五次全国综合开发规划，形成了包括区域规划与城市规划在内的较为完善的规划体系。日本政府比较注意农村、农业的发展问题，制定了大量法律促进农村发展，如为扶持山区农村及人口稀疏地区的经济发展，制定了《过疏地区活跃法特别措施法》《山区振兴法》等；为促进农村工商业的发展，制定《向农村地区引入工业促进法》《关于促进地方中心小都市地区建设及产业业务设施重新布局的法律》等。同时，日本政府也比较重视对农村、农业的投资，投资方式多样化。中央政府主要对建设项目进行财政拨款及贷款，地方政府除财政拨款外还可发行地方债券进行农村公共设施建设。日本推行广域行政，实行町村合并。在日本，市町村是最基层的行政区，市是城市化地区，町和村都是农村的基层行政区，町在形态上更接近于集镇。

苏联的城市化，是随着工业化的发展而稳步推进的，其显著特点是没有失业现象，反而出现了劳动力严重不足的问题。这是因为苏联人口自然增长率一直比较低，同时不断进行大规模的基础设施和城市住宅建设，来自农村的人口在城市得到了较好安置，没有出现西方国家的贫民窟现象和其他社会问题。苏联的城市化是工业化的副产品，带有突发性，但在短时间内取得了令世人瞩目的成就。十月革命之后，大量农村人口涌入城市，大城市的数量迅速增加。1959—1989 年，国家进行大规模的住房建设，使得 83% 以上的城市家庭有了自己单独的住房。但苏联的城市公用设施严重不足，全国各地到处都是一些千篇一律的廉价住房，建筑质量差，并直接影响到城市环境水平和居民生活质量。在苏联，产品经济长期占主导地位，货币经济受到了压制，身份证制度不仅限制了农民迁入城市，还限制了城市居民从一个城市迁到另一个城市，人为地制造了等级壁垒、权利上的不平等。

在发达国家城市化走过高速发展阶段并相对停滞后，发展中国家包括中国在内正迎来城市化的高速成长期。在不同国家、不同地区，发展中国家城市化呈现不同的趋势，有的国家城市化超前发展，有的国家城市化相对滞后。拉美国家的城市化是在外来资本主导下发展的，其速度大大超过了工业化的速度，以墨西哥城、里约热内卢以及布宜诺斯艾利斯等为代表，主要是依靠传统的第三产业来推动，甚至是无工业化的城市化。大量农村人口涌入少数大中城市，城市人口过度增长，城市资源与环境承载力已达极限，引发许多社会问题，教育、卫生、文化等资源主要被富人占有，穷人很少能享受这个时代的文明生活，导致了一系列严重的"城市病"。亚洲、非洲一些国家的城市化则相对滞后，如中国与印度，工业化水平已经有了一定程度，大都市也迅速成长，但总的城市化率却低于工业化率，城市发展落后于工业化的发展。部分非洲国家工业化尚未起步，城市化也尚未起步，基本上还是传统的农业社会。

世界上各国的城市化模式的形成都是在特定的社会经济背景下，由于人口、资源环境、城市化动力、制度和文化等方面的差异，形成了各具特色的城市化模式，其效果差异也很大。我国正处于城市化快速发展阶段，由于时空的差异和国情的独特性，不可能照搬任何一种成熟的城市化模式。从人口和土地等资源的国情上来看，我国与西欧国家有很大的相似性，人口密度高，土地资源紧张。但与西欧国家的早期城市化相比，我国的城市化最大的不同在于所面临的全球环境的差异。西欧的城市化是在工业革命和全球殖民主义的条件下发展的，其城市化道路建立在对全球资源环境的掠夺基础之上，其早期的发展也是"高投入、高消耗、高污染"的粗放发展模式，忽视资源环境成本而追求最大化的经济增长。但当这种城镇化发展带来了较为严重的环境、资源问题后，他们又凭借工业化带来的资本积累进行治理，或借助其跨国投资优势将"污染工业"转移至发展中国家。当前，全球城市化面临的背景已经发生了重大变化，我国不可能再沿袭西欧国家早期的城市化道路，先污染再治理的模式在我国这样一个人口大国是不现实的，也是难以持续的。西欧国家采取的集中型城市化道路，以及在城市化过程中对于本国土地资源的保护等方面是值得我们借鉴和学习的。

对比美国模式我们发现，尽管我国的国情与美国有很大的不同，社会制度和文化价值观等都存在很大差异，但是随着我国城市化的快速发展，在美国城市化过程中出现的郊区化现状在我国个别地区已经显现，我们应当吸取美国城市蔓延的教训，在城市发展中控制城市低密度无序扩张，人口、资源、环境条件决定了我国只能走以城镇群为主体形态的集中型城市化模式。

作为一个发展中国家，要应对资源环境的刚性约束，我国应当充分借鉴世界其他地区城市化过程中的经验和教训，转变经济发展模式，走出一条既要推进经济发展，又要实现资源环境保护的符合可持续发展战略要求的城市化道路。

三、国外城市发展对我们的借鉴意义

一是注重城市规划，强调以人为本，公众参与意识很强。世界上许多国家非常重视城市规划的制订，要经过城市规划专家、政府、规划委员会、广大市民等诸多程序，尤其是非常重视向市民公示等环节。在城市规划通过之后，必须按照规划严格执行，任何人无权擅自改动。城市规划的制订，强调以人为本，努力为广大市民创造各种方便，也非常欢迎市民参与和提出各种改进性意见。

二是城市规划布局由单中心向多中心转化，重点在于分流市中心区过于集中的各种职能。随着城市的不断发展，城市的规模逐渐扩大，在此情况下，市中心区的各种"城市病"愈演愈烈，并给城市的进一步发展造成严重困难。为了解决这方面的问题，行之有效的手段是建设一系列的次一级的中心和卫星城镇，以分散中心区的多种功能。卫星城要求特色突出，与母城保持密切的联系。

三是注重改善城市交通，在城市规划过程中强调以公共交通为导向。小汽车给城市发展造成多种严重的问题，比如尾气污染、交通阻塞、各种事故等。在经过长时期的探索之后，许多国家感觉到发展公共交通是城市可持续发展的重要方向，比如建设城市地铁系统、轻轨系统、大型公交车辆系统等，达到载客多、速度快、效率高、污染少的目的。在城市交通管理方面，要建立高效率的公共交通管理系统。

四是推行公司化的企业制度，落实到城市开发建设的一系列领域。我国的城市建设，政府是主要经营者，但往往投资有限，财力不足，而各方面的积极性却未能充分调动起来。可积极开展经营城市等运作方式，把城市作为资产来运营，在此过程中实现城市资产的良性循环和保值增值，也大力发动各方面的力量投身到城市建设中来。

五是打造良好的城市居住环境和发展环境。这方面的工作包括尽量保持城区原有的自然和人文景观，山体、水体、文物、植被等都要下决心保护好，尊重城市的生态环境和历史文化。老城改造过程中，对于历史文化价值突出的建筑要尽量整旧如旧，内部可进行现代化改造，但原有的文化外观需要设法保护好。城市的规划建设，要能够充分考虑到市民的各种需要，创造温馨宜人的生活环境和特色鲜明的文化氛围。

六是注重城镇与乡村的协调发展。在大部分发达国家，在经济发展到比较高的水平之后，城镇与乡村的发展差距明显缩小。四通八达的交通运输，现代化的信息网络，以及各种各样的发达的服务业，大大缩小了城市与农村的发展差距。居住在广大农村，同样可以享受到发达的现代文明。

第二节　中国城市化建设的模式选择

一、基本思路

长期以来，中国是一个传统的农业国家，农业人口、农业经济占有较大比重。随着社会的发展，经济的不断多元化，人们的需求也发生很大改变。在党的"十八大"，中共中央提出了继续推动科学发展、促进社会和谐，继续改善人民生活、增进人民福祉，为全面建成小康社会而奋斗的战略目标。全面落实经济建设、政治建设、文化建设、社会建设、生态文明建设五位一体总布局，为实现全面建成小康社会宏伟目标不懈奋斗，戮力同心创造更加幸福美好的未来。而大力推进新型城市化，是我国全面建成小康社会、进而实现现代化的关键环节。党的十八届五中全会明确提出，必须牢固并切实贯彻创新、协调、绿色、开放、共享的发展理念，这是一场关系我国发展全局的深刻变革。

在城市化的过程中，农业人口向非农业人口转移，人口空间分布由分散转变为集聚，乡村景观逐渐演化为城市景观。城市化包括硬件建设与软件建设两大方面。城市化的硬件建设，侧重于城市化的物质载体。城市化的软件建设，重点在于"人"的城市化，包括新的城市理念，新的城市思维，高水平的城市规划，绿色的、理性的城市设计，以改善民生为城市建设宗旨。

城市化一方面需要巨额投入，另一方面能够创造巨大效益。大量剩余劳动力从乡村转移到城市，从事第二产业和第三产业，劳动生产率要明显地高于传统农业生产。在城市化的过程中，原先的农用地转化为城市建设用地，其市场价值大幅度增加，从而为城市化过程提供强有力的资金支持。因此，城市化是区域经济社会发展的重要引擎。

在城市规划编制的过程中，应保持必要的发展弹性。中国城市发展很难按照既定规划循序推进，因为在规划实施的过程中，传统的刚性规划很难应对城市发展的偶然性。需要划出一定的弹性控制区间，在规划总体框架不发生大的改变的前提下，对具体项目和用地规划进行合理调整。

倡导城市的包容性增长，更加注重城市发展的公平性。让发展成果惠及所有地区和所有人群，从满足人民生存性需求向满足人民发展性需求转变，从重视解决老百姓切身利益问题向注重提升老百姓幸福指数转变，从政府主导向老百姓广泛参与、全社会共建共享转变。

把新常态作为谋划部署新型城镇化的新前提。立足我国发展的阶段性特征，准确把握新常态带来的新要求，牢牢抓住新常态带来的新机遇，全面落实新常态提出的新目标。积极培育新型城镇化的产业增长点、需求增长点、民生增长点和创新创业增长点。坚决破除路径依赖、思维定势和工作惯性，促进工作思路和方法加快向新常态调整。在发展中升级，在升级中发展，在稳增长、促改革、调结构、惠民生上下工夫，推动新型城镇化循序渐进，行稳致远，迈向中高端水平。

反对传统的"摊大饼"的城市扩张方式，科学设置规划发展的边界，强调城市的紧凑成长和精明增长，不再盲目圈地和无序扩张，注重提高建设用地的利用效率，设法提高城市基础设施和公共服务设施的承载力。倡导集中与分散相结合的生态型弹性布局，走生态型、包容型、多中心、可持续的发展新路，对城市进行高水平的顶层设计。

城市的规划建设，以布局合理、生态良好、环境优美、功能完善、生活舒适、适宜人居为准则，将绿色、低碳、循环作为"两型城市"建设的重要切入点，搞好节能减排，推进循环经济，提高市民的文明水平，倡导健康的生活方式。注重城市的"智慧增长"，构建现代化的交通运输网络、旅游服务网络、商贸物流网络、电子信息网络、能源供给网络和生态环保网络。构建高速通勤系统，促进城市相对均衡发展，减轻中心城区的压力。在城市内部建设智能交通系统，借此推动智能城市的建设。

推进城乡统筹发展，是新型城市化的重要内容。由非均衡发展向适度均衡发展转变，抓紧建设一批比较优势突出、地域特色鲜明的小城镇，探索建立城乡规划、城乡基础设施、城乡产业发展、城乡公共服务、城乡要素市场、城乡社会管理一体化的体制机制，推动城乡共同发展。根据我国现行户籍体系，人口被划分为农业人口与非农业人口两大类。根据我国土地法律法规，土地利用被分为农用地与建设用地两大类（还有少部分未利用地）。如何克服人口、用地方面的制度约束，实现人口与土地的合理合法流转，是新时期亟待研究和解决的重大问题。

城市或城市群保留较大面积的生态绿心，能够显著减轻"城市病"，营造理想的人居环境和城市景观。这方面成功的例子如杭州（西湖）、纽约曼哈顿（中央公园）、荷兰（兰斯塔德）。兰斯塔德城市群拥有阿姆斯特丹、鹿特丹、海牙、乌得勒支等中心城市，其空间分布呈马蹄状，内部保留有约400平方公里的农业地带，作为城市群的生态绿心。长沙、株洲、湘潭三市彼此相距约30公里，其间也保留了530平方公里的生态绿心，并以湖南省人大立法的形式予以法律保障。

城市建设要与当地的比较优势和文化渊源相结合，切忌拍脑袋相互攀比，贪大求"洋"，搞劳民伤财的政绩工程，也不必追求什么吉尼斯世界纪录，因为这些纪录对于老百姓没有实实在在的好处。基于区域经济一体化和经济全球化的背景，中国一般的城市或城市群都不必追求相对完整的产业体系，而要整合优势条件，开发瓶颈因素，集中力量重点突破。从社会化大生产的角度，构建生产要素互补、上下游产业配套、横向成群、纵向成链、集聚化、集约化、集群化的城市产业发展格局。

中国城市化的速度不宜过慢，因为有大量的乡村人口要转化为城市人口，越来越多的乡村人口渴盼享受大都市的现代文明。我国城市化的速度不宜过快，因为城市化的推进需要经济社会发展作为支撑。倘若城市化脱离经济社会发展实际，就可能出现类似于"拉美城市化"或"非洲城市化"的状况，大量农村人口进城之后，找不到合适的就业岗位，生活贫困的状况依然如故，城市会出现新的贫民区。

结合我国国情实际，今后一段时期的城市化速率，可保持在国内生产总值增长速率的 1/10 左右。倘若国内生产总值每年增长 10%，那么城市化速率每年就为 1%。以全国 13.5 亿人口计，每年新增的城市人口约 1350 万人。从 2013 年到 2025 年，全国大约新增 2 亿左右的城市人口。届时，根据国家现行统计标准，全国的城市化率可能达到 65% 左右。

城市化不可能以较高的速率永远增长下去，而应表现为自然对数曲线的增长方式，即开始快一些，后来慢一些，接着可能趋向于停滞。我国城市化的增长速度，在城市化率 30% ~60% 之间表现为快速增长方式，在 60% ~75% 之间增长速率会逐渐缓和，超过 75% 则表现为相对停滞的状态。

全国现划分为西部、东北、东部、中部四大经济板块。今后若干年内，西部和中部的城市化推进速度会高一些，东部和东北的城市化推进速度会低一些。但从城市化的质量来看，东部地区要明显地高于西部、中部和东北地区，主要原因是东部地区综合实力较强，基础设施较好，工业和服务业能够为城市化提供强有力的支撑。

城市化过程需要巨额经济投入，每年约有 1300 万 ~1400 万乡村人口转化为城镇人口，每个新增城镇人口完成由乡村到城市的身份转换至少需要投入 30 万元，那么每年城市化的直接投入 3.9 万亿 ~4.2 万亿元。问题在于，东部地区可用的资金多，但城市化压力较轻；中西部地区可用的资金少，但城市化压力却相对沉重。因此，未来一段时期，我国城市化的推进质量是东高西低。

中共中央关于新型城镇化的精神

《中共中央关于全面深化改革若干重大问题的决定》（2013 年 11 月 12 日）明确指出："完善城镇化健康发展体制机制。坚持走中国特色新型城镇化道路，推进以人为核心的城镇化，推动大中小城市和小城镇协调发展、产业和城镇融合发展，促进城镇化和新农村建设协调推进。优化城市空间结构和管理格局，增强城市综合承载能力。推进城市建设管理创新。完善设市标准，严格审批程序，对具备行政区划调整条件的县可有序改市。对吸纳人口多、经济实力强的镇，可赋予同人口和经济规模相适应的管理权。建立和完善跨区域城市发展协调机制。加快户籍制度改革，全面放开建制镇和小城市落户限制，有序放开中等城市落户限制，合理确定大城市落户条件，严格控制特大城市人口规模。从严合理供给城市建设用地，提高城市土地利用率。"

2013 年 12 月中央城镇化工作会议明确提出，要以人为本，推进以人为核心的城镇化，提高城镇人口素质和居民生活质量，把促进有能力在城镇稳定就业和生活的常住人口有序实现市民化作为首要任务。根据资源环境承载能力构建科学合理的城镇化宏观布局，把城市群作为主体形态，促进大中小城市和小城镇合理分工、功能互补、协同发展。要坚持生态文明，着力推进绿色发展、循环发展、低碳发展，尽可能减少对自然的干扰和损害，节约集约利用土地、水、能源等资源。要传承文化，发展有历史记忆、地域特色、民族特点的美丽城镇。在这次会议上，中央提出了新时期我国城镇化六大任务。（1）农业转移人口市民化，主要任务是解决已经转移到城镇就业的农业转移人口落户问题，努力提高农民工融入城镇的素质和能力。（2）提高城镇建设用地利用效率，要按照严守底线、调整结构、深化改革的思路，严控增量，盘活存量，优化结构，提升效率，切实提高城镇建设用地集约化程度。（3）建立多元可持续的资金保障机制，要完善地方税体系，逐步建立地方主体税种，建立财政转移支付同农业转移人口市民化挂钩机制。（4）优化城镇化布局和形态，即全国主体功能区规划确定的"两横三纵"的城市化战略格局，要一张蓝图干到底。（5）让居民"望山见水"记得住乡愁，依托现有山水脉络等独特风光，让城市融入大自然，保护和弘扬传统优秀文化，延续城市历史文脉。（6）城市规划不能政府一换届、规划就换届，要由扩张性规划逐步转向限定城市边界、优化空间结构的规划。

表 2 - 2　新型城镇化建设要点

城市管理精细化	城市管理水平是一个地区文明程度、综合实力、整体品位的重要标志和直接体现，在新型城镇化推进的过程中，应强化城市管理的精细化。一是推进城市建设的法制化、制度化，提升城市管理执法队伍的素质和整体水平，倡导坚持民主决策、科学决策，推进依法行政。完善城市管理体制，建立城市管理长效机制，理顺城管部门和专业管理部门的职责，解决管理中的职能交叉和边缘性问题，提高城市管理效能。二是推进城市管理的信息化、智能化，完善数字化城管平台，加快推进"智慧城市"建设，提升城市运行管理和服务保障的信息化和智能化水平。三是推进城市整治的全面化、综合化，大力整治结合部位和城市出入口的乱搭乱建、乱倒垃圾、占道经营问题以及城市发展中的临街立面、户外广告、门店招牌、市政设施、市容秩序问题和违法建设问题，落实门前市容环境卫生责任制，提升城市管理水平。四是推进城市发展的便捷化、宜居化，加快城市公用事业发展和市政设施建设，强化城市园林绿化建设和住宅小区管理，改善城市综合交通状况，提升城市建设水平。五是推进城市管理的社会化、公开化，建立城市管理社会参与、舆论引导监督机制，对公共财政、政府投资、资源资产等，主动接受社会和新闻舆论监督，提高各级政府公共管理服务水平和行政能力。
城市发展包容化	践行权利公平、机会均等、规则透明、分配合理的包容性发展理念，消除人民参与经济发展、分享发展成果的制度壁垒，形成人人参与、共建共享的城市发展机制。一是兼顾不同群体利益，梳理不利于城市包容性发展的一切排斥性规章制度，逐步建立以权利公平、机会公平、规则公平、分配公平为主要内容的制度体系，不断消除人民参与经济发展、分享经济发展成果的障碍。二是有效破解城乡二元体制，努力实现工农、城乡和区域协调发展，促进农村剩余劳动力有序转移和市民化。三是构建可持续发展的社会保障体系，扩大各类社会保险覆盖面，着力解决就业、就医、社保等群众现实利益问题，特别是重点解决城市中低收入家庭住房困难。加强社会保险、社会救助、社会福利的衔接和协调，不断提高社会保障水平。
产城发展互动化	统筹新型工业化与新型城镇化的互动发展，以新型工业化带动城镇化水平提升，以新型城镇化支撑工业优化升级，形成以产兴城、以城助产、产城互动的良性发展格局。一方面，做好产业培育，增强产城互动内生动力，以产兴城。把建设产业园区作为产城互动、协调推进、加快发展的结合点与突破点，发展壮大优势产业、新兴产业，把产业园区打造成优势产业的"聚集区"和区域经济发展的增长极，以此带动大规模城市就业人口的聚集及各项配套设施的建设，促进城镇化发展，形成"产业园区化→园区城镇化→产城一体化"的良性格局。另一方面，抓好城市建设，搭建产城互动平台，以城助产。强化城市、道路交通、给水排水、信息、供电、环保等公共基础设施建设，完善城市教育、医疗、卫生、文化等公共配套能力，增强城市服务发展、保障民生的能力。深入挖掘城市历史人文积淀，努力提高城市建设水平和品位，提升城市的承载力、影响力、聚集力，吸引更多的大项目、好项目集聚，实现产城融合发展、协调联动。

生态环境宜居化	强化城乡生态建设，严格保护自然保护区、森林公园、生态绿地、河流、湖泊、森林、农田、湿地等，积极推进城市街头绿地、休闲公园、湿地公园等的建设，全面形成城市、森林、农田、湿地、流域等生态体系。重视城乡环境保护，积极倡导清洁生产和绿色消费，大力发展循环经济，持续推进大气污染防治、生活垃圾处理、流域水环境综合整治、农村环境综合整治和畜禽养殖污染治理，营造良好的城乡人居环境，走符合"两型"、低碳、生态、环保标准和要求的新型绿色化城市道路。
城市功能完善化	强化城镇发展的内涵提升，积极推进现代基础设施建设，构建高效便捷的交通运输设施和信息网络设施，建设保障有力的能源设施，加快给水、排水、防洪等市政设施建设，提高城镇承载和支撑能力。完善城镇教育、医疗、文化、卫生、科技功能，健全社会保障体系，提高城市就业吸纳能力，提升城镇公共服务水平。优化中心城区功能定位和空间布局。搞好关键节点、重点地段的城市设计，改善人居环境，建设生态宜居城市。
城乡发展一体化	大力推进城乡交通、信息、供水、供电、环保等基础设施的对接，实现城乡基础设施联合共建、联网共享。积极推进城市基本公共服务向农村地区的延伸，建立健全城乡一体的社会保障制度，缩小城乡基本公共服务水平差距，逐步实现同城同待遇。优化区域产业布局，提高城乡产业关联度、市场集中度和经济融合度，实现城乡产业发展一体化。把农村环境保护规划放在与城市环境保护规划同等重要的位置上，统筹城乡环境监测预警体系和城乡环境执法监督体系建设，积极推进农村环境整村连片治理，构建城乡一体化的生态环境保护新格局。建立城乡一体化的地价体系和农村集体土地流转政策体系，统筹城乡规划管理体制，完善城乡一体化财政管理体制，实现城乡管理体制一体化。
扩权强镇有序化	乡镇是县域经济的重要载体，是统筹城乡发展的重要节点，也是推进新型城镇化的关键突破口。但现行的乡镇行政管理职能、经济调控职能和社会管理职能普遍弱化，严重制约了镇域经济发展。实施"扩权强镇"的意义就在于解决制约乡镇经济社会发展的体制性障碍，促进乡镇经济社会长远发展。在推进新型城镇化进程中实行"扩权强镇"试点，在以下六种权力上进行改革，包括发展决策权、审批管理权、项目优先权、综合执法管理权、干部人事调配选择权、激励约束权。

二、发展定位

"十三五"是我国城镇化加速发展的关键时期，预计每年将新增城镇人口逾 1300 万，城镇消费群体不断扩大、消费潜力不断释放，也会带来城市基础设施、公共服务设施和住宅建设等巨大投资需求，同时还会给城市发展提供多层次的人力资源，为经济发展提供持续动力。

在人均 GDP10000 美元左右时，民生需求整体上从发展型迈入舒适型阶段。广大人民对生活品质、精神享受、文明健康等多样化个性需求，对就业、教育、医疗、住房、社会保障、公共安全等多层次的公共服务提出了新的更高的要求。人民对美好生活的向往，就是城镇化的奋斗目标。这意味着我们必须不断提高公共产品供给能力、不断提高公共服务均等化水平，让人民共享发展成果。

我国现已深刻认识到城市科学定位的重要性，但仍存在着好大喜功、脱离实际、长官意志的不良倾向。一些城市辐射带动能力有限，甚至自身发展都存在着很大困难，却总要定位为大型、甚至特大型中心城市。在洪水、地质灾害严重威胁的地区，在生态环境相对脆弱的地区，为了突出政绩把城市规模定得很大，显然是不明智的。许多缺乏智力支持的城市，把电子、信息、新材料等前沿部门，确定为城市的支柱产业，但又未能全面把握市场动态，结果往往是欲速而不达，成为欲上不能、弃之可惜的"虎背"工程。一些贫困地区的城市，不是把有限的资金用于改善民生，用于亟待改进的基础设施，而是热衷于修建飞机场、高尔夫球场、影视城、政府大楼等方面，不少项目亏损严重，最后不了了之。

"房地产热"持续多年，许多城市的扩张速度是前所未有的，把今后若干年的建设用地指标都给用完了，其结果是"城外面的许多房子没有什么人住，城里面许多人没有房子住"，新楼盘空置率居高不下，违背了国家房地产业发展的大政方针。内蒙古鄂尔多斯房地产的泡沫，就是一个惨痛的教训。

城市产业定位存在着相互攀比、严重雷同的状况，脱离当地实际，违背市场规律。前一段许多城市热衷于水泥工业，有的城市甚至把水泥工业定位为新型工业化的标志，在中心城区、著名风景区还修建水泥厂，把城市弄得乌烟瘴气。近些年不少城市热衷于汽车工业，建了一大堆根本没有规模效益和市场竞争力可言的汽车企业，所生产的汽车难以达到国家的能耗、排放、安全等标准。许多城市不研究市场变化，盲目扩建钢铁、有色冶金、化工等重化工业，长期未能突破关键技术，只能生产低附加值产品，不仅形成持续亏损、骑虎难下的被动局面，还造成了广泛的环境污染和生态破坏。有一段时期，我国诸多城市争先恐后地发展纳米、光伏等产业，修建"三国城"、"梁山泊"、"西游记城"、"大观园"，其结果是项目难以为继，巨额投资难以收回。

城市重大项目建设，旨在解决城市的关键性问题，克服城市发展的瓶颈，引导城市加速、健康和持续发展。重大项目投资多，工期长，影响面广，责任重大，必须进行缜密考虑和科学论证。

劳伦斯魔咒

其内涵可表达为：摩天大楼动工之时，是经济过热时期；摩天大楼建成之日，是经济衰退之时。在以往的一个世纪，"劳伦斯魔咒"屡屡应验。1908年美纽约胜家大厦和大都会人寿大厦相继落成，接着金融危机席卷全美。1913年伍尔沃斯大厦落成，美经济出现衰退。20世纪20年代末至30年代初，华尔街克莱斯勒大厦和帝国大厦相继落成，之后纽约股市崩盘，并引发全球经济大萧条。70年代中期纽约世贸中心和芝加哥西尔斯大厦再夺全球最高，而后发生石油危机。1997年吉隆坡双子塔楼建成，亚洲发生金融危机。2010年迪拜塔营业，高达828米，债务危机也随之降临。

在经济繁荣阶段，宽松的财政政策往往鼓励上马大型项目，摩天大楼是最直观的体现；但由于过度投资、投机以及随之而来的货币紧缩政策，繁荣并不会无止境地持续下去。经济快速发展和城市化带来了"摩天热"，通常是由于信贷宽松、对房地产市场的乐观、政府政策以及开发商之间的竞争引起的。中国的摩天热潮还有其独特性，就是地方政府的强力支持。"劳伦斯魔咒"并不适合作为最终决策的依据，它的意义在于为投资者提供一种反常规的思维方式，为世人敲响警钟，使人们可以更理性地进行投资。

越来越多的城市陷入修造摩天大楼的"怪圈"，决策者充满豪情，"欲与天公试比高"，500米、600米、700米高的超高层建筑纷纷动工。西方国家修建超高层建筑，主要针对市中心区用地紧张、地价过高的问题，发达国家的"摩天楼热"明显降温。在地价并非过高的情况下，我国城市大建超高层建筑，并非明智之举。与一般建筑物相比，超高层建筑存在着难以克服的缺陷，比如造价偏高、工期较长、能耗偏高、高楼消防不过关、楼体上部风压摆动、交通集散困难、与周边景观难以协调等。结合我国城市实际，摩天大楼建在郊区，楼盘的售价上不去，高造价难以收回；摩天大楼建在市中心，楼盘售价较高，但会引发车流、人流严重拥堵的问题。因此，摩天大楼的建设，需要慎重论证，量力而行。

许多城市陆续修建了一些稀奇古怪的异形建筑，企图造成视觉冲击，期盼作为城市标志物，但却遭到老百姓和学术界的普遍诟病。与常规建筑相比，异形建筑的单位造价要高得多。不少异形建筑外观丑陋，面目可憎，根本没有什么美感可言。2014 年 10 月，习近平总书记明确指出，不要搞奇奇怪怪的建筑。奇怪的建筑缺乏与周边环境的统一性，比例夸张，尺度不协调，形象低俗，缺乏美感。奇怪的建筑结构复杂，不利于抗震，安全性较差。过分崇拜依赖国外设计方案，不利于我国建筑的发展，与我国的核心价值观和基本国情不符合。

一部分城市热衷于修建造价昂贵的大型建筑，比如针对重要节庆活动修造的巨型体育场和国际会议中心。在举办完节庆活动后，这些耗资庞大的建筑物就被闲置起来，使用率长期低迷，甚至长期无人问津。一旦举办新的节庆活动，便又满腔热情地去修造新的标志性建筑物。其结果是出了政绩，但却造成巨大浪费。许多国家把体育中心修建在大学或企业里，在大型运动会结束后，就交给大学管理，其使用率比我国要高得多。倘若在项目动工之前，将建筑方案交给专家和市民评议，而不仅仅是少数人凭经验来决策，就可以避免大量不应发生的低级错误。

三、城市规模与空间规划

城市单体规模过大，又属于紧凑型布局，中心城区往往会产生严重的"城市病"。城市单体规模偏小，其集聚效益和辐射能力欠缺，难以配置大型公共服务设施。西方学者提出"适度城市"（suitable city）的概念，即城市既有理想的集聚辐射功能，又能够避免"城市病"。

鉴于中国幅员辽阔、人口众多的国情，应重点发展各具特色的城市群，走适度集中与相对分散相结合的城市化道路。集中力量做大做强城市群的中心城市，使之成为强有力的增长极。城市群内的门户城市、工业基地、交通枢纽等作为次中心城市。中心城市与次中心城市之间，形成大流量的快速通道。在城市群内部，城市定位各有侧重，趋异发展，功能互补，彼此促进。中心城市注重综合性、先导性和辐射带动功能，抓紧"腾笼换鸟"，污染型、高耗能型、夕阳型的工业企业尽快退出，取之以高新科技、现代服务、文化创意等新型业态。一般城市强调特色发展，或作为工业基地，或作为旅游城市，或作为局部中心城市。

注重城市群的包容性增长，主要是城市要素的合理配置，土地优化利用，空间多维协调，注重经济空间、社会空间、文化空间、生态空间的包容性成长。城市产业布局优化——协调处理好不同功能区之间的关系，减少产业活动对城市的不利干扰；城市空间结构优化——处理好核心区与边缘区的关系，疏解中心城区的压力；城市生态格局优化——处理好绿色空间（廊道、斑块、隔离带、缓冲带）与非绿色空间的关系，形成高效能的生态网络；城市社会空间优化——处理好生活空间、通勤空间、休闲空间的关系。

沿海分布的城市群，要处理好主要港口城市与一般城市的关系，强化大进大出功能。沿河分布的城市群，要处理好上游、中游、下游城市之间的发展关系，构建协调发展的生态经济带。处于同一交通运输网络中的城市，要处理好交通枢纽城市与一般城市的关系，构建高效率的运输物流系统。

在城市规划建设的过程中，要保持必要的发展弹性和缓冲性能。工业区与居住区、市政区之间，要保持足够的生态间隔带。向心状的路网结构，容易引发城市核心区的交通拥堵，可修建环线予以分流。棋盘格式的路网结构，其对角线之间交通联系困难，可借助于环线或专用道来加以解决。条带状的城区路网结构，应注重交通长轴及其辅助轴的建设，构建高效率的交通通道。

我国许多县城沿国道或省道两厢分布，本地交通与过境交通混为一体，不仅彼此干扰，危及路人安全，还严重破坏了人居环境。这样的城镇应抓紧改造，修建专门的过境干道，以缓解内部的交通压力，并促进城市边缘区的发展。

中国小城镇的建设，切忌千城一面，简单克隆，而要彰显发展特色，弘扬地域文化，发挥比较优势。小城镇的景观风貌，要与地理背景和历史传承紧密结合，注重展现所在地区的风土民情。要向西欧的一些小城镇虚心学习，在城镇建设的过程中，力求精致、温馨、亲情、生态。城镇的标志物、主要街道、市民广场、建筑立面、店铺招牌、园艺雕塑等，都要精心设计，倾力打造。

工业化住宅是房地产业的重要发展方向，具有抗震、节材、节能、耐久、保温的特点。工厂化住宅采用模块化建造方式，主要构件在工厂内完成。住宅模块生产在专业车间完成，住宅采取集成方法建设。我国住宅工业化起步较晚，远大住工、万科、金隅等企业正在着力推进。

四、反规划的思考

在快速城市化时期，城市呈现无序扩张的趋势，而传统的城市规划编制方法已显现出诸多弊端，需要逆向思维应对变革时代的城市扩张，"反规划"（Anti-planning）理论应运而生。"反规划"理论是北京大学俞孔坚教授于 2002年在《论反规划与城市生态基础设施建设》一文中提出的。其要义是：城市的规划和设计应打破传统思维，变"城市与环境"之"图与底"的关系为"底与图"的关系，即以城市为底，以环境为图，着重在规划和设计"非建用地"上做文章，而非传统的"建设用地"规划。

"反规划"是应对我国市场经济条件下城市物质空间无序扩张问题的一种新的规划途径，是城市规划中一种新的规划思路和工作方法。它试图通过建立保障自然和人文过程安全与健康的景观格局，来综合地解决国土生态安全、城市功能结构、交通运输、城市特色、城市形态等问题。它是一种在"非人类中心主义"生态伦理的指导下，以自然生态过程和环境景观格局为首要考虑因素的规划方法，目的是在规划区内保留和营造具有连续性的生态基础设施，构建良好的资源环境景观格局，在此基础上再去考虑规划建设问题。

从思维方式上讲，"反规划"强调的是一种逆向规划过程，是对传统规划的一种校正，而不是反对传统规划，其规划思维是辩证的思维、反思的思维、可逆的思维。因此，"反规划"实际上是打破了规划行为的常规。它从建设规划方法论转为不建设规划方法论；对规划师来说，从主要进行有计划的建设规划方案的制定，转为优先制定不建设规划，从被动的因开发建设需要而进行的建设规划，走向主动的为生命土地和城市整体的安全和健康而进行的控制规划；政府和规划主管部门也将转向城市经营和城市管制。

基于"反规划"理念，城市规划应强调发展与控制并重，产业有进有退，把经济开发强度控制在合理的范围之内。将城市群划分为重点开发、限制开发区和禁止开发区，针对这三类功能区确定不同的经济开发强度与环境保护阈值，对限制开发区和禁止开发区加强生态环境保护力度。要把规划反过来做，变建设规划为控制建设规划，不为在先为在后。先确定区域承载力、生态环境阈限和污染物排放总量上限，再落实到具体区域和行业，建立资源环境预警体系，实行严格的企业准入标准。鼓励发展资源能源消耗少、环境生态破坏小的工业部门和服务业部门；限制发展高耗能产业部门，禁止发展高污染产业部门，从严控制钢铁、有色、水泥、化工等重污染型产业部门。严格控制能源消耗量，COD、氨氮、SO_2、烟尘、粉尘、重金属的排放量，严格控制建设用地占用耕地，加强基本农田、森林、湿地、生物多样性的保护力度。

尽快出台城市生态控制区保护规划，开发服从保护，保护提升开发；严格控制人口规模和建设用地规模。实施封山育林、宜林荒地造林、退耕还林等工程，修复森林植被。加强湿地保护力度，禁止各类破坏湿地的开发活动。对城市范围内的禁止开发区，要依法实行强制性的保护。

城市承载力是指城市的资源禀赋、生态环境、基础设施、就业岗位、公共服务等对城市人口与经济社会活动的承载能力。城市承载力具有综合性、复杂性、开放性和动态性的特点。各种城市要素的集聚，城市经济社会活动的加强，使城市区域面临着越来越大的发展压力。城市资源环境条件与现有发展基础构成硬质承载压力基质，经济发展、社会文化、管理体制构成软质承压基质，两者共同形成压力系统与承压系统，并形成此消彼长、对抗与平衡的格局。

规划的要义不仅在规划建造的部分，更要千方百计保护好留空的非建设用地。"反规划"是一种环境景观生态规划途径，是一种强调通过优先进行不建设区域的控制来进行城市空间规划的方法，在城市化背景下，城市的扩张和城市基础设施的布局是不可避免的，但必须同时认识到，土地是一个有结构的生命系统，不同的空间格局将形成不同的生态功能。"反规划"强调在区域尺度上首先规划和完善非建设用地，设计城市生态基础设施，形成高效的、安全的、能够维护城市居民环境需求和土地生态过程的环境景观格局。

生态阈限与承载力

生态系统具有一定的自我调节能力，但只能在一定条件下、一定范围内起作用，如果干扰过大并超出了生态系统本身的调节能力，就会导致生态平衡的破坏，这个临界限度称为生态阈限。在阈限内，生态系统能够承受一定程度的外界压力和冲击，具有一定程度的自我调节能力。超过阈限，自我调节不再起作用，系统也就难于回到原先的生态平衡状态。生态阈限的大小决定于生态系统的成熟程度。生态系统越成熟，它的种类组成越多，营养结构越复杂，稳定性越大，对外界的压力或冲击的抵抗能力也越大，即阈值高；相反一个简单的人工的生态系统，则阈值低。当外界干扰远远超过了生态阈限，生态系统的自我调节能力已不能抵御，从而不能恢复到原初状态时，则称为"生态失调"。

承载力（Carrying Capacity，即 CC）是用以限制发展的一个最常用概念。CC 最早在生态学中用以衡量某一特定地域维持某一物种最大个体数目的潜力，现在则广泛用于说明环境或生态系统承受发展和特定活动能力的限度。它被定义为"一个生态系统在维持生命机体的再生能力、适应能力和更新能力的前提下，承受有机体数量的限度"。CC 一般包括 4 个方面的内容：生产过程赖以进行的资源；人们对生活水平的期望，包括物质需求和服务需求；生产原材料和生活用品分配方式及提供服务的基础设施；环境对生产和消费过程中产生的废物的同化能力。

第三节　中国城市化的建设重点

一、中国城市发展分析

我国现代城市建设起步较晚，在城市化过程中又受到诸多因素的制约。改革开放以来，社会经济迅猛发展，显著拉动了城市化进程，城市人口快速增长，城镇数量急剧增加，城市化水平不断提高。

新中国城市发展过程，大致上经历了以下阶段：

表 2 - 3　我国城市发展过程

发展阶段	基本内容
恢复与调整阶段（1949—1957 年）	这一时期中心城市、尤其是省会城市和重要工业城市发展较快。新中国成立之初，全国设市 136 个，"镇"作为县辖基层政权建制予以保留。1954 年全国有建制镇 5400 个，1955 年 6 月调整为 3620 个。1956 年对城镇工商业进行改造，使得小城镇服务业发展受到制约。
缓慢波动发展阶段（1958—1966 年）	1958 年国家撤销了一大批建制镇，加之计划经济体制的加强，使得以商贸活动为主要功能的集镇逐渐萎缩。1965 年全国建制镇减少到 3146 个，设市城市数减少到 169 个。由于"三线"建设等政策的影响，中西部城镇建设发展较快。"大跃进"和人民公社运动时期，城镇人口急剧增长，由 1957 年的 9949 万人猛增到 1960 年的 13073 万人，城市化水平升至 19.7%。随后国家为了缓解城市人口的压力，不得不动员 3000 万城市人口下乡，到 1965 年全国城市化水平降至 14%。
停滞衰退阶段（1966—1978 年）	"文化大革命"期间城镇建设遭受严重影响，小城镇发展更是受到很大制约。相当一部分小城镇被撤销，大批知识青年上山下乡，大量城市居民下放，致使城市人口增长缓慢。1978 年全国有建制镇 2800 个，集镇数量由原先的 5 万余个减少到 2 万个左右。
全面恢复与加速发展阶段（1979 年以来）	改革开放以来，我国城市建设进入新时期。1979 年开始重点建设小城镇。1984 年国家降低了设镇标准，乡村非农产业发展迅速。到 1994 年，全国建制镇发展到 14293 个，小城镇职能趋于多元化，空间布局日趋合理。1978—2003 年是我国城市化迅速推进时期，在这 25 年中，全国设市城市由 193 个增至 660 个，建制镇由 2173 个增至 20226 个，市镇人口由 17245 万人增至 52376 万人，城市化水平则由 17.9% 上升到 40.5%。到 2004 年底，我国共有设市城市 661 个，其中直辖市 4 个，副省级市 15 个，地级市 268 个，县级市 374 个。全国拥有城市比较多的省区是：山东 31 个，江苏 27 个，湖北 24 个，广东 23 个，河北和浙江都是 22 个，河南 21 个，吉林和新疆都是 20 个。

我国城市化有以下几个特点：一是起步水平相当低。我国是一个传统的农业大国，农村人口在总人口中占有很大比重，城乡二元结构明显。二是城市化过程主要依靠经济发展和政策因素拉动。在城市化推进的过程中，政府主导作用相对突出。三是建制镇数量多，密度大。特别是沿海经济相对发达地区，建制镇的分布密度相当高。第四，全国城市化水平存在着显著差异。总的来看是东部地区城市化水平高，中西部地区城市化水平低。第五，城市化过程滞后于国民经济的发展过程。不少地方城镇建设欠账甚多，已经成为制约经济社会发展的瓶颈因素。

由于各地区自然条件、历史文化、生产力水平的不同，城市发展水平和城市化过程存在着显著差异。这在我国的东、西部之间表现得尤为明显。特别是近十年来，东部城市化进程显著加快，长江三角洲、珠江三角洲和环渤海经济圈已经形成综合实力雄厚、经济效益显著的城市密集区，它们充满发展活力，卓有成效地推动了全国经济社会的发展。

城乡差距的矛盾集中体现为"三农"问题——农村、农业和农民问题，目前还有为世人所关注的农民工问题。农村富余劳动力向非农产业和城镇转移，是工业化和现代化的必然趋势。城市化是工业化的必然产物，离开了城市化，工业化的效率就会降低；离开了工业化，城市化就无的放矢，就会失去发展的动力。发展第三产业，必须依托城市化。随着社会的发展，第三产业的地位和作用越来越凸显出来。第三产业在工业化的后期，就业人数会超过第二产业，对国民经济的贡献会逐渐大于第二产业，同样对人类活动集聚的要求，也高于第二产业。因此，只有城市化才能促进第三产业的繁荣和发展。城市化过程实际上是乡村—城市的转型过程，同时也是城市不断提升的过程。

回顾许多国家的城市化过程，可以看出，城市化一方面促进了经济社会发展，但另一方面也造成了生态环境破坏、自然资源毁损等问题，一些城市的文化遗产甚至荡然无存。我国土地资源紧张，耕地就更少了。城市建设与耕地和水资源保护之间的矛盾十分突出。我国国情迫使我们不得不走一条健康的、可持续发展的城市化道路。在城市建设的过程中，必须坚持城市与生态、城市与农村、城市化与新型工业化的协调发展，决不能走先污染后治理、先蔓延后整治的弯路。

我国城市问题主要表现在以下方面：第一，城市中心区域污染严重，主要是大气污染、噪声污染、光污染、水体污染、垃圾污染等。第二，交通阻塞，在交通高峰期表现得尤为突出。随着城市小汽车的大规模普及，此种矛盾将会日趋尖锐。第三，房租地价居高不下，我国近几年房地产价格急剧上涨，已经大大超过了一般城市居民的实际购买能力。第四，社会治安问题长期存在，在一部分城市矛盾相当突出。随着城市流动人口的增加，这方面的问题会越演越烈。第五，城市用地日趋紧张，城市加速发展与土地严格控制的矛盾越来越突出。

关于我国城市化高速推进的反思，可作如下阐述：

城市化并不是单纯的人口迁移或工业化。未来我国的城市化不仅要有量的增加，而且还必须有质的提升。城市化的发展有其自身的客观规律。在经济发展水平较低的城市化初期，主要依靠制造业来带动城市化；但是到了城市化的中高级阶段，必须以第三产业的发展来带动城市化。城市化阶段越往后，第三产业对城市化的贡献也就越大。因此，城市化不是人口的简单聚集和人口转移，而是产业与各种社会要素和生态环境要素的有效整合，是一个经济、社会、文化综合发展的过程。

城市"摊大饼"式的无序扩展会造成大量"城市病"。城市盲目扩展将导致城市运行的经济成本升高，包括城市的交通运输活动、基础设施建设的投入成本增加，资源的利用成本上升，环境成本和管理成本的加大等。大城市的发展不能搞盲目的外延式扩张，而应走集中与分散相结合的道路，把提高城市质量、强化城市功能作为努力目标。此外，保持城市适度的人口规模和用地规模，既要充分发挥城市的集聚效益和互补效益，又要尽可能地减少"城市病"。

妥善处理城市污染、生态破坏与人居环境建设的矛盾。人口在空间上高度集聚之后，人的消费对环境所造成的污染就会大幅度提高。消费水平越高，废弃物就越多，污染也就越大；耗能越多，污染就越严重。改革开放以来，我国城市和小城市的发展速度很快，但在生态环境保护与治理方面的教训颇多。在城市化高速发展时期，一是要按照可持续发展的标准，建立科学的城市可持续发展的评价体系。二是要按照优化人居环境的目标，规划建设生态良好城市和健康城市。三是要使城市具备有机疏散、有机循环的功能。四是要建立高水平的城市管理系统。

认真面对城市交通拥堵的挑战。随着经济的快速发展，我国汽车时代迅速来临。一方面是汽车数量的急剧增加，另一方面是我国大城市的人均用地面积和人均道路面积均过少，加之公共交通发展缓慢，对城市交通形成了巨大的压力。在城市化进程中，一是要进行高水平的城市规划，采用组团发展模式。二是要实施公共交通优先发展战略。三是适当控制日益增长的个人交通需求，尤其是私家车。四是建立智能交通系统，通过人机对话，提高城市交通管理水平。

城市发展并非盲目的"摊大饼"。近半个世纪以来，城市规划学界开始对单中心的城市结构即环绕市中心区进行规划布局的做法提出异议，促使城市多中心规划结构的应用和推广。许多国家对古城区古建筑的保护，对市中心区和重要商业街区的建设，对居住区构筑都进行了深入的探索，注重提升城市的文化品位和环境质量。许多国家的区域规划和国土整治工作有序展开。各学科的交叉融合和纵深发展，使城市规划成为一门高度综合的学科。为防止低效益的过度城市化，控制大城市、发展中小城市的战略普遍受到重视。在大城市的空间形态上，封闭的单中心模式逐渐为开敞的多中心模式所取代。城市现代化过程显著加快，不仅包括城市的物化建设，还包括城市管理和服务的现代化，新科技革命、现代信息技术对城市规划与建设产生日益显著的影响。

二、中国城市化道路的探讨

目前学界关于中国"城市化模式"的分类，当不少于如下三种：

第一种以城市化进程中农民与土地、乡村的关系为线索，将改革开放以来中国的城市化分为两种模式，分称为"离乡不离土"模式和"离土不离乡"模式，并认为前一种模式下，进城农民依然与乡村土地保持着稳定的联系。后一种模式下，乡村土地及依附在其上的农民同时转化为"城市"范畴。有研究（冯云廷，2006）认为，前一种模式属于"基于中心城市集聚与扩散的模式"或"农民进城模式"；后一种模式属于"基于小城镇和乡镇工业的城市化模式"，两种模式正在出现对接趋向。

第二种以城市规模大小为标准。最早由费孝通教授的"小城镇论"引出。费孝通基于对苏南、温州等地 1980 年代早期乡镇工业化的实地考察，提出"小城镇——大问题"论点，认为小城镇化与就地工业化是中国工业化与城市化的一种选择。沿着这个线索，此后相继有所谓"中等城市论"、"大城市论"、"大中小城市论"的论争。这些争执要么主张中国城市化应取中等城市优先模式，要么取大城市优先模式，要么取大城市与中等城市结合并重的模式。

第三种以城市集群为视野。有"都市圈化说"与"大城市多中心论"之分。其中"都市圈化"模式说，大体沿用了法国地理学家戈德曼的理论。与这一模式说相近的，则是所谓"大城市多中心模式"，认为在一个城市内部或城市化区域，须有多个承担一定城市功能的中心或"副中心"区域。

上述模式争论的焦点，实际上涉及两个大的问题：一个是城市化进程中农民与土地的关系问题；另一个是城市化所取城市规模问题。客观地来说，前一个问题涉及制度转型论题，尤其是农地制度与城乡分割的系列制度安排变革论题。后一个问题则属于城市化战略论题。在中国现行政治制度框架下，城市化战略也全由政府主宰，因此政府尤其是中央政府的意图至关重要。然而大量文献表明，在中央政府那里，关于这两个焦点问题的态度，一个较为含糊，一个较为明确。具体来说，关于进城农民与乡村土地的关系，中央政府一直未有明确态度，现行制度安排仍然属于计划经济时期的，以城乡分割的户籍制度为基础。相比较而言，关于城市化所重点发展的城市规模问题，中央政府的态度虽然非常明确，但却一直处在变化中。与此同时，城市化在国家总体发展战略中的定位也因时而变，总趋向无疑在迅速提升。比如1998年中央开始将城镇化定位为解决"三农"问题的重要途径；2000年国家"十五"计划中首次将"积极稳妥地推进城镇化"作为"国家重点发展战略"之一；中共"十六大"则进一步提出："全面繁荣农村经济，加快城镇化进程"，同时提出，"坚持大中小城市和小城镇协调发展，走中国特色的城镇化道路"。"十七大"延续了这一提法，再次强调"要走中国特色城镇化道路，促进大中小城市和小城镇协调发展"。

世界城市化有两条被普遍接受的规律，一是城市化有一个由慢到快再相对稳定的过程，城市化率在10%～30%时是起步期，30%～70%为加速期，70%以上为成熟稳定期；二是人均GDP超过1000美元时，城市化进程将进入成长期，当人均GDP超过3000美元时，城市化进程将进入高速成长期。1998年，我国城市化率达到30.4%，第一次超过30%；2003年，我国人均GDP首次突破1000美元，并有相当数量的大城市人均GDP已经达到或超过3000美元，这标志着中国城市化进入高速成长期。我国的城市化水平在未来的30～40年内可能达到70%左右。也有专家预测，未来30～50年，我国城市化水平将保持适度增长态势，预计到21世纪20年代中后期城市化水平将达到60%，进入城市化后期的成熟稳定阶段。无论我国城市化进程进入成熟阶段需要 20 年、30 年还是 50 年，毫无疑问的是我国现阶段的城市化水平正以迅猛的速度增长，需要从农村地域转变为城市地域是一个不小的土地规模，需要从农村转移到城市的人口数量是一个庞大的数字，城市化快速发展带来的资源开发问题、就业问题和环境保护问题都不容小视。

世界城市化有四个被普遍认同的趋势，即群带化趋势、一体化趋势、国际化趋势和生态化趋势。根据世界银行数据库的资料显示，目前世界发达国家和地区的城市化率在 80% ~ 90%，世界平均水平为 49.2%。与发达国家相比，我国的城市化进程晚了将近一个世纪。改革开放以来，我国城市化水平平均每年提高 0.84 个百分点，相当于世界城市化增长速度的两倍多，但是 2006 年我国城市化水平滞后世界平均水平 7.9 个百分点；而对比世界同等收入国家和地区，我国的城市化水平仍然滞后，2005 年较之与我国人均国民收入基本相当的菲律宾、印度尼西亚、埃及，我国城市化水平分别落后 22.3、7.7、2.4 个百分点。由于我国户籍制度、土地政策以及长期以来走的是一条产业发展在先、生活质量改善在后的城市化道路，虽然避免了许多发展中国家"过度城市化"的现象，但是城市化进程严重滞后于我国社会、经济发展水平。我国城市化水平整体上滞后于工业化，特别是在经济发达的沿海地区"离土不离乡"的现象尤为突出。2007 年底，我国第二、三产业产值比重占到 88.74%，人口比重已经达到 59.2%，但是城市化率仅 44.9%。而且我国基础设施建设长期滞后于社会经济发展，道路交通、供电供气、供水排污、垃圾无害化处理等设施的质量、效率和稳定性，以及生态保护和环境治理等方面都存在很大差距，城市化的质量有待提高，我国城市化道路还有一条漫长的路要走，还有一些复杂的矛盾需要得到切实解决。

我国幅员辽阔，区域之间的自然资源、生产要素分布、经济发展水平、市场发育程度，以至文化观念、生态承载能力等方面都存在较大差别，另外还受到政策因素的影响，导致我国城市化水平地区差异突出。

2008 年，全国平均城市化水平为 45.68%，31 个省、市、自治区中（不含港澳台地区），城市化水平最高的北京、上海、天津、广东、辽宁城市化率均超过 60%，分别达到 84.9%、88.6%、77.23%、63.37% 和 60.05%，这些城市化水平较高的省份和地区比全国平均水平高出十几到几十个百分点；而城市化水平较低的贵州、西藏、云南、甘肃等省份城市化率仅30%左右。目前，在我国东部沿海地区，已经形成了实力强大的大城市和以乡镇企业为依托的小城镇广域分布，出现了环渤海、长三角和珠三角三个城镇密集地带；中部地区的城市化水平整体不高且区域差异较大，中心城市发育不足，面临农村剩余劳动力转移的巨大压力；西部地区城市布局相对分散，还没有形成中心城市，城市化主要依赖资源型工业和重工业，农业和第三产业的相对弱质无法支撑剩余劳动力的转移。

因此，我国的城市化不可能按照一种特定模式来发展。在推进城市化的过程中，不同地区必须因地制宜地采取不同的推进策略，鼓励和支持各地区从当地的具体情况出发，充分考虑不同地区、不同主体功能区、不同经济区、不同类型城市在城市化发展道路与模式方面的地区差异，使产业结构与经济发展相适应，使就业结构与劳动力市场相匹配，使城镇发展策略与城镇体系相协调，因地制宜地选择健康且各具特色的城市化模式。

2014年9月16日，国家在新型城镇化综合试点方案中，确定省、市、县、镇不同层级、东中西不同区域共62个地方开展试点，并以中小城市和小城镇为重点。试点省有江苏和安徽；试点计划单列市有宁波、大连、青岛；试点省会城市有石家庄、长春、哈尔滨、武汉、长沙、广州、重庆（主城九区）；试点地级市有通州、蓟县、吉林市、齐齐哈尔、牡丹江、上海金山区、嘉兴、莆田、鹰潭、威海、德州、洛阳、孝感、株洲、东莞、惠州、深圳市光明新区、柳州、来宾、泸州、安顺、曲靖、金昌、海东、固原；试点县级市（区、县）有定州、张北、介休、扎兰屯、海城、延吉、义乌、晋江、樟树、郓城、禹州、新郑、兰考、仙桃、宜城、资兴、儋州、阆中、都匀、大理、日喀则市桑珠孜区、高陵、格尔木、伊宁、阿拉尔；建制镇有浙江苍南龙港镇、吉林安图二道白河镇。

三、人的城镇化

我国的新型城镇化建设，要从"土地的城镇化"转型到"人的城镇化"，实行方向性的变革。李克强总理指出，推进以人为核心的新型城镇化[①]。新型

---

① 2014年3月5日李克强总理在全国人民代表大会上所作的政府工作报告。

城镇化建设坚持以人口城镇化为核心，以城市群为主体形态，以综合承载能力为支撑，全面提升城镇化质量和水平。我国之前的城镇化过程，侧重于"土地的城镇化"。"推进以人为核心的新型城镇化"，需要解决大城市与小城镇的发展矛盾，以及城乡不公、外来者与城里人的矛盾等问题。

国家明确提出，严格控制特大城市的人口规模。但大城市溢出效应明显，能够卓有成效地带动周边城市和区域的发展。因此，发挥大城市的增长极作用，仍然是非常重要的。在城镇化进程中，由于农村集体用地无法直接参与市场流转，必须先更改土地用途才能入市。而目前入市的唯一办法就是农村土地被政府征用转换成城市土地，然后进入市场交易。这样一来，农村土地的所有制也就从集体所有变成了国家所有，而农民往往被排除在这个土地制度转换的过程之外，利益得不到有效保障，即便得到补偿也往往份额较少。城镇化本意在提高失地农民的待遇，但却有可能使失地农民的境遇变差。

李克强总理在政府工作报告中阐述了"三个 1 亿人"的问题，即"促进约 1 亿农业转移人口落户城镇，改造约 1 亿人居住的城镇棚户区和城中村，引导约 1 亿人在中西部地区就近城镇化"。这其中就蕴涵了户籍制度改革的问题。国家指出了新时期新型城镇化的道路：加快户籍制度改革，全面放开建制镇和小城市落户限制，有序放开中等城市落户限制，合理确定大城市落户条件，严格控制特大城市人口规模。

新型城镇化的核心在于不以牺牲农业和粮食、生态和环境为代价，着眼农民，涵盖农村，实现城乡基础设施一体化和公共服务均等化，促进经济社会发展，实现共同富裕。新型城镇化是以城乡统筹、城乡一体、产城互动、节约集约、生态宜居、和谐发展为基本特征的城镇化，是大中小城市、小城镇、新型农村社区协调发展、互促共进的城镇化。

城镇化当然要圈地扩容、要盖楼建房，但是，中国的新型城镇化，显然不是房地产化。新型城镇化要区别于"造城运动"，真正将工作重心转移到进城人口权益的市民化上来。不仅要有"人口的城镇化"，更应是产业、人口、土地、社会、农村五位一体的城镇化。中国特色的城镇化，一定要打破二元结构，形成优势互补、利益整合、共存共荣、良性互动的局面。

城镇化不是简单的城市人口比例增加和面积扩张，而是要在产业支撑、人居环境、社会保障、生活方式等方面实现由"乡"到"城"的转变。新型城镇化的"新"，是指观念更新、体制革新、技术创新和文化复新，是新型工业化、区域城镇化、社会信息化和农业现代化的生态发育过程。有序推进农业转移人口市民化，努力实现城镇基本公共服务常住人口全覆盖。

四、新农村建设与城市化

我国是一个大国，农业、农村和农民问题始终是关系我国改革开放和社会主义现代化建设全局的根本问题。坚持以人为本，必须立足于城乡全体居民，让占人口大多数的农民群众参与发展进程、共享发展成果。实现全面协调可持续发展，必须着眼于所有城镇乡村，注重把农村的事情办好。我国农业和农村发展严重滞后于工业化、城镇化的进程，大量人口聚集在落后的农村，城镇化亦滞后于工业化，产业结构和就业结构偏差很大。把农村发展纳入整个现代化进程，使社会主义新农村建设与工业化、城镇化同步推进，走具有中国特色的工业与农业协调发展、城市与农村共同繁荣的现代化道路。

由于我国经济发展的区域差异显著，处于不同发展水平的地区，其新农村建设内容、重点和方式上都应不同，目前比较成功的新农村建设模式主要有以下六种：城市工业扩散支撑模式；城市服务业配套支撑模式；新型特色资源开发支撑模式；城镇型规划支撑模式；农业产业化支撑模式；生态支撑模式。

农村生态建设要做到生态经济、生态人居、生态环境和生态文化建设并举。（1）结合我国农村生态经济建设，需要下大气力优化调整农村产业结构，注重绿色产业体系和绿色能源体系的构建，重视资源、能源的循环利用，打造循环经济链条。（2）推进农村生态人居建设应遵循以下基本思路：构建合理的城镇体系；农村聚落相对集中；做好农村民居建设及改造规划；进行农村生态民居典型示范；加强农村人居环境整治。（3）推进农村生态环境建设应从以下几方面进行：加强农村环保法制建设；加强农村环境规划建设；加大农村环境综合整治力度；完善农村环境执法，落实统一监督管理职责。（4）农村生态文化建设重在三个转变：转变农村传统的环境价值观；转变农村传统的生活方式；转变农村传统的环境教育取向。

当前，我国农村生态建设的重要举措包括：（1）建立健全城乡生态补偿制度，用绿色GDP来补充和修正现行的GDP核算制度。（2）改革户籍制度，鼓励城乡间人口的合理流动。（3）加强农村土地综合管理，按照开发整理、置换集中、盘活存量的思路，集约节约用地，引导土地有序流转。（4）加大对农村的环境保护投入，建立起以政府为主导的多元投资的农村环保投入机制。

城乡人居环境

城市是人口和现代产业聚集的地区，是人类文明和社会进步的标志。只有合理的发展规模、完善的基础设施、良好的人居环境，才能满足城市居民日益增长的物质文化需求，才能提升城市的社会、经济和文化品位。当前所倡导的"生态城市"建设，力求人工环境与自然环境的统一，已成为 21 世纪城市发展的主流模式。构建良好的城乡人居环境，主要包括以下内容：

一是注重人与自然环境的和谐统一。人们在经济建设和城乡发展的过程中，必须尊重自然规律，按照经济规律办事，反对急功近利的短期行为。当前，搞好城乡建设的一大指导思想，就是尽量回归自然，重视天人合一，努力创建绿色城市和乡镇。在工业化和城市化迅速推进的今天，在现代科技文明的背景下，人们越来越眷念以往牧歌式的田园环境，崇尚秀丽天成的大自然。

保护好我们赖以生存的生态环境　由于社会经济发展的需要，我们不得不进行大规模的工业生产，不得不占用大量的农田来建设城市和交通运输线路，所排放的污染物严重破坏了自然生态，也逐步毁坏了我们的生存环境。因此，在进行城乡规划时，我们一方面要考虑经济效益和眼前利益，但更重要的是要着眼于综合效益、长远发展和子孙后代的利益。

强调以人为本，营造理想的居住和生活的环境　在城市当中，要保持有比较多的生态绿地及天然水体，对于现有的工业和生活污染要进行彻底的整治，重视营建高水平的居住小区，加强居民之间的必要的交流，加强基础设施建设，提高社区服务水平，扩大信息流通量并搞好相关服务。

保护特色景观和传统文化　我们在推进现代文明的同时，务必要保护好传统的历史文化。现代文明应作为优秀的历史文化的有机延续，两者并不是相互排斥的。城乡人居环境应当具有比较高的文化品位和比较多的文化内涵。再者，城乡建设必须弘扬地方传统特色，突出区域文化特点，城市在发展的过程中，都拥有自身的历史，并形成各自的特色文化。在历史悠久的国家，或者有着地域文化传统的城市，此种现象尤为突出。在城市规划和发展过程中，需要重点保护的特色景观和传统文化有：城市历史文物，旧时典型街区景观，古建筑，古树，老字号，名人故居，革命纪念地，地方传统艺术、民间工艺美术、装饰与服饰、著名的学校、博物馆和展览馆等。

五、提高小城镇的建设水平

我国的小城镇，不仅包括建制镇，还包括了集镇。改革开放以来，我国小城镇发展很快，主要表现是小城镇数量增加，规模扩大，社会功能逐步完善，对所在区域的辐射力、吸引力和综合服务能力显著提高。但大多数小城镇属于历史上自发形成，虽有一定的合理性，但普遍存在着盲目性和不平衡性。小城镇建设缺乏科学规划，多数水平低，功能不健全，产业结构不合理。资金不足、人才匮乏、土地浪费、环境污染、体制不合理、管理不完善等问题，都明显阻碍着小城镇的健康发展。

我国的城市化，不可能是绝对的大都市化或小城镇化，而应该是大中小城市和小城镇相结合的城市化。城市化的过程，实际上就是城市文明向农村辐射扩散的过程，是缩小城乡差距、弥合二元结构的过程。小城市属于连接大中城市与广大农村的主要纽带，在城市化推进的过程中具有至关重要的作用。

城乡矛盾历来是我国经济社会发展的主要矛盾之一。从规划层面而言，小城镇直接面对广大乡村，小城镇规划是协调城乡关系的基层衔接点。长期以来，我国小城镇规划以镇区规划为重点，突出镇区规划，弱化镇域规划，与广大农村腹地结合不紧密。小城镇总体规划由镇政府组织编制，由于受政绩利益的驱动，一些基层官员不顾发展规律，片面强调做大镇区规模，贪大求"洋"，盲目攀比，搞形象工程。结果导致小城镇镇区规模过度扩张，而外围农村地区则相对的不景气，城镇做大以牺牲农村发展为代价。这些年来，很多地方出现了盲目的造城运动，镇区脱离实际，发展规模过大，修建了大马路、大广场、大园区、高星级宾馆甚至超高层建筑，进而导致了土地、资金等资源的浪费和闲置，农村生态环境遭受严重破坏。

针对新型城市化推进的核心内容，新时期我国小城镇的建设应注重以下方面：

小城镇的规划建设，不必面面俱到，但必须体现自身的优势与特色。小城镇的比较优势，主要体现在主导产业、传统文化、交通区位、资源环境、民俗风情等方面，需要因地制宜，扬长避短，优势优先，重点突破。小城镇的科学发展，应当确定特色突出的支柱产业，最好形成具有一定规模的产业集群和产业链，以谋取良好的经济效益和带动效应。

2015 年中国百强县市排行榜

在 2015 年 11 月举行的《2015 年中国中小城市绿皮书》发布会上，公布了 2015 年中国中小城市综合实力百强县市排行榜。

1. 江苏昆山市；2. 江苏江阴市；3. 江苏张家港市；4. 江苏常熟市；5. 浙江慈溪市；6. 湖南长沙县；7. 江苏太仓市；8. 福建晋江市；9 江苏宜兴市；10. 辽宁海城市；11. 山东龙口市；12. 浙江义乌市；13. 山东荣成市；14. 浙江诸暨市；15. 四川双流县；16. 内蒙古准格尔市；17. 福建石狮市；18. 辽宁瓦房店市；19. 河北迁安市；20. 江苏丹阳市；21. 浙江瑞安市；22. 浙江海宁市；23. 江苏海门市；24. 江苏扬中市；25. 山东滕州市；26. 福建福清市；27. 江苏如皋市；28. 浙江玉环县；29. 辽宁庄河市；30. 山东章丘市；31. 江苏海安县；32. 福建南安县；33. 山东莱州市；34. 山东莱西市；35. 山东招远市；36. 浙江温岭市；37. 黑龙江肇东市；38. 福建惠安县；39. 山东新泰市；40. 江苏启东市；41. 浙江德清县；42. 山东广饶县；43. 江苏邳州市；44. 四川郫县；46. 山东肥城市；47. 辽宁大石桥市；48. 江西南昌市；49. 河北任丘市；50. 新疆库尔勒市；51. 河南禹州市；52. 浙江长兴市；53. 内蒙古伊金霍洛旗；54. 陕西神木县；55. 黑龙江安达市；56. 内蒙古托克托县；57. 浙江象山县；58. 浙江永康市；59. 江苏句容市；60. 河南荥阳市；61. 河南义马市；62. 吉林前郭县；63. 吉林延吉市；64. 辽宁东港市；65. 山东蓬莱市；66. 江苏高邮市；67. 陕西府谷县；68. 福建安溪县；69. 安徽宁国市；70. 江苏仪征市；71. 安徽肥西县；72. 山东茌平县；73. 山东青州市；74. 浙江平阳县；75. 江苏沛县；76. 安徽当涂县；77. 内蒙古霍林郭勒市；78. 陕西吴起县；79. 安徽肥东县；80. 云南安宁市；81. 山东乳山市；82. 山东昌邑市；83. 山东桓台县；84. 陕西孝义市；85. 山东齐河县；86. 江西丰城市；87. 广西平果县；88. 江西贵溪市；89. 贵州仁怀市；90. 宁夏灵武市；91. 湖北大冶市；92. 湖南醴陵市；93. 四川西昌市；94. 广东四会市；95. 湖北宜都市；96. 山西柳林市；97. 贵州盘县；98. 江西新建县；99. 安徽天长市；100. 山西高平市。

　　小城镇的发展体量不必过大，而要切合实际，满足自身发展的需要。不必效仿大城市，修建大广场、大马路、大会堂、大体育场，乃至摩天大楼、艺术中心等，一定要从实际出发，按照当地的实际需求，配套基础设施和公共服务设施，以免劳民伤财，造成公共设施的长期空置。小城镇的人均建设用地面积，一般地区应控制在 100 平方米/人以内，在建设用地相对紧张的地区，应控制在 80 平方米/人以内。倘若建设工业园区，提倡集约用地、多层厂房和成组布局，切忌散乱布局，既浪费用地又难以处置工业废弃物。

　　小城镇应立足于自身的历史文化底蕴，深入挖掘并形成文化品牌。小城镇的规划建设，不可盲目跟风，搞什么欧洲风情小镇、地中海风情小镇等，更不能把西方的一些建筑经典全盘照搬，搞出一些不伦不类的"四不像"。我国是一个历史文化大国，各地都有较为深厚的发展渊源，需要深入发掘，彰显特色。一般民居强调生态导向，以人为本，切忌贪大求"洋"，搞不切实际的"花架子"工程。

　　小城镇的规划建设，需要考虑自身的发展承载力和环境容量。倘若不顾实际，开发强度过大，荷载人口和产业过多，就可能打破良性的生态平衡，造成生态迅速恶化，环境景观被严重破坏。因此，原有的山体、水体、植被、文物应尽量予以保留，传承小城镇的历史文脉，弘扬小城镇的特色文化。需要确定生态环境阈限，严格控制生产生活的排污量。镇区绿化、庭院绿化都是非常必要的。在有条件的城镇，还可建设绿道、绿廊，或者开展立体绿化、屋顶绿化等。绿化植物应尽量选择本地种类，设计高乔木、低乔木、灌木、草地等多重层次。针叶林稳重阴沉，阔叶林明快活泼，两者混种可形成鲜明的层次感。

　　对小城镇进行合理的功能分区。结合小城镇发展规划，中心镇域大致上可划分为居住区、商业服务区、工业区、交通枢纽区、办公区、绿地等。工业区与居住区以及其他功能区之间，应保留有足够的生态隔离带，以减轻工业生产对居民生活和镇区活动的不利干扰。靠近交通干线的区域，应设法减轻噪声、扬尘的危害。倘若小城镇属于行政中心、旅游服务接待基地的性质，也可考虑采用混合布局的方式，但前提是工业区不能对其他区域产生不利的干扰。

　　注重小城镇建筑风格和文化景观的营造。结合小城镇的地理位置、自然环境、历史传承、文化背景、民俗风情等，确定小城镇的建设风格，培育小城镇的文化景观。对小城镇进行深入研究，归纳提升其地域特点，将其升华为小城镇的发展特色。水体较多的地方，应建设水乡风情小镇。高差较大的地方，应依山就势，搞好小城镇的立体布局，但不必大举推山填土，破坏原先的地形地貌。交通枢纽城镇建设，应把过境交通与本地交通区别开来，努力减轻过境交通对本地生产生活所造成的不利干扰。旅游小镇的建设，应刻意营造与旅游主题相呼应的文化氛围。推进以人为本的城镇化，提高综合承载能力，实现"让城市融入大自然，让居民望得见山，看得见水，记得住乡愁"。

小城镇的规划建设，应强调以人为本，民生优先。在此前提下，要充分体现人文关怀，把小城镇打造成温馨的家园，为当地居民和外来客人提供各种方便，把就业、服务、购物、出行、教育、医疗、休闲、娱乐等领域的工作切实做好。在小城镇规划建设的过程中，应当注重出行、餐饮、教育、医疗、通讯等基本服务的建设，为小城镇居民和外来者提供各种方便。

小城镇应充满发展活力，注重品牌的打造。造访一个小城镇，应给造访者留下深刻印象。小城镇的标志物，小城镇的入口、广场和主干道，都要强调地域特色和心灵震撼力，体现小城镇发展的生机活力。小城镇应具有自成体系的建筑风格、基本色调和文化氛围。

小城镇建设需要大量资金投入。项目投融资以"谁投资、谁收益"为原则，设计投资激励机制，多渠道、多元化筹集资金，吸引政府、企业、个人积极参与。目前采取较多的是 PPP 模式。加强政府与私营企业或专业企业的合作，赋予这类企业特许经营权。通过政府采购形式与中标单位签订特许合同，赋予其特许经营权和收益权，由项目公司负责筹资、建设和经营。

广义 PPP 模式

广义 PPP 模式包括 BOT 模式以及其衍生的 TOT、DBFO、BOOT、BOO、BLT、BTO 等六种模式。

BOT 模式　"建设-经营-转让"模式。由政府与项目投资人签订一揽子协议，约定项目投资人投资建设项目，并在建成后的一定期限内拥有项目特许经营权，经营权期满后项目无偿收归政府所有。项目主办单位可向银行、企业或个人筹集资金，并以项目的未来收益作为还本付息的保障，同时项目主办单位通过向承建单位支付承建费用，使其负责项目产品的建设。营销业务收入来自于项目产品最终用户所支付的使用费用。

TOT 模式 "移交－经营－移交"模式。政府将建好项目的一定期限产权和经营权，有偿转让给投资人，由其进行运营管理。投资人在一个约定时间内通过经营收回全部投资、得到合理回报，并在合约期满之后，再交回给政府部门。从单项到综合项目逐步展开，在建设前进行全面、详细的评估、论证，充分估计 TOT 的负面效应，提出相关预防措施。

DBFO 模式 "设计－建设－融资－运营"模式。从项目的设计开始就特许给某一机构进行，直到项目经营期收回投资和取得投资效益。其关键创新源在于它不是传统的资本性资产采购，而是一种服务采购，并明确规定了服务结果和绩效标准。

BOOT 模式 "建设－拥有－经营－转让"模式。私人合伙或某国际财团融资建设基础产业项目，项目建成后，在规定的期限内拥有所有权并进行经营，期满后将项目移交给政府。

BOO 模式 "建设－拥有－经营"模式。承包商根据政府赋予的特许权，建设并经营某项产业项目，但不将此项基础产业项目移交给公共部门。

BLT 模式 "建设－租赁－转让"模式。发展商在项目建成后将项目以一定的租金出租给政府，由政府经营，授权期满后，将项目资产转让给政府。

BTO 模式 "建设－转让－经营"模式。民营机构为项目融资并负责其建设，完工后将设施所有权（实体资产仍由民营机构占有）移交给政府方，政府方再授予该民营机构经营该设施的长期合同，使其通过向用户收费，收回投资并获得合理回报。适合于有收费权的新建设施，譬如污水处理厂等终端处理设施，政府在运营期内保持对设施的所有权控制。

六、城市交通建设与城市化

西方国家对于交通与城市关系的研究，是从 20 世纪初伴随着小汽车交通大规模发展开始的，最初关注的是小汽车交通方式对城市空间的影响。20 世纪 20 年代末，麦凯（B. Mackaye，1928，1930）探讨了区域发展对公路交通的影响问题，提倡修建限制出入口的高速公路，由于担心商业等沿公路的带型蔓延至滋生"路边城镇"，他在街道系统与居民区设计方面也提出了一些建议。20 世纪 50 年代末，针对汽车工业对城市结构的强烈影响，怀特

（B. Whyte，1958）认为美国州际公路将彻底改变美国的城市形态，同时他认为通过合理的规划，交通系统、土地开发和开敞空间的保护可以得到协调发展；芒福德（S. Mumford）抨击了机动车交通将取代步行、铁路等交通方式的观点，并认为公路只宜作为城市间的有效交通联系方式之一；欧文（Owen，1956，1966）认为以公路为导向的大都市交通建设是解决大城市空间扩展的最有力工具。1975 年，施盖尔弗（Schaefer）和斯科勒（Sclar）首次全面地探讨了交通系统与城市形态的关系，他们认为，城市形态的演变经历了"步行城市"、"铺轨城市"和"依赖汽车轮胎的城市"三个主要过程。

　　到 20 世纪中后期，国外学者开始关注公共交通与城市空间的演变，认为公共交通是未来城市空间可持续发展的关键。基于城市交通问题，英国学者汤姆逊（J. M. Tomson，1982）提出五种不同交通策略下的城市布局模式：完全机动化战略、弱中心型战略、强中心型战略、低成本战略和限制交通战略。纽曼和肯沃思（P. Newman，J. Kenworthy，1989）分析了交通系统与城市密度的关系，他们认为高密度与公交依赖性密切相关，建议一些城市通过"再城市化"来限制小汽车发展。美国学者塞维诺（R. Cervero，1998）通过把城市演变与公共交通结合在一起的都市进行分析研究，将这 12 个城市分为四类：以公共交通为骨架展开的城市；顺应城市扩展而跟进发展公交系统的城市；强核心城市；公共交通和城市扩展相迁就的城市。近年来，随着高速铁路的发展，更多关注高铁以及高铁对于城市空间、土地布局及与其他交通方式竞争的研究积极涌现。伯格（L. Berg，1998）认为，连接欧洲各大主要城市的高速列车（HST）促进了欧洲一体化的进程，并通过对 14 个欧洲城市进行国际对比调查研究，发现在高铁沿线地区都具备较好的交通可达性、经济潜力、生活环境质量、空间均衡分布以及社会分配和组织能力。S. Kwang（2000）通过使用一系列的系数和指标，如基尼系数、赖特、平均中心、标准距离和密度函数作为分析工具，研究了汉城和釜山之间的高速铁路建设，以及对韩国首都地区空间结构的影响。Melibaeva、Sevara（2010）认为高铁相连的多个城市由于联系的加强，可达性的提高，在高铁沿线走廊可能形成大都市连绵地带。F. Dobruszkes（2011）认为与航空服务的增加相比，高速铁路仍有很大的发展空间。

　　中心城区交通阻塞，是制约我国大城市发展的一大瓶颈。目前，我国大多数城市，几乎所有的特大城市，都面临着交通高峰期行车难的困境。一方面，我国城市进入家用轿车爆发性增长期，国产轿车价格便宜，购置私家车门槛低，城市居民拥有机动车的数量持续增长，中心城区普遍面临着日益沉重的交通压力。另一方面，尽管城市道路有了很大改进，但路网建设还是远远赶不上机动车的持续增长。中心城区停车位严重不足，居民只好把购置的新车停在路边，占用了城市的车行道，降低了车辆通行效率。应充分关注中心城区停车场的建设，设置较多的立体停车场，将一部分过时的公共服务设施改造为停车场。将城里一部分单位的院墙拆除，用于修建道路和停车场，能够显著缓解内城区行路难的困窘局面。

北京市汽车的迅速增长

根据北京市政府的统计，到 2014 年 10 月底，北京市机动车保有量为 560 万辆，驾驶员达 780 万人。其中，私人汽车 420 万辆，私人汽车中轿车突破 300 万辆。目前全市平均每百户人家拥有私人小汽车 40 辆。从新中国成立初期的几千辆汽车，到突破 100 万辆，北京用了 48 年的时间。从 100 万辆跨越到 200 万辆，北京只用了 6 年半的时间。从 200 万辆飙升到 560 万辆，北京仅用了不到 10 年的时间。近 3 年北京淘汰老旧车 116.6 万辆，其中包括大量黄标车。一辆"国一"车排放是"国五"车的 5 倍。经过不懈的努力，到 2014 年 9 月，北京仅剩黄标车 4000 辆。

立体车库

立体停车设备占地少，安全性好，做到人车彻底分流。立体车库拥有高科技方便智能化的管理，防盗性能突出，能准确区分自有车辆、外来车辆和特殊车辆。立体车库分为九大类，即升降横移类、简易升降类、垂直循环类、水平循环类、多层循环类、平面移动类、巷道堆垛类、垂直升降类和汽车专用升降机。

过去，城里的机动车并不算多，但公共汽车甚为拥挤；如今，城里的机动车爆发式增长，但小汽车和公共汽车却很少有坐满的。国家倡导"公交优先"，无疑是明智之举，在政策上须落到实处，比如设法降低公交车的票价，适度提高私家车的运行成本。始于巴西库里蒂巴市的 BRT（Bus Rapid Transit）快速公交系统具有建设周期短、运营效率高、运行成本低、居民出行方便等特点，包括快速线、区际线、直达线、主干线、常规线、驳运线等，交通建设与用地布局紧密结合。大力推广 BRT 系统能够大幅度提高城区运输效率，减少车辆、行人之间的彼此干扰。倡导公交优先，开发综合运输，建立以快速轨道交通网络为骨架的城市客运系统。轨道交通线路具有道路优先使用权，如与其他交通方式有冲突，优先考虑轨道交通线路的通畅。

美国高速公路四通八达，"波士华"城市群、五大湖地区、太平洋沿岸等地皆形成立体交通网络，"道旁企业"经营特色突出，纽约、华盛顿、洛杉矶、旧金山、芝加哥等航空枢纽对城市群带动作用显著。智能交通系统（ITS）在欧洲得到推广，欧盟拟于 2030 年前建成"跨欧洲交通运输网"，包括 86 个港口、37 个机场、1.5 万公里高铁、35 个重点项目。鲁尔区、大巴黎、兰斯塔德、伦敦都市圈的新型交通建设经验值得借鉴。日本东海道新干线对太平洋沿岸城市群的发展具有重要影响，东京、中京、阪神等都市圈的地铁和 LRT 发达，正在开发 HSST 磁悬浮系统。始于巴西库里蒂巴市的 BRT 快速公交系统具有造价低、效率高、功能等级清晰的特点，包括快速线、区际线、直达线、主干线、常规线、驳运线等，交通建设与用地布局紧密结合。长三角、珠三角、环渤海等地抓紧建设高铁、城际铁路、轻轨、环线、跨海大桥等，推进了城市群的结构优化和整体提升。

城市的交通运输建设，要从平面开发转变为立体开发，设计地下交通平面（以地铁和地下通道为主）、高架平面（以轻轨、大厦之间的空中廊桥为重）、人行与车行分流的二元平面等。交通主干道穿越中心城区，造成所在城市的严重分割。建议将这些交通主干道设法埋入地下，或者实行高架方式，并加强与城区各部分的衔接。

现代交通运输对于城市发展具有重要影响。在中心城市高铁站，因客流大幅度增长而形成新的交通枢纽，促进城市的极化过程。高速公路作为城市对外联系的主要通道，在城市边缘区互通处有助于形成新的增长极。城际铁路用于沟通中心城市与次中心城市之间的联系，具有运量大、抗干扰能力强的特点，有助于形成区域点轴开发系统。机场是城市对外联系交流的窗口，年旅客吞吐量逾 500 万人次，可发展上规模的临空型产业；年旅客吞吐量逾千万人次，可建设空港城。城市轻轨和地铁旨在解决中心城市内部交通的问题，增强中心城区对于周边地区的辐射带动能力。

七、高速铁路建设对城镇化的影响

高速铁路（高铁）是指设计开行时速250公里以上（含预留），并且初期运营时速200公里以上的客运列车专线铁路。高铁技术分为高速轮轨和磁悬浮。高速铁路线型平顺，弯道少，弯道半径大，大量采用高架桥梁和隧道，以确保高速安全。高速铁路主要服务于商务旅客，其次是旅游游客。高铁运输输送能力强，最小行车间隔时间4分钟或更少。高铁在全封闭环境中自动化运行，安全程度高，正点率高，可全天候运营。

世界上高铁建设较发达的国家有日本、法国、德国、西班牙、瑞典、韩国。1964年10月，日本在东海道新干线东京至大阪之间开行高铁（210公里/小时）。1981年，法国在欧洲率先开行高铁（TGV东南线）。高速铁路现已成为世界铁路发展的共同趋势。

中国现已成为世界上高速铁路系统技术最全、集成能力最强、运营里程最长、运行速度最高、在建规模最大的国家。2014年底我国高速铁路营运里程已达1.6万公里，主要线路有京沪（1318公里）、京港（2260公里）、京哈（1700公里）、杭福深（1600公里）、徐州—兰州（1400公里）、沪昆（2080公里）、青岛—太原（770公里）、上海—武汉—成都（1600公里）。

高速铁路作为适应现代文明和社会进步的高科技产品，是以高速度、大容量、低污染、安全可靠著称的先进的交通工具。它的采用将大大降低交通运输的社会成本，从而产生很大的社会经济效益。高铁对沿线地区经济发展起到了推进和均衡作用，促进了沿线城市经济发展和国土开发，沿线企业数量增加使国税和地税相应增加，节约能源和减少环境污染。高铁对新型城镇化起到了非常重要的促进作用，促使高铁沿线中心城市与卫星城镇选择重新"布局"——以高铁中心城市辐射和带动周边城市同步发展。

高铁拉近时空距离，显著提高城市间的可达性和便利性。高铁促进高端产业向通达性好的城市集聚，促进沿线城镇的产业升级，尤其是对商贸物流、旅游、餐饮、房地产具有推动作用。高铁能够提高劳动力配置效率，扩大劳动力择业范围，增加就业稳定性。高铁还具有"创新效应"，使人们面对面交流机会增加，有利创新思想的激发、新知识的创造和扩散，使高铁沿线城市成为高端人才聚集的"智库"。高铁具有"走廊效应"，能够轻而易举地突破城市边界，促进城际协作和城市群一体化，有利于形成工业走廊，优化产业空间分布。

高铁对城镇化提出新的要求，比如以时间距离为标尺，计算城市之间的空间关系，引导城市合理布局和分工；以时间距离为界限，筹划城镇圈的规划建设，形成对外畅通、对内循环的 5 小时、2 小时、1 小时、半小时经济圈，缩短经济距离，引导各类生产要素聚集。

八、城市地下空间开发与城市化

新时期我国的城市建设，要从平面开发变为立体开发，提高城市空间的利用效率，提高城市运行的总体效率。

大力完善城市地下设施配套，推进城市地下空间开发，扩大城市空间容量，提高城市土地利用效率，优化城市空间布局，保障城市安全，构建综合型城市地下系统。

（1）地下空间开发

编制地下空间开发利用规划　应当对地下空间建筑基础、人防设施、地下交通、各类管线、各类水井、地源热泵等地下设施利用现状进行分类调查，建立信息管理系统，在深入调研城市的性质、特点、规模、地理位置、经济实力的基础上，科学编制城市地下空间开发利用规划，合理确定开发的重点、规模、层次和模式。

中心城区地下空间　对城市中心广场等地下空间较多的地区，结合现有商场和办公楼的地下空间进行整合建设，可大力发展地下综合体的建设，突出地下步行系统的作用，将地面上的各个商业网点通过地下通道相连通，形成商业网络，营造宜人的购物与换乘空间。

轨道交通地下空间　以轨道交通为主轴，通过建立社会公益项目专项扶持基金、用沿线物业开发推动地铁建设、加大公共财政投入用于基础设施建设、发放土地使用证、减收地价款等优惠鼓励政策，开发地下商业街、地下仓储物流、地下停车场等，处理好地铁与其他公交的接驳，放大轨道交通综合效应的同时，实现重要节点地区的人车分流。

地下公共服务设施　地下公共服务设施是城市公共活动的重要开放性场所，要重点开发建设地下文化娱乐设施、地下教育科研设施、地下防空防灾等功能设施，扩大城市容量。

（2）地下管网配套

地下共同管廊规划　统筹推进包括供水管道、排水管（渠）道、电力线路、电讯线路、燃气管道、热力管道和石油管道等管线及其附属设施建设，特别是推进城镇供水、排水、污水、中水、节水、雨水"六水联动"。市政管线共同构建结合城市新区、主干道改造及新建道路等大型市政基础设施建设，并与城市地铁、地下街、地下道路等地下结构整合建设，以节省经济成本，集约化高效利用地下空间侧。

重要市政设施的地下化　在市中心特别是公共建筑群、中央商务区相对用地负荷高，用地却相对紧张，规划建议在这些地区新建、扩建的变电所，采用部分设施建于地下的形式。大型生活垃圾中转站地下化，规划即将要建设的污水处理厂在建设过程中建议部分设施地下化。

第 3 章

推进城市群建设生态化

第一节 | 城市群与大都市

一、城市群

城市群（urban agglomerations）是指在特定的地域内，由若干不同规模、不同职能的城市，依托一定的自然条件和社会经济条件，借助于发达的交通运输和市场纽带所形成的城市综合体。

随着城市化的不断深入，以及社会的进步、经济的发展、人口的集聚，城市发展由分散、孤立走向区域整体、联动发展，彼此间密切联系，相互补充，最后形成区域性城市群体组织。城市群内部存在显著的社会经济联系和产业分工协作，以及教育、科技、文化等方面的交流，所在区域拥有跨城市的、可共同使用的基础设施和公共服务设施，形成了必要的交通运输网络和信息通讯系统，在自然资源利用、产品市场开发方面表现出相对一致性，内部具有较为频繁的人流、物流、资金流和信息流的传输，专业化生产和劳动地域分工得以加强，各城市分工明确，发展特色相对突出，有利于谋求综合发展和整体繁荣。

城市群的基本特征是：一是整体性，城市群在资源开发和产业经营等方面表现出共同的要求和相对一致性，逐步形成了共同的经济贸易市场和交通运输网络，城市群内部具有比较强的交通和信息联系。二是系统性，城市群由等级大小不一、职能性质各异的多个子系统所组成，子系统内部的专业化生产和劳动地域分工明确，它们彼此影响，相互协作。三是阶段性，城市群的发展具有阶段性，其间联系从松散到密切，交通从线性到网络，逐渐形成一个有机的城市群体系统。四是网络性，城市群的空间结构，包括大中小城市、小城镇、乡村区域以及覆盖区域的网络系统。网络系统主要由交通运输线路、枢纽、节点、电子信息网络等构成，促使区域内部、区域对外保持必要的联系交流。

当前，我国将城市群建设作为推进新型城市化的重要手段，城市发展走集中与分散相结合的道路，而不再是片面地以大城市或小城镇为主。一则，发展城市群有利于汇集各方面的力量，充分调动大中小城市和小城镇的积极性，形成区域整体竞争优势。单打独斗的城市发展模式难以适应区域经济一体化和经济全球化发展的需要。将来的竞争是区域整体的竞争，而区域核心竞争力状况在于其一体化构建状况。二则，发展城市群有利于降低开发成本。以基础设施为例，在共建共享的基础上进行统筹规划、统一建设，不仅会节约大量资金，而且项目设施利用率会大幅度提高。三则，城市群发展还有利于提高城镇对农村劳动力转移的承载能力，促进城乡协调发展。城市群发展可以以区域内的大中城市为中心，以小城镇为节点，将区域内大中小城市和小城镇连成有机整体，便于统一服务体系的形成和建立，这些都为第三产业的发展提供了条件，使农村剩余劳动力的转移成为可能，为实现城乡协调发展提供前提条件。四则，大城市容易引发城市病，小城市缺乏规模效益和集聚功能，城市群能够发挥不同规模城市的优势，扬长避短，共同形成高效益的城市群体。

对于城市的发展规模，我国学术界存在着长期的争论，提出了一系列不同的城市规模发展模式。一部分学者认为，小城镇建设费用低廉，入城门槛较低，有利于城乡统筹发展，加速农村非农产业的发展，便于农村劳动力就地转移。小城镇的生活费用和管理成本都比较低，环境质量却比较高。因此，发展小城镇是中国特色城市化道路的必然选择。另一部分学者认为，城市并非越大越好，也不是越小越好，中等城市便于发挥大城市、小城市各自的优点，便于克服大城市和小城市各自的缺点。我国中等城市处于规模扩张阶段，具有较强的吸引力，可有效吸纳农村人口，缓解大城市的压力，成为工业化和区域发展的增长极。还有一部分学者认为，中国应走大中城市扩容为主的道路。大城市经济效率高，建设用地省，环境污染便于集中处理，基础设施和公用设施建设、运转的费用低，生活方式现代化程度高。并且，大城市会产生明显的聚集效应，从而带来更高的规模收益、更多的就业机会、更强的科技进步动力和更大的经济扩散效应。

我们认为，我国的城市发展，应采取大中小城市和小城镇协调发展的模式。发展大城市有利于产业集聚，加快经济发展速度；发展小城镇有利于农民就地转化，解决社会问题。前者是由城市化的普遍规律所决定的，后者是由我国国情所决定的。应从完善区域功能的角度出发，逐步形成以特大城市为依托、大中小城市和小城镇并举，功能完善、结构合理的城市体系。

我国城市化道路的选择，应立足于区域承载力，走资源节约与环境友好的道路。根据资源环境承载力和主体功能区的具体要求，按照"循序渐进、城乡协调、集约高效、因地制宜、以大带小、多元推动"的原则，以不断提高城市化质量为核心内容，引导城市化保持合理的增长速度与适度的发展规模，引导发展城市群，控制发展大城市，合理发展中等城市，鼓励发展小城市，积极发展小城镇，新型城市化与新农村建设相结合，形成大中小城市和小城镇协调发展的格局，形成资源节约、环境友好、经济高效、社会和谐的发展格局，走出一条具有中国特色的"紧凑型、高效型、节约型和差异化"的城市化道路。

要把城市群作为推进城镇化的主体形态，具备城市群发展条件的区域，加强统筹规划，以特大城市和大城市为龙头，发挥中心城市作用，形成若干用地少、就业多、要素集聚能力强、人口分布合理的新城市群。我国城市将实施都市圈战略，推动城市产业集群形成，构筑城市群、城市圈、城市带三位一体、分层、组团、板块式发展的总体趋势。

都市区是由一定规模以上的中心城区及与其保持密切社会经济联系、非农活动发达的外围地区共同组成的具有城乡一体化倾向的城市功能地域。都市区着眼于城郊、城乡及城镇之间以中心城市为主体的联系，实质上指的是城市的功能范围。城市群着眼于构成系统的集合体，以 1 ~ 2 个大城市作为地区经济的核心，相互之间发生强烈作用。都市区侧重于大城市影响范围内的纵向单维联系，城市群侧重于同级城市之间、中心城市与其辐射范围之内的多维联系。

二、大都市

Megalopolis 是指巨大的城市，又可译为大都市带、大都市连绵区、城市连绵区。大都市带是由核心城市及其周边区域所组成、内部分工合理、彼此联系密切的城市地域。1957 年，法国地理学者戈特曼（J. Gottmann）在对美国东北海岸城市密集区进行研究后，在 1957 年发表了著名的论文《大都市带：东北海岸的城市化》（Megalopolis：the Urbanization of the Northeastern Seaboard of the United States），提出了大都市带的概念，对其空间生长模式进行专门探讨。

戈特曼把沿美国东北海岸的波士顿 600 英里范围内，拥有 3000 万居民的特大城市区域集合体称之为 Megalopolis。他认为，在一个巨大的城市化地域内，支配空间经济形式的不再是单个的城市，而是若干个都市区，在人口和经济活动等方面密切联系并形成整体。大都市带是在具备特定条件的地区出现的沿主要轴线发展的多核心城市系统。

从空间形态上看，大都市带表现为密集型、多核心的星云状结构，除人口高度密集外，还表现为区域要素和流通网络的高度密集性。大都市带基本单元内部组成具有多样性，在宏观上表现为"马赛克"的结构。它由彼此相互作用、空间形态相连的多个异质子系统构成。各系统之间通过人口、信息、资金、物资、文化等活动产生高强度交互作用，并使这一巨系统在自然景观、社会功能等方面与周边地区表现出显著差异。

戈特曼认为，大都市带是一个特殊的区域，其大部分为建成区，空间上由各个社区和产业区交织成星云状的空间结构。Megalopolis 是工业化和城市化发展到高级阶段的产物，区域内城市分布密集，中心城市与其外围联系密切；具有较大的人口规模和较高的人口密度，具有高度完善的城镇基础设施和高效率的网络流通体系；具备国家交通枢纽功能。戈特曼认为世界上已形成 6 个大都市带，即美国东北部大西洋沿岸大都市带、欧洲西北部大都市带、英格兰大都市带、日本东海道太平洋沿岸大都市带、北美五大湖沿岸大都市带、中国长江三角洲大都市带；正在形成的大都市带有美国西部沿岸大都市带、巴西西南部沿海大都市带和意大利北部波河平原大都市带。

戈特曼认为，促进大都市带形成的驱动力主要表现为中心城市扩散效应的推动、信息技术革命与"白领革命"的推动。戈特曼将大都市带的形成过程划分为四个阶段，即孤立分散阶段、区域性城市体系形成阶段、大都市带雏形阶段和大都市带成熟阶段。产业和人口集聚是大都市带形成的前提，技术创新则为大都市带的进一步完善提供了可能性。

大都市带的空间特征主要表现为空间形态特征和空间组织特征。从空间形态特征来看，核心区构成要素的高密集性和整体区域多核心的星云状结构是大都市带空间形态的显著特征，人口、物资、资金、信息等要素的高密集性是大都市带的本质特征。从空间组织特征来看，大都市带的基本组成单位是都市区，由自然、人文、经济等多种成分构成。从宏观上看，大都市带则是由各具特色的都市区镶嵌而成的分工明确的有机集合体。

　　大都市带具有枢纽和孵化器的功能特征。大都市带作为经济社会发展和对外联系交流的枢纽，对国家的整体发展具有重要的主导作用，甚至发挥全球性的影响。由于多种要素在空间上的高度集聚，必然产生高强度的相互作用，引发各种新思想、新技术的不断涌现，催生大都市带的孵化器功能，并作为推动大都市带崛起的强大动力。

　　大都市带的规模远大于城市群，其影响力也远超过城市群。大都市带一般作为区域国际枢纽，甚至可为跨国国际枢纽。在交通物流网络、信息通信网络、商贸流通网络、城乡一体化发育程度等方面，大都市带都要远远超过城市群。城市群与大都市带具有时空承接性，城市群拥有足够大的规模，在发展到比较高的水平后，就可能向大都市带转化。从城市群到大都市带的转化，不仅涉及城市群的个体间空间结构上的整合，更注重于经济、社会和文化领域的多层次非实体的融合。

　　20 世纪中期以后发达国家开始出现的郊区化与逆城市化，对大都市带的进一步完善起了重要作用。世界大都市带的研究表明，世界城市化的飞速发展促进了大都市带的形成与发展，大都市带中各城市在相互联系、相互作用中实现了更广泛的规模经济和社会分工，又进一步推动了区域经济发展，对国家和地区的经济发展起着不可替代的重要作用。发达国家的城市化是在工业化推动下启动的，属于内生的、自我发展的路径模式，具有自上而下的特征；发展中国家的工业化多与发达国家的产业转移有关，属于外力推动的结果，其城市化具有自下而上的特征。

第二节　国内外城市群建设的基本经验

一、国外城市群

（1）兰斯塔德城市群

荷兰兰斯塔德（Randstad）城市群包括阿姆斯特丹、鹿特丹和海牙 3 个大城市，乌德勒支、哈勒姆、莱登 3 个中等城市以及众多的小城市，是一个多中心马蹄形环状城市群，城市之间彼此相距不远，大多是 10~20 公里。兰斯塔德的面积占荷兰的 18.6%，人口占 45%，属于西欧人口稠密的地区。区域内各中心城市功能独特，相互分工协作，共同形成有机整体。该城市群的一大特点，是把特大城市所具备的多种职能分散到各种城市，形成既有联系、又有区别的空间组织形式，以保持城市群的整体性和有序性。阿姆斯特丹是首都、经济中心和国际航空港；海牙是国际会议中心，荷兰的中央政府以及外事机构、国际组织和多国企业的总部；鹿特丹是欧洲吞吐量最大的海港；乌德勒支是全国的铁路枢纽和服务中心。各城市分工明确，又彼此联系。

兰斯塔德的自然地理环境相对独特，原先的泥炭沼泽地区经过长时期的排水造陆，导致居民点的分布较为分散。随着商贸航运业的发展，一些交通区位优越的地方，逐步发展成为规模较大的城市，阿姆斯特丹和鹿特丹则成为连接北海与中欧的重要枢纽。随着深水港的建设，在鹿特丹、代尔夫特、海牙一带形成新的工业区，高水平的加工制造业随之发展起来。现代工业更加依赖于海外的大宗原材料，促使兰斯塔德新区向海岸集结，临海型特征更加明显。

受到英国"田园城市"理论的影响，兰斯塔德长期谋求构建"田园城市"。针对区域发展问题，荷兰政府组成了专门的规划委员会，下设经济部、农业部、交通部、公共事业部、三个省和四个主要城市的代表机构，以协调解决兰斯塔德发展过程中所遇到的各种问题。兰斯塔德规划纲要强调，保留历史上形成的多核心的都市区结构，借助于"绿色缓冲区"形成城市之间的空间分割，中央政府以收购土地或建立游憩项目的方式防止几个城市连成一片；保留区域中部的农业用地，使之成为大面积的"绿心"。将兰斯塔德建设成分散型和生态型的大都市区，避免大城市现有的各种弊病。荷兰政府提出"兰斯塔德是一个世界城市"的口号，重点加强该地区内的城市、海港和航空港的国际地位。荷兰先后开展了五次全国空间规划，对兰斯塔德地区进行严格的规划控制。兰斯塔德所在的四个省积极合作，协调交通运输、生态绿带、环境保护等方面的建设。在基础设施、开放空间等方面，兰斯塔德也进行了统筹考虑。

在兰斯塔德中部保留大面积的农田，作为城市群的生态绿心，兰斯塔德因此又被称为绿心大都市（Green Heart Metropolis）。法制化的规划管理，是维持城市群"绿心"的基本保证。兰斯塔德具有多中心的性质，把一个大城市应具备的各种职能，分散到大、中、小城市，形成既分隔、又联系、各自分工明确的有机结构。多中心结构较好地解决了特大城市过度膨胀的问题，借助于13 座新城的建设，有效疏散大城市的人口和产业。借助于临海型的城市群形态，大力推进兰斯塔德的国际化建设，从而提高了城市群的整体层次和经济效益。

（2）德国鲁尔区

鲁尔区位于德国西部，面积 4593 平方公里，占全国总面积的 1.3%，目前，区内人口近 600 万，约占全国人口的 7%。区内较大的城市有科隆、杜塞尔多夫、杜伊斯堡、埃森、多特蒙德等，但并没有明显的"核心城市"。

鲁尔区的煤炭资源较为丰富，长期作为以采煤、钢铁、化学和机械制造为支撑的特大型重工业区。有莱茵河、鲁尔河、利珀河及 4 条运河流经，公路网络、工业管道纵横交错，共同组成相对完整的运输体系。科隆是交通枢纽和商业中心，埃森是机械和煤化工中心，杜塞尔多夫是金融和服装工业中心，多特蒙德是钢铁和机械工业中心。这些城市各有侧重，协调发展，构成欧洲最大的工业区。

以往鲁尔区污染严重，重化企业将大量工业废水无序排放，对莱茵河造成严重污染。近 30 年来，鲁尔区对工业企业进行全面改造升级，坚决关停重污染型工业企业，大力发展高新技术产业、新兴工业部门和现代服务业，汽车、电子、信息等部门和旅游、咨询、传媒等行业竞相发展起来。传统工业的全面改造，生态绿网的规划建设，旅游业和高科技的开发，使鲁尔区的面貌焕然一新。

鲁尔区积极发展工业遗产旅游，取得了显著成效。比如将亨利钢铁厂、措伦采煤厂、关税同盟煤焦厂改造为工业博物馆，将蒂森钢铁厂改造为一个以煤铁工业设施为背景的大型景观公园，面积 2.3 平方公里，废旧的储气罐被改造为潜水俱乐部训练池，混凝土料场被改造为青少年活动场地，墙体被改造成攀岩者乐园。奥伯豪森中心购物区将工业遗产旅游与休闲观光购物巧妙地结合起来。

鲁尔区转型提升的成功经验是：第一，统一规划，统筹开发，其代表作是国际建筑发展计划（IBA），对工业遗产旅游资源进行高水平的开发。第二，因地制宜，突出特色，注重发挥比较优势。鲁尔区现已形成新老工业并举、布局相对合理的区域工业体系。第三，治理污染，美化环境，修建大量的污水处理厂净化污水，在废弃的煤矿山上培土植树，将塌陷矿井开辟成湖泊疗养胜地。全区有上千个公园，城市间以林带隔开，矿区已是绿色田园，取代烟尘铺天盖地的面貌。第四，重视科技教育，新兴的大学如波鸿鲁尔大学、多特蒙德工业大学、杜伊斯堡内河航运学院等，职业教育和技术培训得到普遍重视。鲁尔区相继建成 30 个技术中心，每个园区都集中了比较多的高科技企业或服务性部门。

（3）北美洲五大湖城市带

北美洲五大湖包括苏必利尔湖、密歇根湖、休伦湖、伊利湖和安大略湖，并经圣劳伦斯河连通大西洋。五大湖跨越美国和加拿大两国东部，水运条件优越，可通行 27000 吨级轮船。五大湖区的煤铁资源也很丰富。在五大湖区，加拿大有渥太华、多伦多、蒙特利尔、哈密尔顿等城市，美国有芝加哥、底特律、克利夫兰、匹兹堡、罗切斯特、密尔沃基、布法罗等城市。其中，渥太华是加拿大的首都，多伦多是加拿大的经济中心，芝加哥是西半球最大的铁路枢纽，底特律是著名的汽车城，克利夫兰是机械工业基地，匹兹堡是钢铁工业基地，布法罗是装备制造中心。五大湖城市带长期作为北美洲重要的加工制造业密集区。五大湖城市带的崛起，与大规模的水运和现代化的铁路、公路运输密切关联。一系列的城市规划和区域规划，对五大湖城市带的发展产生了重要的引导作用。近 20 年来，五大湖城市带的娱乐、休闲、金融、高科技等行业发展较快，而传统工业部门仍在不断萎缩。

底特律曾是美国第五大城市，也是世界闻名的汽车城，但伴随着美国汽车工业的不景气，在财政问题和其他难题的重压之下，城市欠债高达 149 亿美元，底特律市政府不得不把城市的管理权交给密歇根州政府，这将使底特律成为美国历史上宣布破产的最大城市。

五大湖城市带的可资借鉴之处主要是：第一，借助结构转型，完成产业升级。芝加哥立足于交通枢纽优势，大力发展现代服务业和高科技产业，大芝加哥外层经济圈成为制造业集聚区。第二，城市带实现专业化分工和产业集群发展。主要城市通过垂直分工和水平分工，形成了特色主导职能和优势产业部门，而且彼此间紧密联系，发展成为若干个相互交叠的产业聚集区。第三，便捷的交通网络系统对于城市带的发展发挥了重要作用。成功者如湖泊河流航运、铁路公路运输和大规模的集装箱运输。

（4）英国南部城市群

英国南部城市群是英国产业密集带和经济核心区，也是西欧主要的工业基地。它以伦敦—利物浦为轴线，集中了伦敦、伯明翰、利物浦、曼彻斯、利兹、谢菲尔德等中心城市和十多个中小城市。该城市群由伦敦大都市圈、伯明翰城市经济圈、利物浦城市经济圈、曼彻斯特城市经济圈和利兹城市经济圈组成，面积 4.5 万平方公里，人口 3650 万。伦敦是该城市群的核心城市，是英国的金融和商业中心，也是享誉全球的金融贸易中心。

在空间布局上，英国南部城市群坚持向天空和地下要空间，尽量多修建一些高层建筑。该城市群强调对产业和人口进行严格的控制，城市外围绿带和内部绿地不能受到侵占。该城市群注重网络发展方式，强调城市内部的立体交通和城市区域的综合交通。伦敦都市圈的规划开发，在很大程度上改变传统的发展方式，注重土地的混合利用，保护周边的生态环境，对现有的工业区进行综合整治，将伦敦中心区的一部分产业分散到泰晤士河口一带。此外，强调非均衡发展：尊重市场、侧重交通、照顾公平。伦敦都市圈规划也十分注重通信基础设施、制度基础设施和专门基础设施的空间布局。

20 世纪 80 年代以来，英国通过南部城市群的振兴，改造了传统的加工制造业，促进了高新技术产业的崛起，培育了一系列高品质的产业集群，提高了城市区域的经济效益和环境质量。对有发展机遇的地区，政府引导发展住房和就业政策，最大化地发展公共交通，促进更新地区和相邻地区的社区发展。在开敞空间和水系网络方面，政府也都采取了行之有效的政策和措施。

（5）美国东北部大西洋沿岸城市带

该城市带北起波士顿，南至华盛顿，包括波士顿、纽约、费城、巴尔的摩、华盛顿等大城市以及萨默尔维尔、伍斯特、哈特福特、纽黑文等中小城市，共有 40 多个 10 万人以上的城市。该城市带长 965 公里，宽 48～160 公里，面积 13.8 万平方公里；现有人口 6500 万，城市化水平在 90% 以上。该城市群是全美的经济核心地带，制造业产值要占到全国的 30%。

波士顿是美国马萨诸塞州的首府和最大城市，是美国的历史文化名城，也是重要的加工制造业中心。波士顿拥有哈佛大学、麻省理工学院、波士顿大学等世界著名学府。

纽约是美国乃至世界的商业和金融中心，是美国最大的港口城市和文化艺术中心，也是著名的世界级大都市。纽约现有机械、军火、石化、食品、服装、印刷、化妆品等行业，纽约港是全美最大港口，纽约是铁路交通重要枢纽，城市地铁全长 1000 多公里，纽约有 3 个国际机场，其中肯尼迪国际机场承担着全国 50% 的进出口货物空运业务和 35% 的国际客运业务。

费城是美国的历史名城，曾作为美国的首都，其经济活动以制造业、食品加工和金融服务为主。巴尔的摩是美国大西洋沿岸的海港城市，是美国五大湖区、中央盆地与大西洋上联系的重要出海口，现建有大型港口工业区。华盛顿是美国的首都，信息服务产业发达，具有强大的政治影响力，世界银行、国际货币银行和美洲发展银行的总部均位于这里。波士华的崛起，主要依赖于发达的外向型经济，但近半个世纪以来，知识经济已成为波士华全面提升的新动力。波士顿的高等教育和高科技具有世界影响。战后，沿波士顿附近的 128 号公路形成了与"硅谷"齐名的高科技聚集地。到 20 世纪 90 年代，该城市群中巴尔的摩和华盛顿两大区的市中心紧密联系在一起，同时分别与 695 号和 495号公路在地区形成各自的环线，形成哑铃形的空间网络体系。

波士华的成功经验在于：着力发展临海经济，重视城市之间的合理分工，重视城市带交通体系建设，运用政府规划促进城市带空间结构优化；注重城市间的管理协调。其不足主要是城市群内部人口和产业过度集聚，引发了不少环境和社会问题。

（6）日本太平洋沿岸城市带

日本太平洋沿岸城市带由东京、名古屋、大阪三个城市圈组成，各类城市达 300 多个，大城市如东京、横滨、川崎、名古屋、大阪、神户、京都。日本11 个百万人口以上的大城市，有 10 个位于这里。该城市带长 600 余公里，宽100 余公里，土地面积逾 10 万平方公里，人口约 7000 万，集中了日本 2/3 的工业企业、3/4 的工业产值和 2/3 的国内生产总值。日本地窄人稠，经济外向型特征突出，造就了高密度的京滨、中京、阪神、北九州等滨海工业带，形成了以东京圈、名古屋圈、关西圈为中心的太平洋沿岸城市带。

日本城市规划学会对东京都市圈先后进行了 5 次规划（1958、1968、1976、1986、1998），指导思想是集中与分散相结合，建立区域多中心城市复合体，尤其是抑制和分散东京过度集中的都市职能，产业方面则采取以东京为核心的柔性组织发展方式。

日本太平洋沿岸城市带的发展，注重城市间的协调管理。政府采取"事务委托"和"部分事务联合"的方式，来协调处理好城市群的内部事务。该城市群重视构建高效率的交通运输网络，促进城市群的拓展，改善城市的形态，并产生新的交通优势区位和城市功能区。位于太平洋沿岸的东海道新干线，在3小时车程内将京滨、中京、阪神三大城市圈有机地连接起来，促进了新干线产业带的大发展。日本依托深水大港发展临海经济，兴建了一系列滨海工业带，结合港口建设大量填海造陆，先后造就了大量的海岸工业用地。东京湾港口群就拥有东京、川崎、横滨、横须贺、千叶、君津六大港口，绵延百余公里。该城市带因人口和产业过度集聚，导致非常严重的"城市病"，中心城区地价暴涨，城区交通严重阻塞，大城市的竞争力和活力显著下降，环境污染问题突出。

二、国内城市群

经过长时期的不懈努力，我国陆续形成了众多的城市群和城市密集区，在国民经济中发挥着日益重要的作用。在东部，有京津冀、山东半岛、长三角、海西、珠三角、北部湾等城市群；在中部，有中原、大武汉、长株潭、环鄱阳湖、皖江等城市群；在西部，有包头—呼和浩特、关中、成渝等城市带；在东北，有辽东半岛、长春—吉林等城市群。我国区域经济的发展形式，正由行政区经济向城市区经济转化提升，城市群逐渐成为全国区域经济发展的重中之重。国家先后出台一系列政策，将一部分城市群和特定的区域确定为先行先试区域，通过改革创新来示范带动全国的发展。

我国关于城市群的系统研究，侧重于城市群的发展模式、空间形态、交通组织、产业建设、生态环境保护等方面。比较热门的观点包括：反对将相邻城市的建成区连成一片，在城市之间保留必要的生态隔离绿地；反对"摊大饼"式的空间扩展方式，城市群的布局形式应该是集中与分散相结合；强调发展轴线和交通枢纽对于城市群的主导作用，中心城市与门户城市建设相结合；在城市群的一部分区域先行先试，尽快形成产业高地、文化高地和开放窗口，进而辐射带动整个城市群和相关区域的发展。

（1）长江三角洲城市群

以上海为中心，以南京、杭州为副中心，以江苏南部和浙江北部为两翼，包括扬州、泰州、南通、镇江、常州、无锡、苏州、嘉兴、湖州、绍兴、宁波、舟山、台州，共 16 个中心城市，下辖 74 个县市。

长三角城市群地处我国海岸带与长江的交汇处，经济区位优势突出。这里拥有上海、宁波—舟山、南通、台州等大型港口，海运和内河航运都很发达。上海作为长三角的龙头，拥有虹桥、浦东两大国际航空港，多条铁路、高铁、高速公路和国道在此交会。长三角产业高度集聚，经济社会发达，支柱产业有电子信息、家用电器、汽车制造、工业装备、航空航天、精细化工、食品医药、服装制鞋等。上海、南京、苏州、无锡、南通、杭州、宁波、绍兴、台州等城市是我国重要的先进制造中心和出口加工基地。从空间来看，长三角现已形成以上海为核心、以苏南为北翼、以浙北为南翼的世界级大都市圈，上海成为我国最大的国际化大都市。

长三角资源能源短缺，所需要的工业原材料和煤炭、原油、天然气等能源依赖调入或者进口。20 世纪 80~90 年代长三角大力发展乡镇企业和重化工业，生态环境遭到严重破坏，"城市病"非常突出。经过这些年的全面整顿，长三角的产业发展和生态环境明显好转，大范围的工业污染得到有效整治。长三角正在进行全面的结构调整和产业升级，大力发展现代服务业，抓紧创建高新技术中心和先进制造基地。统筹城乡发展，深化农村改革，大力发展现代农业。在长三角现已形成众多的现代农业生产基地。长三角的国际化步伐明显加快，上海黄浦区—浦东陆家嘴一带成为我国重要的国际金融区、国际化服务区和高水平的 CBD。

上海是我国最大的城市，目前总人口达 2000 多万，作为长三角的国际化枢纽，正发挥着重要的龙头作用。随着大小洋山港、京沪高铁、沪昆高铁的建设，上海的对外交通运输联系大幅度加强。国家长江经济带的规划建设，使长三角的龙头地位更加突出。宁波—舟山港 2013 年货物吞吐量逾 7 亿吨，已超过上海港而成为世界上货物吞吐量最大的港口。

长三角城市群的主要问题是：人口密度偏大，产业活动强度已超出了区域发展的承载力。由于人口和产业密度过大，给当地的交通运输、生态环境、旅客持续发展造成沉重压力。上海中心城区"城市病"突出，主要工业城市都存在着环境污染、生态破坏、人居环境欠佳的问题。

（2）珠江三角洲城市群

位于广东省中南部，毗邻港澳，珠江由此注入南海，是我国的"南大门"。珠三角的范围包括广州、深圳、珠海、佛山、江门、东莞、中山等市的全部和惠州、肇庆两市的部分县市。广义的珠三角还包括香港和澳门。珠三角土地面积 4.2 万平方公里，约占广东省面积的 23%．珠三角海岸线长 1060 多公里，拥有广州黄埔、深圳盐田等一系列良港。

改革开放以来，珠三角以"三来一补"的产业模式发展经济，工业和服务业产值迅猛增长，取得了举世瞩目的建设成就。民营经济、股份制经济是珠三角经济的主体，对区域发展产生了巨大的推动作用。在珠江东岸崛起了电子信息、医药食品等产业集群，在珠江西岸形成了机械五金、家电制造等产业集群，基础设施和服务配套逐渐完备，形成了由高速公路、铁路、航空、水运等交通方式为骨干的综合性交通网。

改革开放初期，珠三角城市化以发展小城镇为主导，工业企业发展迅速。工业企业的分布具有广泛性，因而，工业的发展使许多城市、小城镇和村庄连接起来。在这里，特别是广州—深圳、广州—珠海等主要的交通走廊，城市与乡村的界限变得模糊不清，形成城市与乡村融合、农业与非农业产业混杂的城乡一体化地带。20 世纪 90 年代中期以后，作为区域中心城市的广州和深圳的带动作用显著增强，珠三角的城市化逐步由城乡一体化向由区域核心城市引导下的城市群模式转变。目前，珠三角以广州和深圳为核心，基本形成了城乡一体化和城镇高度密集的城市群体系，区内城市与城市紧密相连，小城镇星罗棋布。

目前，珠三角正在全面推进产业升级和国际化进程，实行"腾笼换鸟"政策，逐步退出高消耗、高排放、高污染、低效益的产业部门，大力发展高新技术、先进制造和现代服务业，争取成为重要的国际门户、世界先进制造业和现代服务业基地。到 2020 年，率先基本实现现代化，形成具有世界先进水平的科技创新能力，城镇化水平达到 85%，单位生产总值能耗和环境质量达到或接近世界先进水平。广州—佛山推进广佛一体化建设，深圳、香港、澳门推进深港澳一体化建设，这些因素都会增强珠三角城市群的综合实力和国际竞争力。

珠三角城市群具有多中心的城市群结构，为内部各城市提供了较为广阔的发展空间，有利于这些城市扬长避短，各有侧重，趋异发展。现代化的交通运输和信息网络建设，大幅度增强了珠三角的内部联系和对外交流。珠三角的管理模式相对灵活，各城市有较大的发展自主权。珠三角城市群实行的是外向型产业发展模式，与国际市场保持有密切联系，企业的市场竞争力比较强。但珠三角城市群的空间形态偏于松散，基础设施缺乏共享，广州、深圳等超大城市的"城市病"问题突出。由于珠三角企业外向度偏高，对国际市场不景气过于敏感，当发生国际金融危机或经济不景气时，珠三角的制造业就会遭受严重冲击。珠三角劳动密集型产业比重过高，吸纳了大量的劳动力，但科技含量低，资源消耗较大。产品附加值也比较低。

（3）京津冀城市群

位于华北平原东北部，背倚太行山和燕山，东临渤海，地处京畿之地，地理区位非常重要。该城市群包括北京、天津和河北的唐山、保定、廊坊、张家口、承德、沧州6个地级市，土地面积5.3万平方公里。京津冀城市群矿产资源丰富，有开滦煤矿、京西煤矿、迁安铁矿、大港油田、任丘油田、长芦盐场。这里自元、明、清以来一直作为国家的政治中心，历史文化悠久，底蕴传承深厚，名胜古迹众多，旅游资源非常丰富。

京津唐城市群由北京都市圈、天津都市圈、冀东城市群所构成。这里长期作为我国重要的综合工业基地，钢铁、汽车、化工、建材、机械等产业部门地位突出，但也造成了严重的环境污染。这里拥有发达的交通运输网络，首都机场是我国最大的国际航空港，北京又是全国的综合交通枢纽，天津港是华北最大的对外贸易海港，秦皇岛港是世界上最大的煤炭输出港。京津冀城市群的整体崛起，得益于重要的地理位置和发达的交通网络。该城市群长期作为全国的教育、科技和文化中心，在此集聚了大量的高等院校和研究机构。北京中关村是我国首屈一指的科技创新基地。

经过这些年的持续扩容发展，京津冀城市群出现了一系列城市问题，主要是重工业比重偏大，加之技术工艺不够先进，导致高能耗、高物耗和较为严重的环境污染，北京、天津、唐山等城市PM2.5污染相对突出，中心城区交通拥堵成为老大难的问题。北京历届城市总体规划都明确提出要严格控制中心城区的人口，但人口规模和城区规模还是持续膨胀，总人口已超过了2000万，"摊大饼"的扩展方式导致中心城区出现严重的"城市病"，北京成为世界上房价最高的大都市之一。北京的外环线已修到七环，但中心城区的人口、产业、车辆持续增长，交通拥堵愈演愈烈。尽管在北京、天津外围规划建设了众多的卫星城和功能组团，但由于各方面的原因，对于中心城区的分流作用较为有限。京津冀城市区域发展严重的不均衡，中心城市与城市外围发展落差十分明显。

目前，京津冀城市群重视对中心城区的改造提升。北京、天津将城区工业企业向外大举搬迁，大规模地改造了老城区、特别是棚户区。北京将首钢生产基地搬迁到唐山以南80公里的曹妃甸。近年对北京、天津的大气环境进行了综合治理，京津冀城市群所在地区乃至外围的钢铁、水泥、化工等重化工业企业得到关停、搬迁或改造。经过不懈的努力，北京、天津的大气环境明显改善。

（4）辽中南城市群

位于东北地区南部，包括沈阳、大连、鞍山、抚顺、辽阳、本溪、铁岭、营口、盘锦、丹东10个城市，土地面积8.07万平方公里。辽中南是我国规模最大的重化工业基地，拥有众多的大型工业基地。新中国成立后，在辽中南相继建立了钢铁、机械、石油、化工、电力、建材、船舶制造等重化工业产业集群。2003年国家提出振兴东北老工业基地发展战略以来，辽中南调整产业结构，优化空间布局，逐步形成了以沈阳、大连为核心，以长大、沈丹、沈山、沈吉和沈承五条交通干道为发展轴的双核多轴状城市群空间结构。沈阳作为政治、经济和现代服务中心，大连作为先进制造、商贸和观光旅游中心，鞍山、抚顺、辽阳、本溪、铁岭、营口等城市则担负着各自不同的工业基地职能。

沈阳经济技术开发区位于沈阳西南部，现已形成装备制造、汽车与摩托车、医药化工、食品饮料、纺织服装、家电等产业集群。该开发区拟大力发展循环经济和高新技术产业，重点建设世界级装备制造业新高地。大连原为重化工业城市，经过长时期的努力，高新技术产业和现代服务业得到长足发展，现已成为辽中南乃至东北地区对外联系交流和国际化发展的门户。

（5）山东半岛城市群

包括济南、青岛、烟台、淄博、东营、烟台、潍坊、威海、日照、泰安、莱芜、滨州11个地级市和计划单列城市，24个县级市，22个县，676个建制镇。该城市群是山东省经济社会发展重心所在，也是我国北方沿海迅速崛起的经济区域。

该城市群已形成以济南和青岛为核心，以胶济、蓝烟铁路和济青、胶威高速公路为发展轴线的双星发展模式。济南是山东省的政治、商贸、服务中心，主要辐射城市群西部。青岛是山东省的主要门户和先进制造中心，主要辐射城市群东部。章丘、淄博、潍坊、平度、莱阳等城市依托济青高速，形成了山东半岛工业经济轴，侧重发展能源、机械、纺织、石化、食品、建材等部门。济南与青岛相距 300 多公里，通过其间的淄博、潍坊等城市，以及现代化的高速公路运输干道，形成以工业经济为支撑的城市产业带。

（6）中原城市群

中原城市群现已形成以大郑州都市圈为中心，以焦作、洛阳、开封、平顶山、漯河、新乡、许昌为次中心，以陇海、京广铁路，京珠、连霍高速公路为发展轴线的一主多次的城市群空间模式。城市群土地面积 5.77 万平方公里，总人口近 5000 万。

中原城市群位置优越，京广铁路与亚欧大陆桥在此交汇，承东启西，连南接北，对于带动中部崛起具有重要作用。中原城市群辐射范围广，向东沿陇海线可辐射到皖北、苏北和鲁西南，向北可沿京广线辐射到冀南的邯郸和晋东南的长治，向西可沿陇海—兰新线辐射到陕西、甘肃、青海和新疆。中原城市群的产业以资源密集型和劳动密集型为主，机械、冶金、电力、煤炭、纺织作为支柱产业。中原城市群规模较大，人口众多，但迄今为止，缺乏强有力的增长核心。与上海、广州、深圳、武汉等大城市相比，郑州尚存在着显著的发展差距。中原城市群的次中心城市，比如焦作、漯河、平顶山、新乡等，距离郑州尚有较大距离，城市之间的发展联系不够密切。中原城市群重工业基础较好，而轻工业和服务业基础较为薄弱，尤其是缺少高科技型的增长极。

针对中原城市群的发展现状，一部分专家提出，现阶段主要是集中力量做大做强郑洛汴城市群（郑州、洛阳、开封），构筑高水平的产业高地，尽快形成强有力的增长极，再辐射带动周边地区的发展。切实发挥好中原城市群的交通区位优势，借此提升整个城市群的发展品位和开发收益。

（7）皖江城市带

皖江城市带包括安徽省长江两岸的 8 个城市，分别是滁州、巢湖、安庆、马鞍山、芜湖、铜陵、池州、宣城。土地面积 56419 平方公里，总人口 2300

万。皖江城市带可分为两类地区：一类是经济发达的地区，包括芜湖、铜陵和马鞍山三市，这里人均 GDP 较高，第二产业比重较大，发展潜力大。另一类是经济欠发达地区，包括安庆、巢湖、宣城、滁州和池州五市。在这样的背景下，安徽省采取非均衡协调发展战略，对皖江区域资源进行整合，培育增长极，全面提升皖江城市带的实力。同时，以长江作为产业和城镇发展的主要轴线，以马鞍山、铜陵、安庆为侧翼，培育芜湖成为中心增长极，充分发挥马芜铜宜的龙头作用，营造带状的城市群空间模式。

皖江城市带以长江为主要发展轴线，利用长江来联系各主要城市，形成滨江产业集群。但该城市带迄今缺乏强有力的核心城市，长江北岸交通路网尚不完善，产业结构以重化工业为主，亟待改进与提升。皖江城市带具有明显的过渡性特征，东接长三角城市群，西昌九、大武汉等城市群。该城市带的发展重点，在于完善交通路网，改进产业构成和空间结构，培育强有力的增长极。

（8）成渝经济区

成渝经济区位于我国西南，包括重庆、成都、南充、绵阳、乐山、德阳、眉山、内江、遂宁、资阳等城市，土地面积 17.2 万平方公里，目前人口近8000 万，是我国人口最多、面积广大的城市群。该经济区以成都和重庆为核心，以自贡、绵阳、南充、雅安、资阳等城市为次核心，是我国西部综合实力最强的城市区域。

成渝经济区工业基础较好，沿成渝高速形成了以煤炭、石油、电力、钢铁等产业为主的重工业走廊。在重庆、成都的外围区域，已形成了包括纺织、制衣、木材加工、工艺品等产业的轻工业产业集群。成渝经济区重化工业比重高，资源能源消耗多，对环境生态的破坏突出，产业结构和空间布局需要进行调整。成渝经济区布局相对松散，主要城市间的交通运输条件亟待改善。

成都发展核包括成都五城区，建设城乡一体化、全面现代化、充分国际化的大都市。重庆发展核包括主城九区、万州、涪陵、綦江、垫江、丰都、忠县、云阳等 31 个区县及自治县，打造经济繁荣、社会和谐、环境优美的国际大都市。

八大支柱产业支撑成渝经济区的发展，即装备制造、汽车及摩托车、电子信息、航空航天、冶金和新材料、石油天然气化工和盐化工、轻纺食品、医药。在服务业方面建设国际知名、全国重要的旅游目的地，以重庆、成都为核心，打造区域性旅游集散中心。规划建设沿长江发展带、成遂渝发展带、成绵乐发展带、渝广达发展带和成内渝发展带，共同构建西部最大的城市连绵带。

（9）海峡西岸城市群

海峡西岸城市群是由台湾海峡西岸的若干个城市所组成的区域性城市集合体，包括福州、宁德、莆田、泉州、厦门和漳州6个城市，总面积5.5万平方公里，总人口2800万。海峡西岸城市群与台湾省隔海相望，是实现祖国统一大业的战略要地，也是我国东部沿海经济社会发展的重点地区。

海峡西岸城市群发展的总体目标是：将海峡西岸城市群建设成为促进祖国统一大业的前沿平台，推动国际合作的重要窗口，衔接长三角、珠三角，辐射中西部的沿海增长极，两岸文化交融、社会和谐的示范区，践行科学发展观的先行区。同时，强调海峡西岸城市群应营造各具特色、优势互补、布局合理、协调发展的城乡空间体系，实现全省城镇化进程的和谐、持续、快速发展。到2020年，城市化水平提升到62%以上。海西城市群规划形成一带（沿海产业集聚带）、双区（北部以福州中心城区、长乐空港和江阴港区组合形成的北部现代服务业增长核心区，南部依托滨海环湾走廊，由厦门中心城区、机场新城、泉州中心城区和漳州中心城区组合形成的南部现代服务业增长核心区）、四基地（福州现代制造业基地、莆田临港重化工业基地、泉州现代制造业基地、厦门高新技术产业基地）的战略引导型产业空间布局结构；形成三都澳、东山湾两大战略储备地区和闽浙、闽赣浙、闽赣粤、闽粤四大跨省产业发展协调区。

（10）北部湾城市群

北部湾城市群地处我国沿海西南端，处于中国—东盟自贸区、泛北部湾经济合作区、大湄公河次区域、中越"两廊一圈"、泛珠三角经济区、大西南等多项区域协作的交汇点，是我国华南沿海西部与东盟国家进行交流往来的主要枢纽。北部湾城市群包括南宁、北海、钦州、防城港、玉林、崇左等6市，陆地国土面积4.25万平方公里，2014年人口1400万。该城市群拥有北部湾顶端1600公里长的海岸线，是中国与东盟之间唯一既有陆地接壤又有海上通道的经济板块。现已建成南宁—友谊关—河内高速公路和南宁—钦州—北海—广东湛江高速公路，与正在加紧修建的南宁—玉林—广东罗定高速公路以及北部湾沿海高速公路，将构成一张联结中国西南、华南地区与东盟国家的高速公路网络。

北部湾城市群的定位是：立足北部湾，服务西南、华南和中南，沟通东中西，面向东南亚，充分发挥连接多区域的重要通道、交流桥梁和合作平台作用，以开放合作促开发建设，努力建成中国—东盟开放合作的物流基地、商贸基地、加工制造基地和信息交流中心，成为带动、支撑西部大开发的战略高地和开放度高、辐射力强、经济繁荣、社会和谐、生态良好的重要国际区域经济合作区。

该城市群发展战略重点包括：①优化国土开发，形成开放合作的空间优势，强化城市间的功能分工，打造整体协调、生态友好的可持续发展空间结构。②充分利用两个市场、两种资源，发挥比较优势，大力发展高起点、高水平的沿海工业、高技术产业和现代服务业，承接产业转移，形成特色鲜明、竞争力强的产业结构。③加快建设现代化沿海港口群，打造泛北部湾海上通道和港口物流中心，构筑出海出边出省的高等级公路网、大能力铁路网和大密度航空网，形成高效便捷安全畅通的现代综合交通网络。④积极参与中国—东盟自由贸易区建设，打造开放合作的新平台，进一步提升中国—东盟博览会的影响力和凝聚力；大力推进泛北部湾经济合作，继续参与大湄公河次区域合作，推动南宁—新加坡通道经济带建设，形成中国—东盟"一轴两翼"区域经济合作新格局；深化国内区域合作，加强与珠江三角洲地区的联系互动，发挥沟通东中西的作用。⑤加强社会建设，营造开放合作的和谐环境。大力发展教育卫生、劳动就业、文化体育、广播电视、社会保障等各项社会事业，加强基本公共服务体系建设，维护社会稳定，促进社会和谐。⑥加快建立行政区和经济区在促进经济发展方面有机结合的体制机制，加大企业改革力度，建立生态补偿机制，深化土地管理、投融资、劳动就业等方面的体制改革，加快建立统一开放竞争有序的现代市场体系。

北部湾城市群的规划形态是：充分利用北部湾和东盟贸易区的区位优势，大力发展国际贸易、科技含量高的制造业和物流产业，打造一核一圈两心的城市群空间模式。其中一核是经过产业提升和中心区提质的南宁市，一圈是作为中国西南最大的物流贸易基地的环北部湾城市圈，两心是作为城市群有力的产业和服务业补充的崇左和玉林。核、圈、心之间用快速干道和城际铁路相联系，以实现整体城市群的快速提升。

（11）关中—天水经济区

关中—天水经济区包括陕西省西安、铜川、宝鸡、咸阳、渭南、杨凌、商洛部分区县和甘肃省天水市，面积 7.98 万平方公里，2013 年人口近 3000 万，直接辐射区域为汉中、安康，延安、榆林、平凉、庆阳、陇南等。

关中指陕西秦岭北麓渭河冲积平原，是陕西省经济发达和人口密集地区，号称"八百里秦川"，土地面积 5.55 万平方公里，包括西安、铜川、渭南、宝鸡、咸阳、商洛 6 个城市，集聚了全省约 60% 的人口。天水位于甘肃东南，有"陇上小江南"之称，面积 14392 平方公里，欧亚大陆桥横贯全境。天水是西北地区重要的工业城市，是国家老工业基地之一，以加工制造业为主体，电子电器、机械制造、轻工纺织三大行业为主导。

关中—天水经济区具有以下优势：战略区位重要，是亚欧大陆桥的重要支点；科教实力雄厚，西安是全国重要的高等教育和高科技基地；工业基础扎实，拥有 30 多个国家级和省级开发区以及高新技术产业孵化基地、大学科技园区；文化积淀深厚，是华夏文明重要发祥地、著名的丝绸之路源头和羲皇故里；城镇带初具雏形，西安—咸阳一体化加速推进，西陇海沿线城镇带初步形成。

该经济区的总体目标定位是：建设成为西部及北方内陆地区的开放开发龙头地区，以高科技为先导的先进制造业集中地，以旅游、物流、金融、文化为主的现代服务业集中地，以现代科教为支撑的创新型地区，领先的城镇化和城乡协调发展地区，综合型经济核心区，全国综合改革试验示范区。

2014 年 1 月 6 日，国务院正式批复设立国家级西咸新区，这也是以创新城市发展方式为主题的国家级新区。西咸新区规划范围 882 平方公里，其中建设用地 272 平方公里，位于西安和咸阳两市建成区之间。新区以大都市核心区为中心，以"大开大合"的发展模式，构建新区"一河两带四轴五组团"的空间结构。通过两条帝陵遗址带，渭河、泾河、沣河三条生态景观廊道，以及组团间楔形绿地为分隔，在新区布局空港新城、沣东新城、秦汉新城、沣西新城、泾河新城，形成"廊道贯穿、组团布局"的田园城市总体空间形态。

（12）武汉城市圈

武汉城市圈，是指以武汉为中心、以 100 公里为半径的城市群，包括武汉以及黄石、鄂州、孝感、黄冈、咸宁、仙桃、潜江、天门 8 个中小城市，形成以武汉为核心，与周边 8 个城市优势互补、资源共享、市场共通、利益共有的经济一体化发展格局。武汉城市圈是湖北省经济社会发展的核心区域，土地面积 5.8 万平方公里，常住人口 3000 万人。

武汉城市圈作为国家级两型社会建设综合配套改革示范区，要率先在优化结构、节能减排、自主创新等重要领域和关键环节改革上实现新突破，率先在科学发展、和谐发展、绿色发展、低碳发展和城乡区域协调发展上取得新进展。城市圈的发展定位是：全国"两型社会"建设示范区、全国自主创新先行区、全国重要的先进制造业和高技术产业基地、全国重要的综合交通运输枢纽、中部地区现代服务业中心和促进中部地区崛起的重要增长极。

武汉城市圈要建设成活力城市圈、快捷城市圈、安全城市圈和生态城市圈。推进城市圈一体化建设，包括基础设施建设一体化、产业发展与布局一体化、城乡建设一体化、市场一体化、生态建设与环境保护一体化。坚持梯度推进与非平衡推进相结合，既要实行从核心圈到紧密圈、再到辐射圈的渐进推动，同时又要打破常规，培育新的经济增长极。突破行政区划体制束缚，加快经济一体化进程，逐步实现"八同"，即：规划同筹，交通同网，信息同享，金融同城，市场同体，产业同链，科技同兴，环保同治。以经济的一体化为基础，实现武汉城市圈经济社会的协调发展、人与自然的和谐发展。

三、对我们的启迪

工业化是城市群发展的主要驱动力。国内外大多数城市群的兴起，具备扎实的工业基础，依靠产业集群来发展城市群，依托城市产业活动来发展服务业。德国鲁尔区、法国北部、美国大西洋沿岸、北美五大湖区、日本太平洋沿岸，我国的长三角、珠三角、京津冀等，皆为工业高度发育的区域，其加工制造业在世界上占据重要地位。产业的集聚促进了城市的发展，产业的协作与提升推动了城市群的建设，产业重心的转移催生了新的区域的城市化进程。每一次经济和科技重心的转移，都促进移入区域大规模的工业化和城市化，这种状况的持续发展是形成城市群的重要条件。城市化是城市群发展的基础，工业化是城市群发展的支撑，二、三产业是城市群发展的主要驱动力。工业集聚促使城市加强联系并走向联合，为第三产业创造发展空间，二、三产业的发展壮大会进一步加强城市之间的联系，加速城市群的形成。

城市群应具有良好的自然条件和经济区位。发育良好的城市群或大都市带，大多具有良好的自然条件，地势较为低平，水陆交通便利，靠近河流或海洋，位于河流入海处或干支流交汇处。比如，英格兰城市群位于英格兰平原，东京都市圈位于关东平原，德国鲁尔区、北美五大湖区、中国的长三角和珠三角有便利的水运条件。优越的经济区位对于城市群的发展是至关重要的，它能够促进城市群人口和产业的集聚，增强城市群的对外交流，扩大城市群的产业联系。

城市群的形成过程具有阶段性。城市群的形成各有特色，但大多数经历了五个发展阶段：中心城市发展壮大——核心城市外扩——城郊融合发展——多核心都市圈合作发展——城市群协调发展。这五个阶段显示了城市群发展由小到大、由中心到外围、由线性到综合的阶段性特征，体现了城市与区域之间相互促进的发展特征。在城市群发展前期，工业的地位非常突出；在城市群发展中后期，第三产业的地位则显著上升，以致超过工业的主导地位。

谋求城市群的精明增长　"精明增长（smart growth）"是 20 世纪 90 年代在美国规划界和政坛掀起的一股有关城市发展模式的主流思潮，旨在重塑城市和郊区的发展态势，对城市的开发活动进行理性管理。它倡导的三个核心观点——保护自然资源，鼓励紧凑、混合的开发模式，营造适宜步行的居住邻里。将精明增长扩展到城市群，就意味着应从区域的尺度理解自然环境系统，确保土地开发尊重区域生态的可持续性；诸如高速公路、火车、公交等区域性的交通系统应该采用有利于紧凑开发的发展模式。城市群的发展，不再是盲目圈地和扩充规模，而应关注城市区域基础设施的全面提升，建立衔接高速铁路、航空、地方公交的多式联运系统。通过快速交通将城市群中的各个城市连接起来，并与市区公交系统有效衔接。

构建高效率的交通运输网络　交通运输网络和现代信息网络是城市群快速发展的重要驱动力。城市群内部的分工协作，必须以发达的交通运输网络为依托。现代城市群拥有由高速公路、轨道交通、水运航道、运输管道、通信网络、电力输送网和给排水管网所构成的区域性网络，其中铁路、高速公路作为城市群空间结构的基本骨架。城市公共客运系统的完善，能够促进城市群的有序发展，降低由于汽车尾气排放而造成的大气污染，还能够节省大量交通用地，促进城市功能布局的合理性。在城市群内部，通常建有数条城镇、产业和各类通道密集分布的走廊，其间保持发达的联系，并将主要城市密切地联系起来。

城市群的空间发展模式各有不同　①单核心模式　以一个强有力的特大城市为核心，将周围的功能组团作为次中心或卫星城。主城区与外围组团之间以快速干道连接，通常还设有放射状加环线的道路网络。②多中心模式　由多个中心城市及下属的中小城市所组成，城市发展各有偏重，注重城市之间的经济协作和互为补充，为城市的因地制宜发展创造了有利条件。③组团模式　城市群缺乏统领全局的核心，而是由若干个功能各异、规模不等的组团所组成。组团之间保持着产业和社会的协作，但整体结构偏于松散。优点在于灵活性强，有利于保护生态环境和缩小城乡差距，实现城市群内部的协调发展。④带状模式　是指沿铁路、公路、河流等布局的城市群发展模式，若干城市和产业组团沿交通干线形成带状布局。该模式有利于城市群充分利用交通干线的流通优势，实现城市间的便捷联系，对土地的需求、对环境的破坏都比较小。⑤双核模式　城市群有两个主要的核心城市，承载着不同的功能，能够相互补充，彼此促进，有利于主要城市充分发挥其优势，因地制宜地培育产业功能。⑥圈层模式　城市群以一个中心城市为核心，将其外部划分为若干圈层，突出中心城市的核心作用，其他圈层处于被辐射带动的范围，并为中心城市提供发展支撑。通过培育特色鲜明的功能圈，促进城市群的高效发展。⑦复合模式　城市群的发展由两种或更多的模式复合而成，适用于范围较大、城市较多、城市之间关系复杂、难以用单一的模式规划的城市群。复合模式能够结合多种模式的优点，对城市群的功能定位、产业发展、空间布局进行灵活安排。

发挥中心城市的辐射带动作用　在城市群内部，中心城市属于主体增长极，具有全局性的辐射带动作用，其发展变化影响到城市群的整体发展。重点培育中心城市的核心竞争力，加强其引领带动功能，对于城市群的拓展提升，无疑是至关重要的。通过中心城市的重点提升和城市群结构的优化调整，促进整个城市群增强实力，做大做强。城市群的发展规划并不同于一般的区域规划，必须具有前瞻性和战略性，着眼于区域综合实力的提升和城市竞争优势的增强。中心城市的优先发展，加之对于所在区域的有效带动，是城市群科学发展的关键所在。以中心城市为依托，城市与区域良性互动和协调发展。加强特定区域内城市之间的联系交流，以效益最大化为前提，合理构建城市群、城市带和城市圈，优化发展大城市，合理发展中等城市，积极发展小城镇，但反对大城市的无序扩展与小城镇的盲目推进。

实行严格的规划控制　城市群的规划建设，需要政府的积极干预，进行科学的空间引导，以达到地域结构优化、基础设施共享、区域协调发展的目的。遏止城市的无序膨胀。城市建设与区域发展相结合，妥善处理城市与乡村的发展关系，结合城市实际建立各具特色的发展模式。构建开放和弹性的城市发展空间，避免特大城市"摊大饼"式的发展方式和核心区的过度挤压。倡导混合型土地利用方式，控制经济活动对生态环境的不利影响。在规划建设过程中，注重处理好居住区、工业区、生态绿地、小城镇、山体、河流、森林、湖泊、农田等的关系，不能因为城市的发展而去盲目破坏良好的生态环境。在城市群范围内，必须实行严格的规划控制，采取各种得力措施，杜绝不合理的开发行为，重点保护基本农田、生态绿地、河湖水面和历史文物。

合理的分工协作体系　城市群的经济社会发展，通常建立在城市分工协作和彼此互为补充的基础之上，促使城市群的整体效益显著高于城市群的个体效益之和。中心城市产生聚集效应，进而发挥扩散效应，集聚与扩散相辅相成，促使一区域内的多个城市形成城市区域综合体。对城市进行功能定位并组建城市群，注重功能互补，推进地域分工，强化城市的优势，突出城市的特色。通过城市群内部的产业分工，分散特大城市过于集中的经济社会职能，促进中小城市的发展，同时加强城市之间的联系。城市群合理发展的关键，在于城市与产业发展的趋异互补，在于科学的劳动地域分工，在于群体效益大于个体效益之和。在城市群内部，各城市都有其比较优势和专门职能，城市之间相互关联，各种生产要素在城市群内部流动，促使产业和人口集聚，形成城市群的整体效应。在城市群发展的过程中，要以产业分工协作为核心，注重城市群内部的水平错位与垂直错位，产业功能配套与产业链的延伸，避免产业结构雷同，培育高效益的产业链、产业集群和产业基地。在城市间加强交流沟通，发展分工协作关系，采取错位发展，实现合作共赢，进而推动城市群的发展。

第三节 | 我国城市群建设生态化实践——以长株潭城市群建设为例

一、长株潭城市群基本情况

长株潭城市群位于我国南方长江流域，湖南省东中部，包括长沙、株洲、湘潭 3 个省辖市，浏阳、醴陵、湘乡、韶山 4 个县级市，宁乡、长沙、湘潭、株洲、攸县、茶陵、炎陵 7 个县，12 个市辖区，187 个建制镇和 79 个乡。东邻江西省，西靠益阳市和娄底市，北接岳阳市，南依衡阳市和郴州市。长株潭三市土地面积 2.8 万平方公里，2014 年总人口 1420 万。长株潭三市三足鼎立，建成区沿湘江呈"品"字形分布。长沙为北部中心，株洲和湘潭共同构成南部中心。

长株潭城市群位于我国中亚热带地区，气候温和，四季分明，冬寒期短，夏热期长，降水丰沛，热量充足，适宜于农业生产，是湖南水稻和经济作物的重要产区。地形相对平坦，平均海拔不高，长沙市东部、湘潭市西部、株洲市南部多山，其余地区多平原和台地。从土地利用现状结构来看，农用地要占到土地总面积的 82.6%，建设用地占 10.3%，未利用地占 7.1%。

长株潭城市群地处湘中偏东，联南接北，承东启西，是我国南方重要的"十字路口"，可谓东西逢源，南北策应，既得益于东南沿海的强劲辐射，又受惠于内陆市场的全面联动，是湖南经济社会发展的轴心区域。长株潭现有京广、浙赣、湘黔、石长等铁路交会，又有京珠、上瑞、长常等高速公路和 106、107、319、320 等国道经过，湘江和洞庭湖水运较为发达，长沙黄花机场系我国中部重要的航空港。京广高铁、沪昆高铁和规划建设的厦渝高铁在长沙交汇。长株潭现已形成由铁路、公路、水运、航空等多种运输方式所组成的交通运输网络。

长株潭城镇等级体系可划分为四个层次：第一层次是长株潭核心区，包括三市市区和一部分周边组团；第二层次是区域次中心城市，包括韶山、浏阳、宁乡、醴陵、湘乡、攸县、茶陵、炎陵 8 个市县；第三层次是 48 个重点乡镇；第四层次是 218 个一般乡镇。从空间结构来看，长株潭区域共有 3 个主中心组团、4 个次中心组团、15 个片区组团和 29 个小城镇组团，三市结合部为城市群生态绿心。

从空间结构来看，长株潭城市群具有以下特点：

三市建成区皆跨湘江发展，旧城区与新城区分工比较清楚，联系相对密切。三市都建立了高新技术开发区。三市还有比较大的拓展空间，可沿湘江、公路和铁路干线进一步拓展，具备比较大的开发潜力。①三市在空间上"三足鼎立"，建成区沿湘江呈"品"字形分布。长沙为北部中心，株洲和湘潭共同成南部中心。长沙、株洲、湘潭三市中心区彼此相距 20～30 公里，在中心区人口和产业高度密集，三市目前皆处于成长扩展阶段，相向发展的速度比较快。②交通运输发达，三市主城区沿交通干线呈楔形向外拓展。长株潭地区已形成由铁路、公路、水运、航空等多种运输方式组成的立体交通运输网。高速公路、铁路、国道、湘江等沟通了三市之间和对外的交通联系。③城乡一体化加速推进。在三市边缘区，建成区拓展迅速。许多乡村区域逐渐演化为城市区域，乡村—城市转型较为典型，乡村人口由第一产业向第二产业和第三产业大量转移。④三市结合部面临着沉重压力。由于三市建成区迅速扩大，以易家湾为核心的结合部地区承受着因城市拓展而造成的开发压力，生态环境破坏日益严重。三市生态绿心区域不断缩小。⑤湘江是长株潭一体化的生态主轴线。湘江把三市市区有机地联系起来，尤其是串联了许多风景名胜区和产业集群，应以此为基础建设湘江风光带和湘江产业带。但由于多方面的原因，湘江又是重金属严重污染的区域，株洲清水塘、湘潭竹埠港、长沙浏阳七宝山等地的重金属污染危害尤为突出。

长株潭城市群长期作为湖南省的社会、经济、文化、教育和科技中心。城市群现已形成以机械、电子、冶金、轻纺、食品、化工、制药、印刷为主体的综合工业体系。城市群教育科技实力雄厚，拥有 60 多所高等院校和为数众多的科研机构，是我国重要的智力资源密集区。全省半数以上的投资集中在这里，70% 的高科技人才和 80% 的生产要素集中在长株潭。2009 年 6 月 28 日，长株潭在全国率先实现通信一体化，三市通信同费同网，统一区号为 0731，固定电话由 7 位升为 8 位，可惠及湖南省 40% 以上的通信用户。

长株潭城市群一体化建设

长沙、株洲、湘潭三市在城市功能和空间形态上具有很强的关联性和互补性。长沙作为湖南省会、高新技术产业基地和国家历史文化名城，株洲作为全国重要的铁路枢纽和重化工业基地，湘潭作为重工业基地和红色旅游及文化旅游基地，在城市群一体化建设上具有坚实基础。

20 世纪 50 年代，有专家建议把长株潭三市连接成"毛泽东城"。20 世纪 80 年代初，湖南省社科院提出建立长株潭经济区的方案，得到省委省政府的重视和支持。1984 年，省委省政府批准成立长株潭经济区规划办公室，建立了长株潭经济技术开发协调会议制度。1980 年至 1989 年，三市间的联系日益频繁，三市在经济、产业等方面的协作不断加深，三市的建成区的扩张使得相互距离不断缩短。在此基础之上，长株潭一体化的理念被提出并受到政府的重视。

1990 年至 1999 年，长株潭城市群开始有了许多一体化动作。包括在三市结合部兴建工业园区、建设城际快速联系干道等。在这个时间段里，长株潭城市群已演化成了与今天的情况相类似的空间形态，即沿湘江布局的三个中心城市及多个发展组团所共同构成的多中心—组团模式。

1998 年，省委省政府对推进长株潭经济一体化进行总体部署，成立了长株潭经济一体化发展协调领导小组。2000 年，编制了交通、电力、金融、信息、环保 5 个基础设施网络规划，引导一体化的基础设施建设。同年，长株潭成为世行在中国首批开展城市发展战略研究（CDS）的两个城市群之一。

2000 年至 2007 年，长株潭城市群进入了一个高速发展的时期。科学发展观和建设和谐社会的思想成为其发展的指导，新型工业化、新型城市化成为其建设的具体形式。长株潭城市群开始向资源节约型、环境友好型的"两型社会"迈进。在这个阶段中，长株潭城市群更加注重城市的发展与环境的关系，开始谋求一条资源、环境、经济并重的发展之道。

2005 年，完成了《长株潭城市群区域规划》，着力构建现代化、生态化的网状城市群，该《规划》是我国内地第一个城市群区域规划。2007 年 12 月，国家批准长株潭城市群为"全国资源节约型和环境友好型社会建设综合配套改革试验区"。2009 年 1 月，国家正式批准长株潭城市群"两型社会"综合配套改革试验区建设方案。

二、长株潭城市群生态化建设的主要做法

（1）长株潭城市群"两型社会"建设

2007年12月，国家批准长株潭城市群成为资源节约型和环境友好型综合配套改革试验区。"两型社会"是指在社会生产、建设、流通和消费各个领域，在经济和社会发展各个方面，切实保护和合理利用各种资源，提高资源利用率，以尽可能少的资源消耗，获得最大的经济效益和社会效益，实现人与自然和谐发展、经济社会可持续发展。建设"两型社会"不是一般意义上的保护资源、节约资源，而是应坚持生产发展、生活富裕、生态良好的文明发展道路，实现速度和结构质量效益相统一、经济发展与人口资源环境相协调，使人民在良好生态环境中生产生活，实现经济社会永续发展。建设"两型社会"是一项庞大的系统工程，涉及生产、消费、流通等领域，涉及发展战略选择、观念更新、制度变革等因素。培育节约能源资源和保护生态环境的产业结构、增长方式、消费模式，需要政府、企业、居民、非政府组织等行为主体的积极作为与协作，需要各领域相关政策的支持和制度保障。

长株潭区域是开发程度较高的城市—乡村复合型生态系统，其空间布局的困难在于，株洲、湘潭为重污染的工业城市，但却位于长沙的湘江上游和夏季盛行风向的上风向。长沙的环境生态要求又明显地高于株洲、湘潭两市。因此，长株潭必须作为一个城市区域来统一规划，统筹建设，共同保护，综合治理，决不能各自为政，各行其是。现阶段可在湘江设置多道环境监测断面，规定严格的环境控制指标，要求各工业区域从严控制和抓紧治理，并落实责任制。重点治理区域包括株洲霞湾、湘潭岳塘和竹埠港。作为国家老工业基地和中部重要的城市群，长株潭正处于工业化中期阶段，资源环境消耗较大，土地、环境等瓶颈因素相对影响较大。对于湖南省来说，长株潭城市群"两型社会"建设至关重要，它将摆脱原有的城市发展方式，构筑一个规模宏伟、实力雄厚、结构新颖、具有国际品质、可持续功能突出的特大型城市群。

长株潭应采取相向发展、有序外延的拓展策略，搞好生态空间建设，形成多组团、网络化空间结构，即以快速交通干道为骨架，以公路、铁路、河流为网络，以航空港为窗口，辅以先进的商贸、物流和信息网络。三市三足鼎立，建成区沿湘江呈"品"字形分布，总体上形成一江、两岸、三城、多组团、

绿心的空间结构。一江指湘江，两岸指湘江两岸建成区，三城指长株潭中心城区，多组团指区域内的城镇集群，绿心指三市结合部。

长株潭三市的空间布局形式的未来发展，应是三足鼎立，其间隔以广阔的绿地农田和水面的空心化生态型城市群，三市之间拥有现代化的交通运输联系、信息网络联系和金融贸易联系。由这三个城市所构成的城市群，既能够充分发挥超大城市所特有的集聚效益和辐射功能，负担起全面带动湖南社会经济发展的重任，以至作为我国南方内陆的举足轻重的发展极；又可以卓有成效地克服大城市固有的城市病，避免人口和产业的过度拥挤并创造良好的人居环境。

湖南省重点建设"一江五区"，即湘江生态经济带（长沙月亮岛到株洲空洲岛，长 128 公里）和大河西、云龙、昭山、天易、滨湖五大示范区。①大河西示范区是以长沙高新、金洲等为核心区域的先进制造业走廊，重点发展机械制造、新能源、电子信息。②云龙示范区包括株洲云龙和清水塘，云龙重点发展先进制造业和临空产业，清水塘依托循环经济试点发展新型产业。③昭山示范区包括长沙暮云和湘潭昭山、易家湾、九华等地，建设生态宜居新城。④天易示范区位于株洲天元区和湘潭易俗河之间，重点发展机电制造、加工、环保、现代物流等产业。⑤滨湖示范区包括岳阳的湘阴和汨罗、望城的部分区域、城陵矶临港产业新区，建设长株潭产业转移承接基地、再生能源产业基地、绿色农产品生产加工基地和健康休闲服务基地。

近年，长株潭城市群要在 6 个领域取得突破：抓好规划的编制与实施；抓好综合交通基础设施建设；推进产业结构优化升级；抓好节能减排和生态环境建设；推进重点领域和关键环节的改革；推进环长株潭城市群（包括长株潭三市以及岳阳、益阳、常德、衡阳、娄底五市，简称"3＋5"）的建设。

表 3 - 1　长株潭城市群发展规划体系

发展思路	紧紧抓住国家促进中部崛起和建设社会主义新农村的战略机遇，围绕建设资源节约型、环境友好型的城市群，进一步解放思想、深化改革、扩大开放，推进长株潭城市群科学发展、协调发展、和谐发展。
发展定位	全国资源节约型和环境友好型建设的示范区，湖南新型工业化、新型城市化、农业现代化的引领区，中部崛起的核心增长极，具有国际品质的现代化生态型城市群。

规划宗旨	国际品质，顶层设计
节能减排	作为国家老工业基地，长株潭城市群重化工业比重仍然偏高，株洲重金属污染区面积达 274 平方公里，湘江水体污染严重威胁着三市居民的饮水安全。湖南将加快城市群产业结构调整，加大节能减排力度，大力培育和发展"两型"产业，加快建立低投入、高产出，低消耗、少排放，能循环、可持续的产业经济体系。
湘江治理	长株潭三市沿江分布，城市所用水源 90% 依赖湘江。2008—2020 年规划建设长株潭核心区湘江风光带 156.3 公里，其中长沙片 78.7 公里、株洲片 42.7 公里、湘潭片 34.9 公里。湘江风光带将被建设成堤防安全稳固、具有明显的生态良性循环特征、景观环境优美、适宜休闲居住、城乡一体化的生态绿谷、景观项链、经济走廊、湿地公园。
林业生态圈	城区绿美相融、城郊森林环绕、城外绿海田园的城市森林体系，自然与城市和谐共处。
环长株潭城市群	湖南要通过环长株潭城市群的建设，谋求城乡统筹发展。环长株潭城市群是指以长株潭为中心，以一个半小时通勤为半径，带动包括岳阳、常德、益阳、娄底和衡阳在内的城市群的建设发展。
2020 年	长株潭三市核心区人口达 1000 万，其中长沙市 550 万，株洲市 240 万，湘潭市 210 万，成为我国南方的强大增长极；建成在全国有重要影响的空间布局合理、城市功能健全、基础设施完善、产业特色鲜明、人居环境优美的现代化、生态型的城市群，成为国家新的经济增长极，资源节约、环境友好型城市群的样板和典范。届时长株潭经济总量要占到全省一半以上，城市化率达到 82% 。

（2）长株潭城市群生态环境建设

考虑到生态功能的相似性与生态环境的差异性，将长株潭城市群的全部国土范围划分为一级生态屏障体系、二级生态屏障体系、重点灾害防治保护区和重点生态整治区四个级别。①一级生态屏障体系主要由城市群东北部和南部的自然山体、国家级生态公益林、列为重点保护对象的森林公园、湿地公园、自然保护区、风景名胜区等共同形成的自然山水生态网络构成。一级生态屏障是构成长株潭城市群生态系统的主体，是长株潭维持系统生态平衡、抵御生态灾害侵袭的关键。②二级生态屏障体系主要由省级以下的生态公益林、森林公园、风景名胜区、山间和丘间的水系林网、主要道路林网、农田林网以及城市各类自然保护区、湿地公园、森林公园、片状林地等以人工生态林为主的生态绿地构成。③重点灾害防治保护区主要包括湘江干支流沿线洪涝灾害重点防治区域，以及城市群东北部、西南部的地质灾害重点防治区域。④重点生态整治区主要包括湘中红壤丘陵水土流失重点治理区和湘东南山地水土流失重点预防保护区中与其他生态屏障分区未重叠的部分。

在长株潭良好生态外围和巨大绿环背景下，长株潭国土生态屏障体系主要由郊野森林植被、江河湖洲湿地等自然生态系统（即一级生态屏障）和城市绿地、生态廊道等人造生态系统（即二级生态屏障）两部分组成。山脉水系是骨架，森林绿地是主体，湿地是重要支撑，纵横交错的防护林带为城乡生态斑块的连接纽带，共同构建长株潭"一心一带"、"三团多点"、"多廊道穿连"、"多斑块镶嵌"的国土生态屏障网络。

一心一带　"一心"即长株潭生态绿心区，位于长株潭三市城际结合地带，总面积 522 平方公里，以昭山为中心，向周边辐射。其中，长沙 305 平方公里，株洲 83 平方公里，湘潭 134 平方公里。按照《长株潭城市群生态绿心地区总体规划》，绿心区空间范围基本以三市规划建成区边界为基准，北至长沙绕城线及浏阳河，西至长潭高速西线，东至浏阳柏加镇、长株高速公路，南至湘潭县梅林桥镇、株洲群丰镇，具体参照现状明显的地物和规划主要交通道路划定，涉及长株潭三市的 18 个乡镇。绿心区内丘岗起伏，森林、田园、湖泊、村落交织，森林覆盖率 48.4%，生态环境基底良好；目前，其规划发展定位为"生态文明样板区、湖湘文化展示区、'两型社会'创新窗口、城乡统筹试验平台"，最终建设成为具有国际品质的都市绿心；绿心区位于三市城际结合地带，能较好地发挥生态防护、隔离功能，以阻隔三市发展过度连绵成块状、饼状，为城市群提供生态安全屏障，发挥"绿肺"作用。"一带"指湘江干流沿岸防护林风光带，是由南向北贯穿整个城市群的区内最大江河水系生态屏障。湘江风光带建设与防洪工程建设相结合，保持河岸的开敞状态。重点加强绿化美化，建设湘江两岸为山水如画、洲岛秀美、名胜荟萃的绿地生态景观，把湘江风光带建设成堤防安全稳固、景观环境优美、具有明显生态良性循环特征的生态绿谷、景观项链。

三团多点　是指长沙、株洲、湘潭三个中心城市和辖区 12 个县城城镇绿地及近郊生态圈组成的城镇生态绿地系统，是典型的复合型生态基底，由城区及近郊保留下来的自然生态绿地和新城开发后恢复重建的人工生态绿地两部分组成。随着城市开发的持续发展和空间规模的不断扩大，自然生态基底面积呈下降态势，新城人工再建绿地则持续增加。城市发展的过程，就是两类生态基地、生态系统此消彼长、不对称动态变化的过程。城区内部及城郊原生态基地和自然山水景观是城镇近郊区国土生态屏障的核心要素，是维护长株潭城市群生态系统稳定的基本保证；人工恢复重建生态绿地是保障区域生态安全，维持城市群生态系统处于良好状态的重要支撑。长株潭城镇绿地系统建设应从可持续发展的战略高度出发，尽可能多地保留和保护天然原生态景观，对新开发区进行高标准、高规格的生态修复与园林绿化重建，并努力维持"补大于占"的消长动态关系，最大限度地发挥城镇及近郊绿地系统的生态屏障功能。

多廊道穿连 是指丘岗山地植被斑块所组成的郊野生态屏障，通过纵横交错的生态廊道（绿色通道和江河溪渠风光带）贯穿连接，将城乡生态斑块连接为一个整体。生态廊道主要分为两类：一是陆地绿色生态廊道网络，包括天然或人为设置的"植被斑块"之间的联系生态廊道、城市之间的绿化生态隔离带、道路溪河渠堤组成的绿化防护林带（网）等，以江河生态风光带（含堤防、洲岛及两岸防护林带）、绿色通道为主体；二是江河水系（含湖泊洲岛与水库）湿地生态廊道网络，以长株潭湘江干流、主要支流（浏阳河、捞刀河、涟水、涓水等）、湖泊水库等天然湿地为主体。生态廊道个体多为线状，整体呈网状分布。作为长株潭郊野自然生态系统和城市人工再建生态系统的连接纽带，城乡生态走廊发挥内连外延、廊道沟通、互相补充的生态调节作用，是确保城市群生产生活水源、疏导防洪滞洪、营造生态防护林网、维护生物多样性、防御自然灾害、维持区域土地生态安全的重要生态屏障网络。

多斑块镶嵌 是指广阔的生态田园和众多的生态村庄镶嵌在城乡之间，共同组成基本趋于稳定的生态系统，维护区域生态安全格局。生态斑块布局主要有三种类型：大型植被斑块——以郊野森林植被为主体，以各级生态公益林、森林公园、风景名胜区、自然保护区和商品林区的森林植被为主要对象；小型植被斑块——以城镇绿地系统（包括城市公园绿地、防护绿地、附属绿地、生产绿地、其他绿地为主）、乡村人居绿地等为主体；乡村生态田园——以远近郊区的农田、蔬菜地、花木基地、经济作物园地为主。

长株潭生态屏障网络体系构建，应以绿色通道、江河风光带、防洪景观道路、公益林保护为重点，加强生态廊道建设；通过串联区域水系、丘陵山体、各类生态园区和生态廊道，促进生态"节点"、"斑块"、"网络"间的内在生态联系，构筑城市群生态防护屏障和绿化隔离带，维护生态稳定和生物多样性；保护与开发兼顾，合理布设生态用地、农业用地和建设用地规模，留足森林、湿地和城镇绿化用地，合理利用生态空间；加快城乡绿化建设，郊野森林、湿地环抱中心城市，城区绿地系统点缀都市景观，生态田园、生态村庄镶嵌其间，形成外楔内延、内外环抱、多层次、多功能、复合型的国土生态屏障网络格局。

长株潭"绿心"规划

　　长株潭三市市区之间的绿心地带，位于三市结合部，土地面积 522 平方公里，包括石燕湖森林公园、昭山森林公园、五云峰森林公园、红旗水库自然保护区、法华山森林公园、马家河白鹭保护区、金霞山森林公园等，具有改善城市群生态环境、保护生物多样性、开展休闲观光旅游等多种功能。绿心地带涉及长沙的暮云、跳马、大托和坪塘，株洲的云田、龙头铺和仙庚，湘潭的易家湾、昭山和九华。这里自然风光秀美，生态环境良好，经济区位优越，路网四通八达。昭山为湖南风景名胜区，"山市晴岚"系"潇湘八景"之一。三市结合部农田、水面、森林、丘陵较多，在规划建设的过程中，要尽量保持原生态，营造城市群的绿心，开发强度不宜过大。

　　该区域充分利用丘陵与盆地交错、田园与湖泊青山交织的良好生态环境，切实保护生态基底，充分发挥屏障功能，侧重发展一部分环境友好型产业，创新城乡建设的发展模式。结合部的开发，应综合三市现有的优势，以现代服务业为主体，重点发展高层次第三产业和文化产业，比如会展、动漫、印刷、博览、休闲、旅游、餐饮等。项目准入门槛要高，严禁上马污染型企业。结合部的规划建设，应引导长株潭城区相向发展，尤其是高新技术产业和现代服务业的集聚，但并不主张三市建成区的对接融合，而务必保留有足够的生态绿地，并把绿心地区建设成城市群的重要功能区与三市联结纽带。在此除生态建设、景观保护、土地整理和必要的公益设施建设外，不得进行其他项目建设，不得进行开山、爆破等破坏生态环境的活动。

　　以湘江为生态轴，建设高品质的宜居城市群。湘江是长株潭的母亲河，洲岛绵延，胜迹众多，三市依江而建，滨江发展，融自然景观与湖湘文化于一体。长株潭区域是开发程度较高的城市—乡村复合型生态系统，其空间布局的困难在于，株洲、湘潭为重污染的工业城市，但却位于长沙的湘江上游和夏季盛行风向的上风向。长沙的环境生态要求又明显地高于株洲、湘潭两市。因此，长株潭必须作为一个城市区域来统一规划，统筹建设，共同保护，综合治理。现阶段可在湘江设置多道环境监测断面，规定严格的环境控制指标，要求各工业区域从严控制和抓紧治理，并落实责任制。重点治理区域包括株洲清水塘、湘潭竹埠港和长沙浏阳七宝山。可把湘江作为联结三市的生态纽带，建设高品质的湘江风光带和湘江产业带。株洲滨江地带，湘潭易家湾和昭山，长沙岳麓山、橘子洲、三叉矶、月亮岛、铜官以及浏阳河、捞刀河等，可共同开发为山水景致秀美、文化内涵丰富的滨江风光带。在三市一体化建设的过程中，要充分尊重城市历史，刻意营造文化氛围。三市之间，新城与老城之间，城市与周围的环境景观之间，要注重协调呼应，充分展现名江、名洲、名山、名城、名人的特色。

表3－2　长株潭城市群主体功能分区

功能区	所在区域	相关举措
优先开发区	长沙河东中心城区、湘潭河西城区、株洲河东城区等老城区。	严格控制容积率和开发密度，实行产业置换，对不符合功能区要求的企业进行改造或外迁，优化产业结构，实现增产减污。
重点开发区	长沙河西先导区、星马新城、株洲河西城区、湘潭河东城区，长株潭的经济技术开发区，以及重点城镇、城乡结合部。	禁止新建能耗大、污染重的冶金、化工、造纸、水泥、火电等企业，加强污染治理力度，实现增产不增污。
限制开发区	各类宜农土地、坡度15～25度的丘陵山地、生态脆弱地区、湘江风光带、三市城市总体规划中明确限制和控制蔓延的区域。	结合湘江生态经济带建设，调整沿江区域的产业布局，将分布在三市中心城区和沿江地带的工业企业逐步外迁至三市总体规划布局的新工业区。
禁止开发区	三市饮用水水源保护地、自然保护区、森林公园、湿地公园、重点公益林地、坡度25度以上的高丘山地、泄洪区、滞洪区、集中连片的基本农田保护区等。	根据相关法律法规实行强制性保护，严禁不符合功能定位的开发活动，构建长株潭城市群的生态屏障和休闲度假旅游胜地。

（3）长株潭城市群产业建设

长株潭城市群产业建设的基本思路是：创新驱动，统筹协调，错位发展，互动共赢。大力发展"两型"产业，积极培育战略性新兴产业，运用现代科技改造传统产业,抓紧淘汰高消耗、高排放、高污染、低效益的传统产业,优先发展绿色经济、循环经济和高技术产业。引导项目向优势区域集聚,引导项目向循环园区集中,狠抓重点项目,培育龙头企业,创立名牌产品,壮大产业集群,构建生产要素互补、上下游产业配套、横向成群、纵向成链,集聚化、集约化、集群化的产业发展格局。

优化调整产业结构,建设高效益的城市群产业体系。结合"两型"建设要求,推进三市错位发展,构建高效益的产业体系。积极培育新材料、新能源、电子信息、航空航天、生物医药、工程机械等产业集群,改造提升钢铁、化工、有色等传统产业。建设一批基础设施完备的产业园区,引导优势产业向园区集聚,建立分工合作的产业体系。长沙侧重发展工程机械、汽车及零部件、电子信息、新材料和生物技术;株洲侧重发展有色、轨道交通、航空、精细化工和食品;湘潭侧重发展汽车、新材料、机电一体化、农产品深加工。大力培育文化产业,将传媒出版、动漫、旅游、报业、休闲娱乐等部门做大做强。

表 3-3 长株潭城市群产业集群布局

类型	名称	集群分布
优势产业和高新技术产业集群	新材料产业集群	长沙高新区、长沙经开区、株洲高新区、湘潭高新区
	新能源产业集群	湘潭高新区、湘潭风电产业园、株洲风电产业园、长沙光伏产业园
	电子信息产业集群	长沙高新区、长沙经开区、株洲高新区
	航空航天产业集群	株洲高新区、长沙航空工业园
	生物医药产业集群	长沙生物医药产业基地、隆平高科技园、长沙高新区
	汽车及零部件产业集群	长沙经开区、湘潭九华、株洲栗雨、长沙环保工业园
	工程机械产业集群	长沙经开区、长沙高新区
	轨道交通产业集群	株洲田心高科技园、株洲董家塅高科园

类型	名称	集群分布
改造提升的传统产业集群	湘潭宽厚板优质高线及深加工产业集群	湘钢、湖南铁合金集团
	长沙铝材深加工产业集群	湖南晟通科技、经阁铝业
	株洲铅锌硬质合金及深加工产业集群	硬质合金集团、株冶
	株洲基础化工产业集群	株化、智成化工
	长沙精细化工产业集群	海利高新、湘江涂料、丽臣实业
特色产业集群	陶瓷产业集群	醴陵市陶瓷工业园
	花炮产业集群	浏阳市花炮工业园
	烟草产业集群	长沙市
	粮油乳茶集群	湖南高科技食品工业园
	肉乳加工集群	株洲栗雨工业园
	肉莲槟榔集群	湘潭先锋工业园

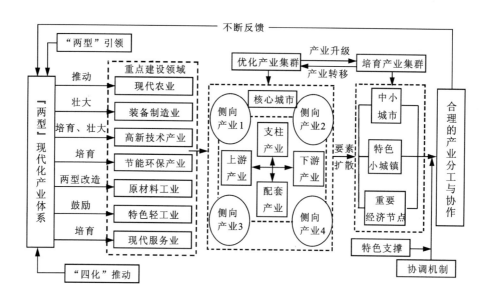

图 3-1　长株潭城市群产业发展模式

表 3 - 4　长株潭城市群产业结构优化调整

五个结合
产业发展与资源环境相结合　以长株潭城市群"两型社会"建设为契机，大力发展"两型"产业，强化资源能源节约和环境生态保护，不断提高产业发展的质量和效益，走科学文明发展的道路。
制造业与生产性服务业相结合　生产性服务业是先进制造业和现代服务业融合发展的重要体现。通过不断提高自主创新能力和产业国际竞争能力，加快向生产环节两端延伸，以生产性服务业为切入点和突破口，推动服务业的快速发展，实现二、三产业的融合发展。
高新技术产业与传统优势产业相结合　在大力发展高新技术产业的同时，运用高新技术改造提升烟草、花炮、陶瓷、石化、造纸等传统产业，实现发展高新技术产业与传统产业高新技术化并举的发展格局。
新型工业化与信息化相结合　新型工业化是转变经济增长方式的根本途径，是湖南实现富民强省的必然选择，必须坚持以信息化带动工业化，以工业化促进信息化。
技术密集型产业与劳动密集型产业相结合　在大力发展技术密集型高新技术产业的同时，积极发展以劳动密集型和资源密集型为主的高新技术产业，实现发展高新技术产业与扩大社会就业和加强资源综合利用的协同发展。

五个重点
突出自主创新为核心推动力　把增强自主创新能力放在产业创新发展的首位，充分发挥长株潭城市群的科技教育优势，通过原始创新、集成创新、引进消化吸收再创新，掌握更多的核心技术，形成一大批拥有自主知识产权的名牌产品，支撑优势产业集群快速发展。
突出新型工业化为重要标杆　推进产业提升就是要以信息化带动新型工业化，通过"两新两配套"，加快推进长株潭城市群的新型工业化进程。抓好高新技术开发与成果转化，培育一批能够形成支撑我省未来的新兴产业，抓好新技术的开发应用，改造提升传统产业；以技术配套促进产业的配套，以科技型中小企业的创新能力建设提高区域产业竞争力。
突出新型产业业态为重要目标　通过产业调整提升和产业创新，提高产业在价值链中的地位，形成一批有效支撑城市群发展，附加值高、资源消耗低和环境友好的新的现代产业，构建现代产业体系。概括地说，就是传统产业新型化、高新产业规模化、优势产业集群化，即以信息化带动传统优势产业的优化升级，大力发展高新技术产业、现代服务业、现代农业、文化产业等新兴产业，大力推进信息化与工业化融合，培育一批具有创新能力、竞争能力和经济贡献能力的名牌产业、名牌企业和名牌产品。

突出园区和特色产业基地为主要载体 以园区为载体，促进产业配套，实现产业聚集，培育特色产业，提高产业效率，培育产业品牌，提升产业竞争能力。

突出长株潭核心区为优势增长极 发挥长株潭核心区的资源优势、产业优势和辐射带动优势，积极推进新型城市化与产业发展的良性互动，实现长株潭核心区的优先发展、重点发展、跨越发展。

五个转变

在产业发展的目标上 由单纯地追求经济规模向集聚发展转变，通过培育高效益的产业链、产业集群和产业基地，优化产业结构，形成产业高效集聚发展的新格局。

在产业发展的途径上 由粗放型向资源节约型和环境友好型转变，提高产业发展质量，促进经济、环境和社会的和谐发展。

在产业区域的布局上 由各城市独自布局向城市群整体布局转变，形成城市间特色鲜明、差位竞争、优势互补、协同推进的新格局。

在产业竞争能力的培育上 由传统的地价、优惠政策的竞争向区域创新能力的竞争转变，提升区域创新能力，增强产业发展的配套能力，形成城市群发展的整体竞争能力。

在产业推进的方式上 由单一地依靠招商引资向招商引资与培育自主知识产权的中小企业相结合，由单一地抓标志性企业向抓标志性企业与抓成长性产业企业相结合，由单一地依靠自身积累投入向自身投入与利用外部资源相结合，由单一地依靠政府力量向政府引导与市场主导相结合的方式转变，实现各种资源有机整合、多种举措协力推进的新局面。

随着"两型社会"、低碳经济、新型工业化的推进，高能耗、高物耗的传统产业类型已难以适应时代发展的需要，应加大产业结构优化调整的力度，建立分类引导的产业发展导向机制，推动产业结构优化升级。具体而言，即以高新技术为支撑，优先发展区域优势产业；积极培育战略性新兴产业、高新技术和现代服务业；改造提升传统产业；限制和淘汰高能耗、高物耗，低效益的产业类型，从而推动区域产业结构优化升级。

结合国家战略性新兴产业规划、湖南省战略性新兴产业总体规划纲要和长株潭产业发展实际，长株潭城市群应率先发展七大重点战略性新兴产业，即先进装备制造、新材料、新能源、文化创意、信息、生物和节能环保产业。

表 3 - 5 长株潭城市群战略性新兴产业和高新技术产业发展要点

战略性新兴产业	
先进装制造	包括工程机械、轨道交通、新能源汽车、智能输变电、航空航天、数控装备、高技术船舶、汽车及零部件等。发挥比较优势，突破关键环节，实现成套装备的智能化、高端化和网络化。
新材料	加大对动力电池及材料、碳刹车材料制备技术和铝资源高效利用与高性能铝材制备技术的开发力度。大力发展复合材料、纳米材料、智能材料、高性能结构材料、新型功能材料、新型储能材料、新型超硬材料和化工新材料。
新能源	包括风电装备、智能电网、核电辅助装备、太阳能综合利用、生物质能源装备、地热能及其他新能源等。开拓太阳能光伏、光热发电市场，提高风电技术装备水平，推进高端输变电装备数字化和网络化，加快智能电网建设。
信息	包括数字化整机产品和新型元器件、太阳能光伏开发和半导体照明、软件和集成电路、信息服务外包、互联网经济和移动电子商务、新一代网络和"三网融合"、物联网和物流信息服务、网络与信息安全等。
生物	以中药材种植、中成药、生物农药、转基因技术和新型医疗器械等领域为重点，培育生物产业集群，形成生物医药、生物环保和生物农业为主导的产业结构。突出发展优势中成药和中药饮片，加快干细胞技术产业化。运用航天育种、分子育种、核育种和转基因育种技术，培育高产高抗新品种。
文化创意	发挥湖湘文化特色，走规模化、差异化和精品化的道路。运用数字媒体、数字出版等科技，促进文化创意产业向高端化、网络化、数字化方向发展。构建以广播影视、创意出版、动漫游戏、网络及新兴文化业态为主导，相关产业联动发展、结构优化的文化创意产业体系。
节能环保	重点发展大气污染控制、水污染控制、固体废物处理处置、废物资源综合利用等设备，以及建筑节能、工业节能、生活节能等产品，以大型节能环保产品和环保技术服务带动节能环保产业发展。重点实施工业节能、建筑与生活节能、固体废物综合利用、"城市矿产"、绿色再制造、重点污染源治理、农村环境综合整治、节能环保产业培育等工程。
高新技术产业	
太阳能光伏	整合中电 48 所、中一新能源、湖南科力、杉杉新材料、湖南光伏能源、曙光电子等企业，统筹长沙光伏产业的发展，形成硅矿石—工业硅—多晶硅（单晶硅）—硅片—电池片—电池组件—太阳能应用产品及光伏发电系统的完整产业链。

工程机械	整合中联重科、三一重工、山河智能、长沙矿山研究院等，引进核心零部件配套厂家，提高本地配套率，实现关键技术的重大突破，打造全国规模最大、水平最高的工程机械生产基地。
软件与信息服务	建设好国家软件产业基地和服务外包基地。加快长沙中电软件园项目建设，力争6年投资30亿元、园区产值300亿元。加快发展基础软件、嵌入式软件、工业软件、行业应用解决方案、信息服务外包、IC设计、数字动漫等行业。
航空航天	以株洲航空产业园、长沙航空工业园为核心，以中航飞机起落架、博云新材、长沙鑫航和南方航空动力机械等为核心企业，重点发展飞机、直升机、小型无人机、航空发动机、辅助动力系统、飞机起落架及机轮刹车系统等航空产品，以及小型卫星、近空间飞行器、导航系统、遥测遥感系统等航天产品。

2014年底，国家正式批准长沙、株洲、湘潭三个国家高新技术产业开发区共同建设国家自主创新示范区，努力打造成为创新驱动发展引领区、科技体制改革先行区、军民融合示范区、中西部地区发展新的增长极。国家自主创新示范区是以国家高新区为核心载体，在推进自主创新和发展高新技术产业方面先行先试、探索经验、示范带动的区域。基本定位是发挥先行先试优势，加强在技术转移、成果转化、股权激励、科技金融等方面政策措施的探索，建设世界一流高科技园区。

长沙、株洲、湘潭三个国家高新区科技绩效突出，创新成果显著，涌现出超级稻、超级计算机等一批世界级的科技成果。2010—2014年，长株潭国家高新区高新技术产业增加值年均增长36%以上，居全国首位。长株潭创造了湖南70%的科技成果，实现全省60%以上的高新技术产业增加值，国家科技奖励数连续多年保持全国第5位。

长株潭国家自主创新示范区要结合自身特点，拟积极开展科技体制改革和机制创新，在科研院所转制、科技成果转化、军民融合发展、科技金融、文化科技融合、人才引进、绿色发展等方面先行先试。

（4）长株潭城市群排污权交易制度建设

为了解决日益严重的环境问题，开始时是政府直接干预，用行政命令来推行环境保护政策。但后来人们发现，运用行政手段保护环境，具有成本高、效率低、难度大的特点，并普遍导致企业的抵触情绪。在这样的背景下，经济手段日益为社会各界所重视，其中有两种政策手段备受推崇。第一种是排污收费，亦称排污税，即向排放污染物的单位收取费用。1972 年，国际经济合作与发展组织（OECD）环境委员会提出了"污染者付费原则（PPP）"，这一原则后来得到了人们的普遍承认。我国从 20 世纪 70 年代末期实行排污收费制度。第二种是排污权交易，是指根据某一特定地区的总排放水平或根据一定的环境标准，确定废弃物排放总量，然后向各个污染源分配排污许可证，准许各个许可证持有者相互购买或出售排污许可证。排污权交易推出时间较短，在发达国家普遍推广，但在我国还应用得比较少。

美国排污权交易主要有三种模式：排污权削减信用模式、总量分配模式、非连续排污削减模式。排污削减信用模式是指污染源主动采取措施，使其污染物排放量低于允许排放量，从而产生排污削减信用。总量分配模式是指政府将有限的排污权发放给污染源，污染源所获得的排污权可以使用，也可以进行交易，还可以储存。非连续排污削减模式是指真实的排污削减，是指污染源由于对污染的控制而实际减少的排污量。

德国排污权交易主要基于以下考虑：限制二氧化碳排放，减少温室气体，避免产业制裁，促进发展新技术，提升国际竞争力，谋求经济与环境的双赢。德国排放权交易现已形成相对完整的法律体系和管理制度，诸如《温室气体排放交易许可法》（2004 年 7 月生效）、《温室气体排放权分配法》（2004 年 8 月生效）等。

我国排污权交易首先应用于水污染领域，1985 年上海市在黄浦江上游水源保护区和准水源保护区实行总量控制和许可证制度，1987 年开始排污权交易尝试。随后北京、浙江等地也进行了水污染排放的有偿转让。1990 年 7 月，国家环保局制定了《排放大气污染物许可证制度试点工作方案》。1993 年 3 月，国家环保局决定以太原、柳州、贵阳、平顶山、开远、包头等市为大气污染物排污交易试点城市。2008 年 9 月，天津排放权交易所正式成立。

结合长株潭"两型社会"建设，可考虑在城市群实行排污权交易制度。在长株潭对排污权交易开展先行先试，有利于环境污染的综合整治，有助于丰富排污权交易的理论内涵。我国治理环境污染多从行政层面着手，运用长株潭的先行先试权，推行排污权交易制度，就市场经济层面而言，无疑具有重要现实意义和引领示范作用。

　　排污权交易是根据某一地区的总排放水平或特定环境标准，确定废弃物排放总量，然后向各污染源分配排污许可证，准许许可证持有者相互出售转让。最初的排污权交易包括四种政策类型，即补偿、气泡、净得和排污银行，它们与"排污减少信用"有关。排污减少信用是指污染源通过治理排污点，使其治理总量高于法定责任规定的水平，得到的超量减排的部分。排污减少信用可以存入银行，也可以在补偿、气泡和净得政策中使用。排污减少信用必须得到有效证明，确认排放的减少是盈余的、可实施的、永久性的、可定量的。

　　排污权交易具有以下特征：①从宏观层面来看，排污权交易减少了污染物的排放，保护和改善了环境。从企业层面来看，出售排污权的一方获得了经济效益，购买排污权的一方因购买成本低于自身治理成本，也获得了经济效益。从社会层面来看，排污权交易促使全社会污染物排放量趋于减少，社会资源得到优化配置。②排污权具有一定价值且可转让，排污权出售方设法减少污染以出售更多的排污权，排污权购买方为了减少排污权购买成本，也通过技术改造降低污染排放。③与传统的排污收费制度相比，排污权交易可更快地达标。在排污权交易中，区域内污染物的排放总量是一定的，可允许排污权在企业间进行转让，鼓励企业加强技术改造，壮大低污染型的企业，淘汰高污染型的企业，从而加速新型工业化进程。

　　长株潭城市群建立排污权交易制度的必要性主要体现在以下方面：

　　是长株潭"两型社会"建设的需要。长株潭是国家级"两型社会"建设试验区，其建设目标就是要实现资源节约和环境友好。就排污权交易制度来说，环境产权作为一种产权得以确认，排污权就像原材料、资金等生产要素一样，进入经济发展领域，要求企业节约资源能源，改进生产技术。排污权交易制度作为保护环境的有效手段，对于减少污染物排放，保护生态环境具有重要作用。

　　有利于城市群经济从粗放型向集约型转变。长株潭城市群属于我国的老工业基地，多年来，株洲、湘潭两市重化工业造成严重的环境污染，近些年长沙工业发展势头迅猛。在此形势下，大力推进排污权交易制度，有利于企业重视环境保护问题，通过技术改造、产业升级来搞好节能减排，尤其是大量采用新设备和新工艺，促使城市群经济从粗放型向集约型转变。

有助于建设生态宜居城市群。长期以来，长株潭一直是国内酸雨严重危害的区域，水体污染和重金属污染都很突出，对人居环境造成一定威胁。实行排污权交易制度，有利于企业减少污染排放，有利于社会各界的广泛监督，污染严重的企业将不得不抓紧治理污染，或者停产转型。这些因素都有利于生态城市和宜居城区的建设。

有利于完善市场经济体制。目前，我国产权制度逐步完善，为排污权交易的全面实施提供了可靠保障。排污权交易是运用经济手段来解决环境问题，需要市场机制和价格体制对排污权进行优化配置。长株潭城市群属于国家先导性示范区，应作为我国排污权交易的重要试验区域。

长株潭城市群排污权交易制度设计的内容主要包括：

长株潭作为"两型社会"综合配套改革试验区，在体制机制改革方面具有一定的先行先试权，可在排污权交易方面进行探索尝试。结合长株潭城市群实际情况，可考虑选择总量分配模式。目前长株潭实行污染物总量控制和排污许可证制度，在此框架下推行排污权总量分配模式具有一定的优势，不仅可以减少排污权交易成本，还能够保持现有制度的连贯性，提高政策的可行性。长株潭处于高速发展阶段，对主要污染物必须进行总量控制。以总量为约束进行排污权的发放和交易，符合"两型社会"建设的要求。

确定总量多采用目标总量控制法，它是根据一定的环境目标或污染物减排目标，来确定污染物的排放总量或减排总量。污染物排放总量的确定，需要综合考虑环境容量、发展水平和污染控制目标，确保经济与环境的协调发展。在确定污染物排放总量的基础上，要把排污权向各个污染源进行初始分配。在长株潭城市群，除工业污染外，还有生活污染和农业污染。由于生活污染和农业污染相对分散，其排污权可由专门机构集中管理。可为经济持续发展保留一定的排污权。各污染源的排污权是一个动态变量，环保部门可酌情予以适时调整。排污权交易实施的前提是对企业排污量的准确监测，它涉及科学监测与公平监测。为了保证排污权交易制度实施，应明确掌握排污单位的实际排污量。

实现排污权交易，就要建立排污权市场，以实现排污权的优化配置。在此领域长株潭可先行先试，率先建立排污权交易市场。近期可在长株潭核心区域建立排污权交易市场，待发展成熟后再拓展到"3 + 5"城市群的五个外围城市。鼓励长株潭不同行业之间开展排污权交易，以此推进城市群产业结构优化。就排污权交易的供给方面来看，需要激活长株潭排污权交易的二级市场，增加排污权交易的供给。改善排污权需求结构，严禁某些企业操纵排污权市场，环保部门参与排污权交易市场，购买排污权并进行注销。使得排污权的总量逐步减少，引导污染源对排污权的节约使用。

排污权交易具有双重目的，一方面要满足经济效益的目标，另一方面要满足环境效益的目标。长株潭排污权交易市场的建设，需要维护其公平性和竞争性，可采取缴纳保证金、追加罚款、设立标准化合约等方式来实现。需要制定一系列交易规则，涵盖污染补偿、非退化性补偿和污染变化补偿等方面。交易规则下排污权交易比指令控制下污染控制的费用效果要好。在长株潭绿心、湘江风光带、风景名胜区等区域，可出台限制性的污染补偿规则。

排污权交易作为一种经济管理手段只有在被纳入法律规范的前提下，才能真正地在实践领域发挥其作用。湖南省人大可通过立法形式，明确长株潭城市群的环境产权，在此基础上建立排污权交易制度，以保证排污权及其交易的合法化。针对排污权交易制度建设，长株潭政府应侧重于管理、协调和监督。现阶段可采取如下举措：成立长株潭环境管理委员会，对城市群的环境实施统一监管；建立健全环境监测制度和环境登记制度；对排污权交易市场加强引导和调控；建立健全排污权交易市场的法律法规，将排污权交易制度纳入法律范畴；加强针对排污权交易的金融体系建设。

提高排污权交易的经济收益，是激励企业进行超额减排的重要动力。在政策设计时，要扩大排污权交易的参与者，并降低排污权交易的成本。在长株潭总排放目标设置上，设定较高的减排目标，减排幅度越大，环境效应越显著，也就越有可能避免产生不利的环境效应。

（5）时间表与路线图

依据长株潭城市群"两型社会"的目标体系，城市群建设包括城镇化水平、体制机制、城市管理、基础设施、公共服务、空间布局、城镇体系、产业支撑、"两型社会"建设、城乡统筹发展等方面，其推进时间表应结合城市群发展目标分阶段实施，大致上可分为转型发展期、加速发展期、巩固提升期三个阶段。

表 3 - 6　长株潭城市群建设时间表

建设方面	转型发展期 （2014—2017 年）	加速发展期 （2018—2020 年）	巩固提升期 （2021—2030 年）
城镇化 水平（%）	62	68	75
体制机制 建设	以关键体制机制建设为重点，力争取得明显进步。	全面推进城镇化发展体制机制建设，力争取得全面进步。	进一步发展完善相关体制机制，确保适应城市群发展要求的体制机制完全建立。
城市管理 完善	积极推进城乡规划建设管理水平的提升，获取显著进步。	全面推进城乡规划建设管理水平的提升，力争取得较大进展。	城乡规划建设管理水平基本完善，在全国起示范表率作用。
基础设施 建设	确保项目推进，初步建立适应城市群发展需求的基础设施网络。	基本建立覆盖城乡的基础设施网络体系。	全面形成高效便捷的城乡一体化基础设施网络体系。
公共服务 完善	大力推进城乡公共服务设施建设，确保取得明显进展。	基本建立覆盖城乡的综合性的公共服务体系。	全面建成高效便捷、城乡一体化的公共服务设施网络体系。
城镇空间 格局建设	初步建立适应新型城镇化发展要求的城镇空间网络体系。	基本建立适应城市群发展要求的城镇空间网络体系。	全面建成适应城市群"两型"发展要求的城市群空间网络体系。
城镇体系 建设	初步建成适应城市群发展要求的城镇体系。	基本形成相对优化、效率较高的城镇体系结构。	建立健全适应城市群发展要求的城镇体系结构。
产业支撑	积极推进产业结构优化，形成产城互动、良性发展的格局。	基本形成以"两型"、低碳为特色的城市群产业体系。	全面建立绿色产业体系，产城互动发展格局取得明显效益。
"两型社会"建设	积极推进生态环境好转，"两型社会"建设取得较大进步。	全面推进"两型社会"建设，基本形成生态宜居的区域环境体系。	建立资源节约利用、生态环境良好、人与自然和谐共处的区域环境体系。
城乡统筹 发展	初步形成城乡统筹的城镇化发展格局。	城乡统筹发展格局基本形成。	实现城乡统筹及一体化发展。

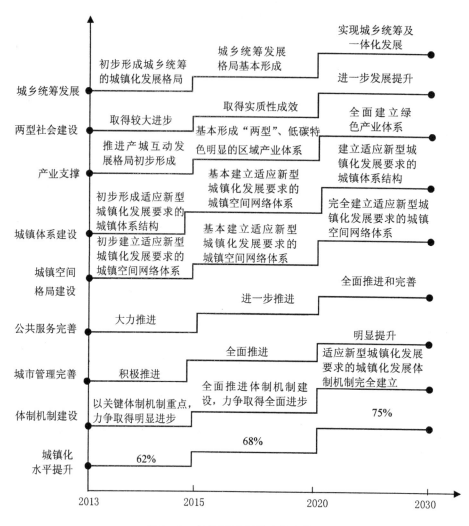

图 3-2　长株潭城市群建设路线图

　　长株潭城市群"两型"绩效考核体系由 4 个一级指标和 31 个二级指标组成。将一级指标设为资源节约、环境友好、综合发展和"两型"文化与制度建设等四大类。资源节约类指标侧重评价资源消耗强度及鼓励资源再利用的技术和手段；环境友好类指标主要评估城市环境质量，并提倡绿色生产和消费方式；综合发展类指标从宏观上评估两型社会建设的整体效果，综合反映资源节约和环境友好的结果；"两型"文化与制度建设反映公众对"两型社会"建设的参与度和关注，以及政府有关部门对"两型社会"建设的政策与制度支持。

表 3 - 7　长株潭城市群"两型社会"绩效考核体系

一级指标	序号	二级指标	指标性质	指标归类
资源节约	1	单位 GDP 能源消耗量（吨标准煤/万元）	逆指标	资源消耗
	2	单位 GDP 水消耗量（吨/万元）	逆指标	
	3	非农产业单位增加值建设用地面积（亩/亿元）	逆指标	
	4	工业固体废弃物综合利用率（%）	正指标	资源回收利用
	5	工业用水重复利用率（%）	正指标	
	6	非化石能源占一次能源消费比重（%）	正指标	
	7	城镇生活垃圾分类收集资源化处理率（%）	正指标	
	8	城镇当年新开（竣）工绿色建筑比率（%）	正指标	节约模式推广
	9	城镇公共汽车、公共自行车绿色出行比率（%）	正指标	
环境保护	10	市域森林覆盖率（%）	正指标	绿化及环境优良水平
	11	中心城市建成区绿化覆盖率（%）	正指标	
	12	城镇人均公共绿地面积（平方米/人）	正指标	
	13	生活垃圾无害化处理率（%）	正指标	
	14	城镇生活污水集中处理率（%）	正指标	
	15	工业废水排放达标率（%）	正指标	
	16	中心城区清洁能源使用率（%）	正指标	
	17	空气质量优良天数达标率（%）	正指标	空气
	18	环境噪声平均值（分贝）	逆指标	噪声
	19	集中式饮用水水源地水质达标率（%）	正指标	水源
综合发展	20	人均 GDP（万元/人）	正指标	经济规模
	21	城乡居民收入增长率不低于经济增长率（%）	正指标	居民收入
	22	第三产业增加值占 GDP 的比重（%）	正指标	经济结构
	23	高新技术产业增加值占 GDP 比重（%）	正指标	
	24	R&D 支出占 GDP 比重（%）	正指标	

一级 指标	序号	二级指标	指标 性质	指标 归类
两型文化与制度建设	25	九年义务制教育两型课程课时总数（课时）	正指标	文化教育
	26	常住人口中两型志愿者比率（％）	正指标	
	27	公共媒体两型公益宣传活动次数（次/年）	正指标	
	28	节能家电销售比率（％）	正指标	
	29	大型公共场所节能电器使用率（％）	正指标	
	30	发展规划与重大项目两型审查率（％）	正指标	法规制度
	31	地方性法规两型修订率（％）	正指标	

三、长株潭城市群生态化建设的基本经验

作为国家"两型社会"建设示范区，长株潭城市群需要从以下方面重点突破。

一是加速三市一体化建设，打造高效率城市群。长株潭一体化建设，决不是现有基础的低水平组合，而必须是高水平的整合和大规模的提升。长株潭必须统一规划，统筹建设，扬长避短，各有侧重，努力发挥三市各自的比较优势，三市融合的过程又是城市群改造提升的过程。长株潭一体化的核心，在于城市群的综合开发效益要大于三市各自开发的效益之和，并形成高水平的可持续发展的城乡复合区域。在"省统筹、市自主、市场化"的总体框架下，三市应共同建设交通网络、物流网络、电力系统、信息系统、环保系统、城市预警应急系统。对三市现有的开发区和工业小区进行优化整合，突出比较优势，形成规模效益，新建的和迁移改造的工业企业向园区集中，注重形成高效益的产业集群和产业基地。长株潭的发展，决不能各自为政，以邻为壑，而要融会贯通，充分整合，把三市各自的优势转变整合为三市整体的优势，进而增强城市群的核心竞争力，提升城市群的总体发展品位。三市产业设置务必保持较大差异，强调各有侧重，倡导优势互补。

二是建设高水平的宜居城市。长株潭试验区改革建设的要求，与新型城市化建设的要求是完全契合的，结合"两型"试验区建设，长株潭应建设结构

合理、功能健全、基础设施完备、集聚效益显著、互补功能突出、生态绿心共享、产业和市场一体化的高水平的宜居城市群。①尊重自然，亲近自然，城市建设应尽量保留原有的地形地貌和山水风光，构建和谐怡人的城市景观。②文化古城的建设务必保护城市的传统文化，历史街区的改造则要整旧如旧，尽量保持原有的风貌。③城市具备广泛的包容性、良好的人文关怀和普遍的市民参与度；拥有深厚而富有个性的城市文化，并且充满生机活力。④为城市居民提供尽可能多的生活、工作和出行方便，为农民工提供周到服务，为农民进城提供各种方便。⑤综合整治"城市病"，诸如交通阻塞、环境污染、生态破坏、居住质量低下等。⑥制订高水平的发展规划，注重城市空间生态、城市过程生态、城市功能生态、城市工程生态和城市管理生态，强调人与城市和谐发展。⑦以生态型宜居城市建设为重点，设置城市拓展区规划控制黄线、道路交通设施规划控制红线、生态绿地规划控制绿线、市政公用设施规划控制黑线和历史文化保护规划控制紫线，有所为有所不为，实行严格的规划控制。

三是加强长株潭城市群"两型社会"建设，创建综合配套试验区。在一定时期内，长株潭的建设用地指标和城市发展空间都是有限的，需要酌情合理安排，确保土地利用效益最大化。在三市进行全面的户籍制度改革，可考虑三市统一户口，并取消农业户口与非农业户口的差别，以推动新农村建设和城乡统筹发展。长株潭区域应作为湖南省新农村建设和城乡一体化的示范区域，工作重点包括户籍制度改革、人口合理流动、基础设施建设、农村卫生建设、农产品深加工、农村土地整理、撤村并村建镇等。为了促进城乡统筹发展，城市的基础设施和公共服务要向广大农村有效延伸，在中心城区狠抓"退二进三"，在卫星城镇发展特色产业。

四是集约节约用地，提高用地效率和土地承载力。首先，完善用地政策，强化土地宏观调控。加强节约集约用地的政策制度建设，从规划计划、考核评价、项目审核、监督检查等方面建立健全政策体系，全面形成促进集约用地的长效机制。其次，严格土地使用标准，从严控制城市用地规模。健全各类建设用地标准体系，抓紧编制公共设施和公益事业建设用地标准。再次，创新用地模式，转变土地利用方式。按照建设资源节约型社会的要求，以节约集约利用土地为核心，破解用地瓶颈和发展难题，不断完善和创新土地利用模式和供应方式，积极拓展建设用地空间，大力推进城乡建设用地增减挂钩试点工作。第四，加强土地管理，实施动态监管机制。推进土地管理制度改革，改革土地税费、供应、流转、交易制度，深化土地资源的市场化配置，完善生态补偿和利益补偿机制。第五，大力推进国土资源节约集约利用，建立健全国土资源节约集约利用评价考核体系和奖惩激励机制。规范各类建设用地管理，合理利用和推进盘活存量建设用地，调整和优化新增建设用地。

五是集中与分散相结合，避免"摊大饼"式的扩张方式。长株潭城市群产业布局，要做到集中与分散相结合，按照"立足当前、着眼长远、近处着手、远近兼顾"的原则，将产业布局调整与城市群长远发展结合起来，避免行业以"滚雪球"的方式复制外延，避免区域以"摊大饼"的方式无序扩张。优化功能分区，调整产业布局，企业尽量进入园区发展。依据长株潭城市群的环境承载能力、现有开发强度和未来发展潜力，按照功能分区的要求抓好产业布局的调整工作，出台严格的空间管制规定和积极的生态补偿制度。加强对产业布局的指导，着眼长远，逐步完善产业布局和企业发展的利益协调机制。紧密与松散相结合，多层面推进交流合作，实现纵向与横向一体化发展。一方面，支持产业链的纵向一体化整合，重点扶持优势骨干企业，支持其成为产业经营运作的主要组织者；另一方面，扶持组建产业联合会或协会组织，开展经济技术交流和互助合作；扶持建立实体性支撑服务平台，提供信息、技术、销售等有偿服务，整合企业品牌，加强市场营销，推进较为紧密的横向一体化合作经营。

六是构建高效率的城市群交通运输网络体系。按照信息化、网络化、智能化的要求，突破行政界线，加快公路、铁路、水运、航空、城际轨道等交通运输网络和城市内部公交的建设，做好交通基础设施建设的土地利用规划，构建开放合理、结构优化、高效便捷的城市群交通运输网络体系。航空方面，加快黄花机场二期工程建设，重点抓好第三代航站楼、第二跑道、长沙航空城以及服务配套项目的建设，打造区域性国际航空枢纽。水运方面，加强湘江航道和港口建设，强化长株潭三市的水运联系，构建集交通、观光、休闲于一体的湘江城际水运航线。加强长株潭城市群与岳阳港口群的运输联系，推行高速公路—长江水陆联运方式。高起点、高标准地推进长株潭城际铁路的建设，实现三市间的便捷直通联系。城市群内部交通方面，坚持公交优先和可持续发展的原则，科学配置现有公共交通资源，加快轨道交通与 BRT（快速公交系统）的建设，积极推进长沙地铁工程建设，建立功能齐全、协调运营的公交客运系统。

七是提高城市群的总体建设水平。坚持"两型"引领，从粗放型、城乡分离型向紧凑型、精明增长型转变，从高消耗、重污染向生态型、可持续转变。充分发挥新型工业化的支撑引领作用，以工促农，以城带乡，实现城乡高效集约统筹发展。结合城市群实际，优化调整城市发展定位，充分发挥特色优势，避免产业结构雷同，不断深化分工与合作，形成不同等级、规模、性质的城镇网络体系。长株潭城市群的产业发展，牵涉到城市规划、环境保护、土地开发利用、历史文化保护、交通运输、文化教育、居住服务等诸多方面，这些规划不能各自为政，必须加强对接、协调统一、统筹运作，设法减少各类规划之间的矛盾。统筹协调，制定相互衔接的规划体系。各方共同努力，建立长效合作机制。依托城市群总体规划，统一谋划产业发展。依据长株潭城镇体系规划，合理布局产业园区。对接土地利用规划和环保规划，促进产业结构升级。加强节能降耗，实现人口、资源、环境与产业的协调发展。建立完善长株潭政府合作交流机制和区域经济合作协商制度，重点构筑湘江产业带等沿主要交通通道的城市群内部合作发展经济带，深化长株潭流通体制改革，推进区域市场一体化。

第八，积极推进自主创新，加速科技研发成果转化。一是健全城市群创新体系。在产业发展的各个方面突出自主创新，以企业为主体、以市场为导向，从知识创新、技术创新、区域创新，产学研融合创新、中介服务支撑等方面加快构建完善长株潭城市群创新体系。二是加大政府扶持支持力度。结合国家重大科技专项，设立促进地区优势产业发展的重大科技攻关专项，集中攻克一批关键核心技术，提升产业核心竞争力。通过设立科技创新资助基金、推行科技进步和科技发明奖励办法，激励企业开展技术创新和对引进先进技术的消化吸收再创新。三是建立高新技术研发孵化基地。依托长株潭三市的高新技术开发区，以各开发区和产业园区的总体定位和产业导向为基础，构建区域创新创业试验区，加强科研院所、高校和企业现有各类重点实验室、工程中心和企业技术中心建设。依托长株潭的高等院校，探索科教资源整合共享机制，建设一批大学科研中心产业孵化基地。四是推动产学研一体化进程。推动企业积极主动与高校、科研院所建立合作关系，实现科技创新成果与企业生产的直接对接，促进一批较成熟、适用性高的科研成果实现产业化生产。加强产学研创新服务平台建设，积极建立科研人员与企业的沟通机制和合作平台。

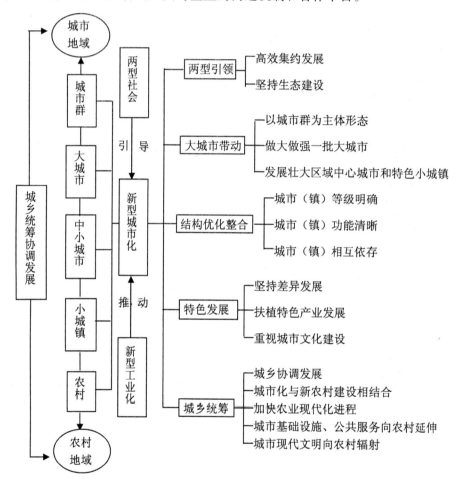

图3-3　长株潭城市群城乡体系发展框架

第四节　湖南省城市群建设案例

　　国家明确提出，把城市群作为城镇化推进的主体形态，大中小城市和小城镇有机结合，促进区域协调、健康、可持续发展。湖南新型城镇化的推进，强调城市群建设与就地城镇化并举，把城市群作为新型工业化的主要载体。

　　湖南的战略定位是"一带一部"。湖南应着眼于全国，突出地处中部和长江中游的区位优势，承东启西，北靠南联，抓紧培育一系列特色鲜明的城市群，辐射带动全省发展。做大做强长株潭、洞庭湖（以岳阳、益阳、常德为核心）、湘南（以衡阳、郴州、永州为核心）三大城市群，推进湘西城市带（以张家界、吉首、怀化、邵阳、娄底为核心）的建设。

　　注重高铁、高速公路对城市群的带动作用。湖南应充分发挥高铁、高速公路的连通效能，积极对接国家一级开发轴线，主要是京广线、长江和海岸带。以长株潭为中心，以岳阳为湘北门户，以郴州为湘南门户，以怀化为湘西核心，形成以京广线为纵轴、浙赣—湘黔线为横轴的空间开发格局。

　　湖南城市群建设的要点是：一是培育强有力的增长极，重点发展中心城市，狠抓扩容提质，壮大支柱产业。二是形成合理的城市等级体系、职能体系和空间体系，改进系统功能，提升整体效益。三是构建开放型的空间结构，培育门户和口岸以增强发展活力。四是强调特色发展。突出城市群的产业特色和文化特色，借此提升其内涵和品位。五是注重阶段性。前期强调以点轴为重点的非均衡发展，侧重培育支柱产业；后期强调以网络为重点的相对均衡发展，侧重发展现代服务业，培育开放型的产业结构和空间结构。

　　长株潭城市群彰显"两型"建设、创新驱动的特色，作为"一带一部"战略的轴心区域。洞庭湖城市群强调生态、绿色和可持续发展，主动对接长江经济带。湘南城市群突出外向型发展，重点对接珠江三角洲，积极承接产业转移。湘西城市带采取点轴式发展战略，实施扶贫攻坚，加速区域发展。湖南城市群、城市带实行差异发展，强调优势互补，加强交通通道和物流网络建设，形成开放开发的新格局。

一、长株潭城市群

长株潭三市的综合实力占到湖南的四成左右。长沙市的综合实力强于南昌和合肥，但逊于武汉。把长株潭作为一个整体，参与长江中游城市群、长江经济带的建设，这样就能够获得更多的话语权，引起更多的重视。长株潭三市皆临湘江，但湘江的航运条件和经济地位远不如长江。为了融入长江经济带，长株潭以岳阳为口岸，形成哑铃状开发格局，通过长江黄金水道加强与外界的联系。长株潭与岳阳之间的货运主要走高速公路，再经城陵矶港开展江海直达运输。

长沙市 （1）以长沙南站为核心，抓紧建设好高铁新城，将其培育成南中国的高铁枢纽。长沙南站现客流量为3万~4万人次/日，在沪昆高铁、厦渝高铁、长沙地铁、城际轨道和机场专线建成后，客流量可达10万人次/日。在高铁片区大力发展高铁服务、商务金融和高铁地产。（2）大力发展国家级湘江新区，以创新驱动、体制改革、高端突破和国际化为突破口。（3）将长沙黄花机场建设成中部主要的国际航空港，并以此为依托构建高品质的国际空港城，作为湖南国际化的窗口。（4）推动长沙中心城区的立体化开发，加速地铁、城轨建设，形成高效率的交通网络。（5）芙蓉区、雨花区、天心区土地有限，应在长沙县、湘江新区拓展新的空间。推动内城区专业市场外迁，市场主体搬迁到三环线附近。

株洲市 抓紧建设东部新城、湘赣边城和南部新城。（1）东部新城是指株洲城区向东扩展，兴建轨道科技、航空服饰和霞阳三大片区，形成轨道、航空、服饰三大千亿产业集群。（2）湘赣边城包括醴陵城区、长庆新区、高铁新城、东富片区，依托沪昆高速和浙赣线，构建新型产业走廊。（3）南部新城是指株洲城区向南拓展，沿湘江两岸构建滨水新城，承接株洲城区的工业、商业、居住、物流等功能，带动株洲县整体提升。（4）醴陵东站位于沪昆高铁线上，株洲西站位于京广高铁线上，其间相距71公里，修建快速路进行衔接，同时带动沿线的开发建设。（5）撤攸县设攸州市，规模宜大一些，作为株洲市副中心，辐射带动茶陵、炎陵两县。（6）整体搬迁清水塘重化工业，再进行全面的生态环境修复。

湘潭市　（1）将九华开发区改设市区，整合提升汽车、电子信息、装备制造等支柱产业，推进产城融合发展。（2）将长潭西线高速改为城市主干道。该高速北接岳麓含浦，南连潭邵高速，长 28 公里。以此为主轴，带动湘江西岸整体开发，长沙岳麓山与湘潭大学、湖南理工大学共建"湖南智谷"。（3）推动易俗河、河口、杨嘉桥、梅林桥的一体化建设，建议设置新城区。以花石镇为核心，另建湘潭县。（4）韶山进一步突出红色旅游主题，推进韶山开发区与楠竹山片区融合发展。依托沪昆高铁韶山站，构建红色旅游枢纽。

二、洞庭湖区城市群

岳阳市　岳阳的核心职能，是引领全省对接长江，作为大武汉、昌九、长株潭三大城市群之间的水陆口岸和核心枢纽。（1）结合长江黄金水道建设，改善航运条件，壮大城陵矶港区，构建滨长江产业带，培育石化、成套装备、先进制造、新型建材、食品、造纸等特大型产业集群。（2）改造提升中心城区，构建高端商务区和滨水景观带，在君山区西侧和交通沿线进行适度开发，在三合修建机场。（3）临湘有 35 公里的长江岸线。将鸭栏—儒溪、江南扩建为中型港口，将黄盖湖、洋溪湖、冶湖改造成长江内港。羊楼司镇与湖北赵李桥镇共建湘鄂边贸市场。

益阳市　（1）对中心城区进行扩容提质，以中心商务区、资水风光带、火车站片区为重点。以东部新区为突破口，构建长株潭两型卫星城。（2）以顺德家居城为重点，积极承接沿海加工制造业转移，设法引进支撑性大项目。（3）力争桃花江核电站尽快上马。（4）沅江地处洞庭湖腹地，改造中心城区（五湖连通），扩建沅江港、草尾港和南嘴港，做强游艇、食品、机械等支柱产业。（5）壮大安化黑茶产业，建设好茶马古道和资水风光带，尽快修建至安化的高速公路。

常德市　（1）在电子信息、先进制造、食品医药、建材家居等领域取得大的突破。抓紧建设大型工业项目和现代服务项目，加强城市的产业支撑。

（2）对常德市区进行区划调整，德山开发区改设德山区，武陵区的范围适度扩大。（3）澧县、津市同处澧水流域，两城相距8公里，可合并为澧州市，作为洞庭湖区北部中心城市。二广高速在澧县、津市设有互通，从澧县到湖北荆州不足90公里，着力实施"借江出海"战略。（4）加强安乡与湖北石首的联系，构建新的水陆通道，安乡与公安共同开发黄山头镇。（5）将石门培育成湘西北的综合交通物流枢纽，重点发展资源加工业。

三、湘南城市群

郴州市 （1）作为湖南对接粤港澳、承接华南产业转移的桥头堡，重点建设好公路口岸、铁路口岸、出口加工区和湘南国际物流园。推进北湖、苏仙、资兴、桂阳一体化建设，做大做强中心城区。（2）构建汝城—资兴—苏仙—北湖—嘉禾—临武大通道，建设好宜章、汝城、临武三个省际边贸区，推进电子、新材料、绿色食品基地建设，构建南岭生态观光旅游圈。（3）加强桂阳城区与北湖区的对接，新建郴州机场，发展资源加工、先进制造和现代物流业。

衡阳市 （1）因中心城区负荷过重，一部分城市职能考虑向武广新区转移。推动城区东进，武广新区作为城区的副中心，依托耒水发展带，构建商业商务中心、娱乐休闲中心、鄮湖风景名胜区、大学城和衡州古城。（2）尽管近年电子电气产业获得佳绩，但城市产业结构有待全面提升，着力发展高新技术、先进制造和资源深加工，创建外向型、高效益的经济结构。（3）衡南县城距中心区较近，走107国道仅10公里，附近建有云集机场，建议将衡南纳入中心城区范畴，创造条件撤县设区。（4）整合衡山县、衡东县、南岳区的资源，构建大衡山旅游圈。（5）立足于湘中南交通区位优势，大力发展现代物流、来料加工和物联网产业。

永州市 （1）依托湘桂线和洛湛线，引导湖南走北部湾出海，加速推进"借船出海"战略。加强永州与北部湾的交通、物流、商贸和旅游对接。（2）加强冷水滩区的枢纽功能，培育先进制造、绿色食品、金融服务和现代物流业。保护好零陵老城区，提升文化旅游业。（3）东安区位、交通条件较好，重点发展大进大出型加工制造业。（4）道县撤县设市，作为永州南部中心，辐射带动江华、江永、蓝山、新田、宁远的发展。尽快成为交通和物流枢纽，加强与桂林、贺州的发展联系。（5）祁阳作为湘南承接产业转移的示范基地。

四、湘西城市带

张家界市　（1）控制中心城区发展规模，严格保护核心景区，突出景观多样性，彰显文化多样性和生物多样性，构建国际精品旅游城市。（2）对景区景点进行扩容提质，现阶段开辟一部分新景区，减轻核心景区的接待压力。（3）推进慈利的旅游开发，以张家界大峡谷、五雷山、江垭水库、澧水峡谷为重点，在阳和建设大型旅游接待场所。

湘西州　（1）吉首作为武陵山区文化旅游中心城市和商贸交通物流枢纽。抓紧开发矮寨景区，开展矮寨大桥、德夯峡谷、湘川公路的观光旅游，加强与重庆、贵州的旅游联系。（2）龙山位于湘西北边陲，地处武陵山腹地，作为湘西州次中心城市。龙山距离湖北来凤较近，可一体化统筹发展，共同打造武陵山区中心城市，重点建设好龙凤开发区、湘鄂边贸市场和商贸物流中心。（3）改进凤凰旅游方式，中心城区注重观光游览，将接待功能向城郊迁移，建设若干服务功能相对完备的旅游小镇。

怀化市　（1）作为大湘西的中心城市，我国中部重要的交通枢纽和工业基地。鹤城区规模偏小，将中方撤县设区，作为怀化新城区。（2）基于资源和区位优势，重点发展先进制造和农产品深加工，适度发展新型工业，积极承接产业转移，着力引进大型产业项目。（3）立足湘西的旅游资源，彰显湘西的文化特色，作为武陵山区的旅游枢纽。（4）芷江系抗战胜利受降名城，旅游业以爱国主义教育、侗族文化、山水观光为重点。扩建芷江机场，推进其与怀化城区融合发展。

邵阳市　（1）加强邵阳市区（大祥区、双清区、北塔区）与新邵的一体化建设。做大做强中心城区，大力发展现代服务业。（2）将邵东撤县设市，改造提升箱包、药材、家居等行业。（3）加速推进新型工业化，将装备制造、汽车零部件、服饰、酿酒、铝业、家居等行业做大做强。（4）改新宁县为崀山市，与武冈共事旅游开发，并加强与桂林的旅游联系。新宁侧重于丹霞观光，武冈侧重于历史文化旅游。

娄底市 （1）依托沪昆高铁车站，在万宝、茶园一带建设新城区，扩大娄星区的规模。对钢铁、水泥、焦化等产业实施全面改造，创建生态宜居城市。（2）冷水江市规模偏小，矿产资源优势突出，有冷水江钢铁厂、金竹山火电厂、闪星锑业等大型企业。新化生态环境较好，发展空间较大。将冷水江、新化融合发展，共同打造湘中增长极。在新化修建新机场。（3）构建娄星—涟源—冷水江—新化资源型产业走廊，重点建设循环经济产业基地。

第 4 章

推进城乡建设生态化

第一节 | "两横三纵"城市化战略格局

经过多年的快速发展，2014 年全国城镇人口达 7.49 亿，城镇化率基本达到世界平均水平，我国城镇化进程正站在一个新的历史起点上。国家强调，推进城镇化，既要优化城市宏观布局，也要搞好微观空间治理。规划构建"两横三纵"的城市化战略格局，要一张蓝图干到底。

"两横三纵"是《全国主体功能区划》（2010）提出的我国城市化战略格局，也是中共中央城镇化工作会议（2013 年 12 月）做出的战略部署。

"两横三纵"是指以陆桥通道、沿长江通道为两条横轴，以沿海、京哈京广、包昆通道为三条纵轴，以主要的城市群地区为支撑，以轴线上其他城市化地区和城市为重要组成的"两横三纵"的城市格局建设完成后，中国城市布局将形成完善的城市网络群。

国家设置"两横三纵"发展格局，是考虑在发展东部沿海地区的基础上提升中西部地区的部分城市群，旨在让全国的空间开发更加协调。"两横三纵"的发展模式有利于中小城市的发展，有助于东部地区的产业向中西部转移，促进形成各具特色的城市圈，让大、中、小城市与小城镇协调发展。

根据资源环境承载能力构建科学合理的城镇化宏观布局，把城市群作为主体形态，促进大中小城市和小城镇合理分工、功能互补、协同发展。根据区域自然条件，科学设置开发强度，尽快把每个城市特别是特大城市开发边界划定，把城市放在大自然中，把绿水青山保留给城市居民。从全国来看，京津冀、长三角、珠三角三大城市群发挥了经济引领作用，但中国幅员辽阔，在中西部地区和东北建设一定量级的城市群十分必要。

基于"两横三纵"的城市化战略格局，国家规划确定了 12 个重点开发区，即中原地区、长江中游地区、成渝地区、呼包鄂地区、哈长地区、东陇海地区、江淮地区、海峡西岸地区、北部湾地区、滇中地区、关中地区、天山北坡地区。

一、陆桥横轴

从原来的东陇海地区、中原地区和关中地区，继续向西延伸，扩展到新疆的天山北坡地区。亚欧大陆桥在我国包括三大铁路干线，即陇海线、兰新线和北疆铁路。陇海线东起连云港，西到兰州，横贯江苏、安徽、河南、陕西、甘肃五省，途经徐州、开封、郑州、洛阳、西安、宝鸡等铁路枢纽，全长1759公里。兰新铁路东起兰州，西到乌鲁木齐，跨越黄河并翻越乌鞘岭，穿越河西走廊，连接武威、张掖、酒泉、嘉峪关、哈密、吐鲁番等城市，全长1892公里。北疆铁路从乌鲁木齐到阿拉山口，全长460公里，是兰新铁路的西延线，也是欧亚大陆桥的组成部分。亚欧大陆桥横跨亚欧两大洲，连接太平洋与大西洋，穿越中国、俄罗斯、白俄罗斯、波兰、德国、荷兰，全长10800公里，对于我国北方地区的开放开发具有非常重要的意义。

> **新丝绸之路经济带**
>
> 党的十八届三中全会《决定》提出，加快同周边国家和区域基础设施互联互通建设，推进丝绸之路经济带、海上丝绸之路建设，形成全方位开放新格局。新丝绸之路经济带，是在古丝绸之路概念基础上形成的一个新的经济发展区域。包括西北五省区（陕西、甘肃、青海、宁夏、新疆）和西南四省区市（重庆、四川、云南、广西）。新丝绸之路经济带，东边牵着亚太经济圈，西边系着发达的欧洲经济圈，被认为是"世界上最长、最具有发展潜力的经济大走廊"。

二、沿长江通道横轴

从长江口开始沿长江向西延伸到四川盆地和云南省。国家提出长江经济带发展战略，充分依托长三角城市群、长江中游城市群、成渝城市群，做大做强上海、武汉、重庆三大航运中心，推进长江中上游腹地开发，促进上海的国际化开发，构建中巴、中印缅经济走廊。

长江是我国的黄金水道，通行能力相当于20多条铁路。长江水资源极为丰富，沿江可布局一系列现代化的大型产业集群。重庆、宜昌、荆州、岳阳、武汉、九江、安庆、芜湖、铜陵、南京、镇江、张家港、南通、上海等，都是著名的长江商港。长江流域矿产资源丰富，农业生产发达，拥有众多的商品农业基地。

长江流域人口众多，城镇密集，下游和河口处有长三角城市群，安徽省沿江有皖江城市带，长江中游有武汉城市圈、鄱阳湖城市群、长株潭城市群所构成的长江中游城市群，上游有成渝城市带。长江流域城市化的推进，有助于国家的生产力布局重心由沿海向内地推移，有利于形成东部、中部、西部良性互动的协调发展局面。

三、沿海纵轴

北起哈长地区，经环渤海、东陇海到长三角，再沿海峡西岸南下珠三角到北部湾，覆盖了全部沿海地带。该轴线长期作为我国重点开发开放的区域，"一五"、"二五"时期东北作为国家重点建设的重工业基地，2003 年以来国家推行东北老工业基地振兴战略，原先的计划经济被动局面有了全面的改观。我国沿海地区是改革开放的重点区域，1980 年设立了 4 个经济特区，1984 年设立了 14 个沿海开放港口城市，1985 年确定了 5 片开放地带，1988 年海南设省并成为经济特区，1990 年上海浦东开始大规模开发，2005 年天津滨海新区被纳入国家发展战略，2011 年设立了舟山群岛新区和广州南沙新区，2013 年设立上海自由贸易区。

我国三大城市群皆位于沿海地带，作为全国经济社会发展的核心区域，对国家做出了巨大的贡献。当前，京津冀、长三角、珠三角皆面临着产业升级、整体提升和国际化的重任。我国沿海地区还有一些城市群发展态势良好，已经成为全国新兴的经济增长区域，比如辽东半岛城市群、山东半岛城市群、闽南城市群、北部湾城市群等。

四、京广纵轴

京广铁路是纵贯我国中部的大动脉，连接北京、河北、河南、湖北、湖南、广东等省市，穿越中原地区、江淮地区、长江中游地区，在珠三角与沿海轴线交汇，全长 2324 公里。该轴线在我国具有重要的地位，它联结了海河流域、黄河流域、淮河流域、长江流域和珠江流域，是我国中部发展的主轴线。北京、石家庄、郑州、武汉、长沙、广州都是全国重要的综合交通枢纽。

五、包昆纵轴

北起内蒙古"呼包鄂"，南至云南滇中地区，中间分别以关中、成渝为节点，与大陆桥、沿长江两大横轴交汇。这条轴线主要由包兰线、陇海线、宝成线、成昆线以及相关的公路干线所构成，是我国西部大开发的主要轴线之一。它连接了河套平原、兰州—关中地区、成渝经济带和昆明市，对于推动我国西部大开发具有重要意义。

第二节 区域城乡生态化建设

一、东部城乡生态化建设

东部地区包括北京、天津、河北、山东、江苏、上海、浙江、福建、广东和海南，共10个省、直辖市和自治区，国土面积91.6万平方公里，占全国的9.5%，是我国经济发达、人口稠密、城市众多的地区。2014年东部地区人口5.22亿，占全国的38.3%；GDP 35.01万亿元，占全国的51.2%；人均GDP 67069元；地方财政收入40814亿元，占全国的53.8%；城镇居民人均可支配收入33905元，农村居民人均纯收入13145元。目前，东部地区已形成了长江三角洲、珠江三角洲、京津唐地区等较大规模的城市连绵带，拥有山东半岛、闽中南等城市密集区，从而卓有成效地带动了东部地区乃至全国的发展。

改革开放以来，我国东部地区进入高速发展时期，开发规模不断扩大，珠三角、长三角地区取得了骄人业绩。进入21世纪以来，在资源和能源逐渐短缺、生态破坏和环境污染愈演愈烈的背景下，东部地区面临着全面的产业升级，同时也面对着城市环境保护、职能合理分工、基础设施共享、防止中心城区无序蔓延等问题。长三角、珠三角是我国经济的重心所在，以较小的土地面积承载了庞大的人口、产业活动和经济产出，但在新的形势下，需要进行全面的改造和提升。

　　东部地区的城市问题主要表现在：（1）城市化进程面临着资源、环境、土地的约束。经过近 30 年的高速增长，长三角土地资源日趋紧张，水电供应不堪重负。目前长三角人均土地面积约 0.12 公顷，仅为全国平均水平的 1/6，土地开发强度约相当于全国平均强度的 18 倍。珠三角大部分城市建设用地日益紧张，土地资源短缺已经成为招商引资的重要限制性因素。（2）环境压力不断加大。一方面，生产生活废弃物排放强度大，水体、大气、土壤污染和固体废弃物堆积问题突出，污染危害由原来的点状、局部向面状、区域性升级；另一方面，地下水的过度开采，导致地下水漏斗广泛发生，造成大面积的地表沉降和水质污染，土地退化加剧，生态多样性遭到严重破坏。（3）城市化推进速度很快，但城市化质量却有待提高。中心城市的"城市病"普遍存在，突出表现在交通阻塞、环境质量差、绿化率偏低。在大城市周边，不少农村发展滞后，村镇规模偏小，农民居住分散，基础设施配套建设难度较大。小城镇建设缺乏区域协调机制，表现出"规模小、层次低、结构雷同"的特点，造成产业布局分散，土地浪费严重，水、电、路等基础设施重复建设、难以共享。（4）产业结构缺乏竞争优势。长三角、珠三角等地素称"世界工厂"，大多数企业以劳动密集型为主，处于产品价值链的低端环节，研发、营销、品牌建设等环节相对薄弱，自主创新能力不足，原有的"三来一补"模式难以为继，但产业升级却面临着诸多的困难。

　　当前，东部地区面临着调结构、转方式的发展重任。在资源能源逐渐短缺、生态破坏和环境污染愈演愈烈的背景下，东部地区必须提高自主创新能力，加快实现产业结构升级和增长方式转变，提高外向型经济的发展水平，增强国际竞争力和可持续发展能力。鉴于上述，东部地区推进城乡生态化建设的举措主要包括：

　　第一，走资源节约型和环境友好型的城市发展道路。以提高资源、能源利用效率为核心，以节能、节水、节材、节地、资源综合利用和发展循环经济为重点，加快结构调整，推进技术进步，强化节约意识，促进城市尽快形成节约型的增长方式与消费模式。东部沿海地区的劳动密集型、资源密集型产业，应向中西部加速转移。通过"腾笼换鸟"，为高科技、高附加值产业提供更大的企业发展空间和更强的要素供给保障。

第二，完善区域合作机制，促进东部城市的功能互补与协调发展。东部城市之间存在着竞争，但在城市群发展壮大之后，更重要的是形成区域合作的合力，城市群内部的城市应各有侧重，错位发展，优势优先，扬长避短，注重形成城市群的综合优势。中心城区侧重发展高层次第三产业和现代服务业，卫星城、开发区侧重发展特色产业和高附加值加工制造业。一般的工业企业要进园区发展，构建循环经济产业链和产业集群。继续发挥东部地区港口城市毗邻海洋的区位优势，提高对外开放水平，积极参与国际分工，借此改善自身的整体效益。

第三，扩大城镇的规模，降低农民进城的门槛。结合东部实际，在做强中心城市的同时，加快卫星城和小城镇的建设。大城市周边的卫星城，规模可达30万人；一般性的小城镇，规模可达到3万～5万人。促使农村人口向小城镇及新城区集聚，吸纳智力性和投资性移民落户，形成以中心城为核心、多层次、功能互补的城镇体系。改革现有的城乡户籍制度，实现城乡人口合理、有序、快速的流动。现阶段侧重于户籍制度、土地制度、住房保障制度、医疗卫生制度等方面的改革，协调处理好各方面的利益关系，放宽卫星城市和小城镇的准入门槛，鼓励农民离开土地进入城镇。

第四，把若干特大城市培育成具有全球意义的特大都市。目前，我国真正意义上的国际化大都市只有香港一个。但上海、北京、深圳、广州四个特大城市具备培育成全球化大都市的综合实力和基本条件。这些城市应该瞄准国际一流水平，立足全球竞争的视野，进行高水平的顶层设计，主动参与国际产业分工体系，迈入世界城市的更高等级，进而辐射带动东部地区乃至全国的发展。当务之急是重视价值链的延伸，推进产业集群的全面升级，构筑高水平的电子信息平台，发展高档次的现代服务业，推动产业高端化发展并彼此相互渗透，着重培育城市的创新创业能力，加强与主要发达国家和重要枢纽地域的产经联系。

第五，加强东部的创新建设，借此促进产业升级，加强环境保护。体制创新方面，建设适合东部加速发展的管理体制和运行机制，现阶段发展重点是清洁生产机制和排污权交易，促使企业污染成本内部化，迫使污染性企业改进生产技术，减少污染物排放量；产业创新方面，注重培养自主创新能力和市场竞争力都比较强的企业集团，以大量的技术专利和自主品牌形成强大的自主创新优势；科技创新方面，增强创新源并完善创新链，尤其是加强集成创新和引进消化吸收再创新；模式创新方面，积极推行区域发展创新模式，包括建立创新园区，打造高水平的创新集群；服务创新方面，注重培育技术咨询、技术转让、资产评估、知识产权代理等服务中介机构。

第六，确定一部分条件较为理想的区域开展先行先试，作为全国改革创新的示范。上海自由贸易区是我国新一轮改革开放的先行先试区域，主要开展金融创新、体制机制创新和管理创新，提出了"清单制、备案制、暂缓制、可复制"的创新路子。广州市加强与佛山市的一体化建设，深圳市提出更加广泛地对接香港，珠海市提出更加规范地对接澳门，海南省提出建设国际旅游岛，海口市和三亚市率先进行机场保税购物。国家设立舟山新区，拟在更大的范畴、更高的层面参与海洋开发和竞争。

二、西部城乡生态化建设

2000 年 10 月，中共十五届五中全会通过的《中共中央关于制定国民经济和社会发展第十个五年计划的建议》，把实施西部大开发、促进地区协调发展作为一项战略任务，其范围包括：陕西、甘肃、宁夏、青海、新疆、云南、四川、重庆、贵州、西藏、内蒙古和广西，共 12 个省、直辖市和自治区，国土面积 686.7 万平方公里，占全国的 71.5%。2014 年西部地区人口 3.68 亿，占全国的 27.0%；GDP 138100 亿元，占全国的 20.2%；人均 GDP 37527 元；地方财政收入 15875 亿元，占全国的 20.9%；城镇居民人均可支配收入 24391元，农村居民人均纯收入 8295 元。

西部地区拥有丰富的自然资源，在矿产资源、油气资源、水能资源、土地资源等领域都具有突出优势，但由于西部地区基础设施落后，人才、技术、资金匮乏，目前西部地区的人口，虽与东部沿海地区的上海、江苏、浙江、广东和山东五省市大体相当，国内生产总值却不到东部五省市总和的四成，人均GDP 仅相当于全国平均水平的六成左右，尚未实现温饱的 4000 多万贫困人口大部分也分布于这一地区。实施西部大开发，不仅可以缩小我国西部与东部的发展差距，推动区域经济的协调发展，而且对于加强民族团结，保持社会稳定与边疆安全，把西部的资源优势转变为经济优势，都有非常重要的意义。

目前，西部地区正处于农业现代化、工业化和城市化快速发展的时期，同时也面临着生态环境恶化的问题。（1）西部地区生态环境十分脆弱，生态建设投入明显不足。其中25度以上陡坡耕地面积占全国的70%以上，水土流失面积占全国的80%以上。西南地区水土流失和地质灾害频发，滥垦乱伐使生态失调窘况更加突出。近年四川、甘肃等地连续出现地震、泥石流、滑坡、崩塌等地质灾害，给当地人民的生命财产造成严重损失。荒漠化也是西北地区突出的生态环境问题，过度的垦殖、放牧和樵采，加速了荒漠化的进程，西部新增的荒漠化土地面积，要占到全国荒漠化总面积的90%以上。（2）西部作为资源能源初级产品提供者的角色并未得到改变，经济发展相对粗放，工业污染较为严重，使生态环境进一步恶化。（3）西部城镇的生态环境和人居条件不容乐观，基础设施、公共服务设施建设亟待加强。

西部地区要加快改革开放步伐，加强基础设施建设和环境生态保护，加快科技教育发展和人才开发，充分发挥资源优势，大力发展特色农业，增强自我发展能力。在实施西部大开发战略的过程中，应当按照全面、协调、可持续发展的要求，改变过去那种单纯靠投入、加大消耗实现发展和以牺牲环境增加产出的错误做法，加强生态建设，遏止生态恶化，将生态环境工程治理和经济建设有机地结合起来，综合采用经济、行政和法律手段，促进西部地区经济、社会、人口和环境的协调发展。

推进我国西部城乡生态化建设的思路是：

第一，明确西部大开发的目标与其他区域的差异性。西部开发的目标与东部、中部和东北显然是不同的，不能以长江三角洲、珠江三角洲的建设标准来衡量西部大开发，而应结合西部实际有的放矢。西部地区是大江大河的源头地区，也是水土流失、干旱缺水、荒漠化以及各种自然灾害比较严重、生态环境相对脆弱的地区，倘若开发强度过大或者发展方式不当，就有可能造成普遍的生态环境破坏。基于国家主体功能区的思路，将西部划分为高强度开发区、中等强度开发区、低强度开发区和禁止开发区，尊重自然规律，按照经济规律办事，有所为有所不为，不为在先为在后。

第二，加强东中西互动，实现西部与东部相互促进。就宏观而言，东西部之间结构差异显著，互补功能突出，西部地区的市场、资源和劳动力优势完全可以与东部地区的资金、技术和人才优势结合起来，逐步形成优势互补、良性互动、共同繁荣的区域经济发展格局。我国重点实施的西电东送、西气东输、西油东输工程，以及东部对于西部的资金、科技、教育、人才等一系列对口支援，为扩大东西经济交流、促进区域均衡发展奠定了扎实基础。西部需要发展特色优势产业，积极有序承接国际国内产业转移，将资源优势转化为产业优势和竞争优势，发展能源工业，改造提升资源加工产业，做大做强装备制造业，加快发展战略性新兴产业和现代服务业。在产业发展上，西部需要创新思路，着力延伸油、气、煤、电、有色金属等产业链条，提高输出产品的附加价值，选择重点发展高新技术产业，使产业结构多样化、国际化和可持续，抓紧培育自身的造血功能。

第三，优化调整城镇体系，不断提高西部城市化的整体水平。结合我国西部发展实际，集中力量搞好城镇的基础设施、配套服务和生态绿化建设，城镇建设要与生态绿化紧密地结合起来，防止土地的盲目开发，避免因大规模工程建设而导致的土地荒漠化，还要注重降低土地、能源、水资源的消耗。逐步建立绿色生产体系，积极推广清洁技术、高能效低污染的新工艺，积极发展特色产业，谋求经济与环境的协调发展。下大气力解决好"三农"问题，重点搞好农村基础设施和教育科技建设，把发展文化教育作为西部大开发的重要内容。

第四，因地制宜，将区域开发与生态建设紧密结合起来。大西北以兰州为中心，向东南经陇海线到西安，向西北经兰新线到乌鲁木齐，向东北经包兰线到银川，向西经兰青线到西宁，从而形成一个开放开发的大十字。陕西、甘肃、青海三省和宁夏、内蒙古两个自治区应抓紧产业结构的优化调整，把资源优势尽快转变为产业优势和经济效益。新疆应重点发展石油、化工、畜产品、长绒棉、优质瓜果、食品等工业部门，大力发展旅游业和边境贸易。内蒙古应优先发展河套地区，培育呼和浩特—包头产业带，提升经济建设素质，推动自治区产业升级。大西南应以贵阳、昆明、重庆、成都四个城市为增长极，以成昆、川黔、贵昆、成渝等铁路为增长环，以防城港、湛江港、昆河（内）线为主要出海口，构成开放开发的大格局。四川省、贵州省、云南省、重庆市和广西壮族自治区属于山地丘陵广布的地区，尽管矿产、水力资源非常丰富，但交通运输困难却成为限制区域发展的主要瓶颈。应努力开辟出海通道并加强与中、东部地区的联系。西藏应依托青藏铁路和若干公路干线，优先发展旅游观光业和一部分资源型加工制造业，把拉萨尽快做大做强。广西壮族自治区兼有沿海与西部之所长，应侧重发展民族特色突出的地方经济。南宁作为自治区的中心城市，柳州作为华南重要的铁路枢纽和广西主要的工业基地，桂林作为高水平的生态型旅游城市，防城港作为华南现代化巨港，各城市应突出重点，协调发展。

第五，建设好关中—天水经济区和兰州新区，将其作为西北开发的引擎。关中—天水经济区包括陕西省西安、铜川、宝鸡、咸阳、渭南、杨凌、商洛部分区县和甘肃省天水市，面积 7.98 万平方公里，人口近 3000 万，直接辐射区域为汉中、安康，延安、榆林、平凉、庆阳、陇南等。关中指陕西秦岭北麓渭河冲积平原，号称"八百里秦川"，土地面积 5.55 万平方公里，包括西安、铜川、渭南、宝鸡、咸阳、商洛 6 个城市。天水位于甘肃东南部，有"陇上小江南"之称，是西北地区重要的工业城市。关中和天水都位于古代丝绸之路之上，联合发展旅游前景良好。关中—天水经济区具有战略区位重要、科教实力雄厚、工业基础扎实、文化积淀深厚、城市化基础较好等优势，应加快关中—天水经济区的发展，以现代科教为支撑，优先发展以高科技为先导的先进制造业和以旅游、物流、金融、文化为主的现代服务业，使之建设成为西部及北方内陆地区的开放开发龙头地区、领先的城镇化和城乡协调发展地区，从而有效优化大西北的经济结构，引导西部地区经济增长方式转变，进一步完善西部市场经济体系，引导区域资源配置跨地区合理流动。兰州新区位于兰州北部秦王川盆地，是国家规划建设的综合交通枢纽，也是甘肃对外交流的重要门户，距兰州市区 38.5 公里，距西宁 198 公里，距银川 420 公里。规划面积 806 平方公里，辖永登、皋兰两县五镇一乡，总人口约 10 万。核心区平均海拔约 2000米。新区区位优势明显，是西陇海兰新经济带的重要节点，地势开阔，适宜大规模集中连片开发建设，引大入秦水利工程横穿新区，水资源能够满足新区未来发展需求；交通便利，连霍高速、京藏高速以及中川机场构成了立体综合的交通网络体系。甘肃计划通过 10 年的努力，把兰州新区打造成为战略性新兴产业、高新技术产业和循环经济的集聚区，国家经济转型和承接东中部装备制造业转移的先导区，传统优势产业和现代化服务业的扩展区，向西开放的战略平台。规划建设石化、高端装备、新能源新材料等七大产业集群以及高新技术产业等五大片区。

第六，抓紧建设好北部湾城市群，将其作为我国大西南重要的出海口。北

部湾城市群包括南宁、北海、钦州、防城港、玉林、崇左 6 市，陆地国土面积
4.25 万平方公里，人口 1300 多万。该城市群地处我国沿海西南端，处于中国
—东盟自贸区、泛北部湾经济合作区、大湄公河次区域、中越"两廊一圈"、
泛珠三角经济区、大西南等多项区域协作的交汇点，是我国华南沿海西部与东
盟国家进行交流往来的主要枢纽。应充分发挥北部湾城市群连接多区域的重要
通道、交流桥梁和合作平台作用，强化开放合作的空间优势，发挥滨海区位优
势，积极承接产业转移，加快建设现代化沿海港口群，打造泛北部湾海上通道
和港口物流中心，积极参与中国—东盟自由贸易区建设，大力推进泛北部湾经
济合作，继续参与大湄公河次区域合作，推动南宁—新加坡通道经济带建设，
形成中国—东盟"一轴两翼"区域经济合作新格局，以开放合作促开发建设，
努力建成中国—东盟开放合作的物流基地、商贸基地、加工制造基地和信息交
流中心，成为带动、支撑西部大开发的战略高地和开放度高、辐射力强、经济
繁荣、社会和谐、生态良好的重要国际区域经济合作区。

三、东北城乡生态化建设

　　东北地区包括辽宁、吉林、黑龙江三省，土地面积 78.8 万平方公里，占
全国国土面积的 8.2%，2014 年人口 1.10 亿，占全国总人口的 8.1%，GDP 总
量 57469 亿元，占全国的 8.4%；人均 GDP 52245 元；地方财政收入 5697 亿
元，占全国的 7.5%；城镇居民人均可支配收入 25579 元，农村居民人均纯收
入 10802 元。东北地区土地肥沃，耕地面积广大，矿产资源和森林资源丰富。
新中国成立以来，东北地区作为国家的重化工业基地，相继新建和改造了众多
的重大工业项目，形成了以钢铁、机械、石油、化工、森工为主导的工业体
系，在装备制造业方面具有坚实基础。同时，东北地区也是我国重要的商品农
业基地，三江平原、吉林中部平原的粮食、大豆生产具有全国战略意义。

　　改革开放以来，东北老工业基地面临着产业结构调整和国有企业改制的重
任，在计划经济向市场经济转轨的过程中，东北地区一度经济发展滞后，资
源、环境问题逐渐凸显，并在重化工业城市表现得尤为突出，与东部沿海发达
地区的发展差距逐渐拉大。（1）资源开发过度。辽河流域、松花江流域的水
资源呈过度开发态势，地下水超采，湿地不断减少，森林资源以及生态功能严
重衰退；草地资源表现出沙化、盐碱化的态势，黑土资源侵蚀严重，土地质量

明显下降。（2）环境污染严重。污染物排放总量大大超过环境自净能力，使河流和部分湖泊、水库受到污染，进而影响地下水，甚至一些地方影响到土壤以及近海海域；一些资源型城市，由于不合理的开采方式和治理滞后，诱发了一系列矿山环境问题，如开采地的地面沉陷、矿山固体废弃物的占地等；广大农村的面源污染也日趋严重。（3）城市问题突出。由于长时期发展重化工业，再加上掠夺型的生产方式，东北地区城镇发展的质量不高，"城市病"突出，比如交通阻塞、生态破坏、居住环境恶劣、工业区与生活区相互干扰等。

2003年，中央提出振兴东北老工业基地战略，由此东北进入了一个发展的新时期。中央指出，东北地区要加快产业结构调整和国有企业改革改组改造，发展现代农业，着力振兴装备制造业，促进资源枯竭型城市经济转型，在改革开放中实现振兴。2012年，国务院在《关于东北振兴"十二五"规划的批复》（国函2012－17号）中指出，着力破解制约东北振兴的体制性、机制性、结构性矛盾，着力加快东北老工业基地调整改造，着力增强科技创新能力，着力保障和改善民生，推动文化和社会事业全面进步，着力加强生态建设和环境保护。

结合国家振兴东北老工业基地战略，东北地区推进城乡建设生态化的对策措施是：

第一，转变价值观念，树立人与自然和谐发展的生态意识。地方政府不仅重视经济发展，还要强调生态环境建设。下决心转变传统的高能耗、高物耗、高排放、高污染的生产方式，刻意发展高附加值加工制造业和高科技产业，改变重工业太重、轻工业太轻、高科技太少的被动局面。对城市职能进行重新定位，由资源型城市上升到区域中心城市或综合性城市；实现优势产业的生态化运营，以信息化和高新技术带动传统产业改造升级，积极发展循环经济。大力发展生态旅游业，以冰雪旅游、森林旅游、海滨旅游、工业旅游为依托，提高旅游业的整体水平，拉动森林绿色食品和林药深加工等产业的发展，形成东北新的经济增长点。

第二，建立健全资源型城市可持续发展长效机制。把促进资源型城市可持续发展作为振兴东北老工业基地的一项重要任务来抓，建立健全推动资源型城市可持续发展的长效机制，包括资源开发补偿机制、衰退产业援助机制、资源性产品价格形成机制等。大力发展接续替代产业，着力解决历史遗留问题，建立可持续发展长效机制。改善基础设施条件，形成比较完备的综合交通运输体系和多元清洁的能源体系。

第三，加强生态建设和环境保护。搞好资源型城市矿区生态环境建设，深入开展矿山生态环境综合整治，促进资源型城市生态环境良性发展；扎实推进重点区域的生态建设，加大沙化和退化土地治理力度，强化水土流失治理；加强节能减排和环境污染治理，以辽、吉、黑三省的大城市和石油化工、冶金、造纸、酿造、医药等行业为重点，推进松花江和辽河两大流域的水污染防治。加强森林、草原、湿地和江河流域等重点生态区保护与治理，强化资源节约和节能减排。

第四，加强省际经济合作，实现优势互补和共同繁荣。在振兴老工业基地的过程中，以优势互补、共同发展为目标，在更大的地域范围内实现资源的优化配置，充分发挥各省产业的比较优势，提高经济区的整体实力。加强区域整体规划，统筹考虑基础设施建设、经济结构调整、产业分工和布局、城市功能定位、生态环境保护等。以哈尔滨—大连铁路为核心发展轴，集中力量建设好哈尔滨、长春、沈阳、大连中心城市和丹东、图们、珲春、绥芬河、黑河等口岸城市。优先建设好辽中南城市群，并使之成为环渤海经济圈的重要组成部分。

第五，加速体制机制创新，推动经济结构调整。加快国有企业改革，鼓励非公有制经济发展，构建全面开放的新格局。以保障国家粮食安全为首要目标，巩固发展现代农业，统筹城乡发展。进一步巩固三江平原、吉林中部平原等国家商品粮基地的战略地位，积极发展高效益大农业。加强宏观调控，推动结构调整，培育优势产业和支柱产业，提升现代装备制造业，大力发展高新技术产业。优先解决好矿山关闭破产、职工安置、沉陷区居民搬迁等紧迫问题，加速推进资源型城市经济转型。大力发展第三产业、特别是现代服务业，积极发展旅游、金融、物流、信息等部门。

四、中部城乡生态化建设

中部地区位于我国内陆腹地，包括山西、安徽、江西、河南、湖北、湖南六省，土地面积 102.8 万平方公里，占全国的 10.7%。2014 年中部地区人口 3.63 亿，占全国的 26.6%；GDP 138680 亿元，占全国的 20.3%；人均 GDP

38204 元；地方财政收入 13490 亿元，占全国的 17.8%；城镇居民人均可支配收入 24733 元，农村居民人均纯收入 10011 元。中部地区自然资源丰富，区位条件优越、历史文化底蕴深厚，产业发展基础较好，是我国重要的能源、原材料和农业生产基地。

改革开放以来，中部地区面临着较为沉重的发展压力，增长速度相对缓慢，与沿海发达地区的发展差距逐渐拉开。2006 年 4 月，国务院下发了《关于促进中部地区崛起的若干意见》，出台了 36 条政策措施，提出要把中部建成全国重要的粮食生产基地、能源原材料基地、现代装备制造及高技术产业基地以及综合交通运输枢纽。至此，中部崛起成为继东部沿海开放、西部大开发和振兴东北等老工业基地之后的又一重要的国家经济发展战略。2009 年 11 月 22 日，国家发改委正式印发《促进中部地区崛起规划》，标志着促进中部地区崛起工作进入了全新的阶段。

在新的发展形势下，中部地区所面临的发展问题是：（1）产业结构落后，原材料工业和重化工业所占比重偏大，传统农业占据主体地位，高效益的经济部门所占比重还比较低。（2）城市体系不够合理，除武汉外，其余五个省会城市总体规模偏小，辐射带动能力也比较差，城市的外向度不够突出。（3）城乡基础设施建设欠账较多，中小城市综合实力不强，小城镇发展缺乏特色。（4）城乡环境问题突出，主要表现在大气污染、水体污染、重金属污染、农药残留等。（5）中部地区属于国家主要的商品农业基地，但近些年对农地的占用过多，一些商品粮基地的基本农田也被大量挤占。

在新一轮开放开发的背景下，中部地区的生态环境面临着空前的压力，应采取一系列得力举措推进城乡生态化建设。

第一，把握发展机遇，加速开放开发。我国沿海发达地区的劳动密集型产业、资源密集型产业正向中西部转移，国内外的经济形势有利于中部地区进行产业结构调整，基础设施和公共服务的加快建设在很大程度上改善了中部地区的投资环境。中部地区应大力发展战略性新兴产业，逐步退出过时的资源型和原材料产业。

第二，以"两型社会"建设为主打品牌。2007 年 12 月，武汉城市圈和长株潭城市群被国家批准为资源节约型和环境友好型综合配套改革试验区，成为全国"两型社会"建设先行先试的示范基地。中部开放开发较晚，可充分借鉴我国东部、东北和西部的建设经验，强调多维度的合理发展，谋求经济效益、社会效益和生态环境效益的多赢。在城市化进程中，应严格保护耕地、尤其是基本农田，杜绝建成区的无序蔓延和开发区的盲目扩张，能用劣地就不用好地，能用非耕地就不占用耕地。在旧城改造的过程中，尽量向空中和地下要地。把污染物、废弃物的排放总量作为刚性控制指标，根据区域环境荷载力确定严格的生态环境阈限和污染控制标准。大力推行绿色生产和 ISO14000 系列标准，变企业生产的末端控制为全程控制。

第三，优化产业结构，培育高效益的产业集群。促进城市产业升级，从主要依靠第二产业带动向三次产业协同带动转变，积极发展现代服务业。太原要从煤钢型产业结构向综合型、创新型产业结构升级；郑州应大力发展现代商贸物流业，构建我国中部的高速交通枢纽；武汉侧重于产业升级，培育以光电、汽车为主导的现代产业集群，促进城市圈的整体提升；长沙应加强与株洲、湘潭的联系，构建生态型高科技城市群；南昌作为鄱阳湖生态经济区的核心，抓紧将自身做大做强；合肥作为皖江城市带的中心城市，应抓紧培育强有力的产业集群，增强城市的辐射带动功能。

第四，将新能源建设作为中部崛起的重要动力。在国家新能源战略背景下，中部应大力发展新能源产业，掌握更多的战略主动权，带动相关行业的发展。结合山西省情，应大力推进煤电一体化建设，加强煤炭资源的深加工，抓紧研制煤改油技术工艺。湖南株洲、湘潭等地已被国家列为风力发电装备制造基地，要努力搞好大功率风力发电机的推广应用。武汉、长沙、合肥等地可立足于自身的技术优势，加速开发新能源产业。核电是中部新能源战略的重要环节，当前要做好核电厂址选定工作，对已确定的核电项目要加快进程，力求早日开工建设，力争通过核电站的建设带动一批产业。

第五，加快构建相互衔接、互为补充、协调发展的综合交通体系。以客运专线、城际铁路、区际通道、煤运系统和重要枢纽为建设重点，扩大铁路网总规模，完善路网结构，提高铁路运输能力和服务水平。以改善中心城市航空运输条件和促进旅游资源开发为重点，完善干线机场功能，稳步发展支线机场，实现航空枢纽、干线和支线有机衔接。以长江干线等高等级航道和主要港口为核心，形成航道干支通畅、江海直达、港口布局合理、设施完备，运输船舶标准化、专业化，支持保障系统完善、技术先进，与其他运输方式相互衔接、协调发展的内河水运体系。加快成品油、原油管道和天然气管道建设，进一步完善石油、天然气管网系统。进一步加快现代物流基础设施建设，将郑州、武汉等省会城市建设成为全国性交通枢纽城市。

第六，加快建设长江中游城市群。长江中游城市群包括武汉城市圈、长株潭城市群、鄱阳湖经济圈和皖江城市带。武汉、长沙、南昌、合肥作为长江中游城市群的中心城市，具有交通区位、水资源、农业生产、工业基础、科技研发等方面的优势。随着长江黄金水道的大规模改造，尤其是高速铁路的建设，这些中心城市的辐射能力和对外联系显著加强。现阶段需要消除四省之间的贸易壁垒，整合资源，集成优势，依托长江构建高效益的滨水型城市带。长江中游城市群的建设，应作为中部崛起的主要突破口。推动城市联动集群发展，抢占区域经济发展制高点，已成为四省共同面临的重大课题。只有实现资源要素聚集、优化、提升、重新配置，体现信息共享、利益均沾、优势集成，才能形成突破性发展，实现整体效应。基于国家中长期宏观发展背景，长江中游城市群作为新时期国家重点建设的城市带，有望成为继长三角、珠三角、京津冀之后的中国宏观经济第四极。

五、四大区域城乡建设生态化的协调推进

基于经济社会综合实力、生态环境承载能力、资源能源支撑能力和科技创新推动能力的不同，四大区域的城乡生态化建设应合理定位，建立区域协调机制，注重区域间发展的协调性，对区域开发实施正确导向和严格约束，以逐步缩小地区差距，达到共同进步、共同繁荣的目标。

建立区域协调机制，注重区域间发展的协调性。（1）健全市场机制，从根本上打破区域经济发展环境相对封闭的状况，建立全国统一、规范、有序的开放性市场体系，实现生产要素在区域间自由活动。（2）健全产业机制，引导和促进东部地区劳动密集型产业向中西部地区转移。以产业政策为核心，在产业、土地、劳动力、能源资源、税收五个方面实行差别政策，对不同区域的传统劳动密集型和资本技术密集型产业的发展实施不同的政策，给中西部地区发展劳动密集产业更多的优惠政策，对东部沿海发达地区加快产业升级步伐更多的鼓励和支持。（3）健全合作和互动机制，利用东部与中西部地区的对口支援、定点扶贫等关系，采取改造、兼并、技术支援等方式，实现区域经济协

作和技术合作，形成东引西联、内外结合、对口支援、联动发展的格局。（4）健全扶持机制，按照公共服务均等化原则，加大国家对欠发达地区的支持力度，加强交通运输建设，尤其是加强亚欧大陆桥、长江黄金水道、沿海大通道、京广和京九等一系列大通道的建设，加强各大区域之间和各大区域内部的联系，以此作为加强区域协作的基础条件。

对区域开发实施正确导向和严格约束。根据国家主体功能区划，将区域划分为优化开发、重点开发、限制开发、禁止开发等功能类型，分别采取不同的发展战略和经营策略。东部沿海和东北老工业基地大部分地区属于优化开发区域，主要是改造提升，制定严格的集约用地标准和产业项目水耗、能耗、污染物排放标准，颁布不同行业的资源回采率、综合利用率、回收率以及污染废弃物综合处理率等强制性标准；明确扶持自主创新、循环经济、清洁生产等方面的税收优惠标准；追赶和跟踪发达国家的先进技术，促进全国产业结构升级，谋求更好的开发收益。西部大部分地区和中部的一些生态相对敏感地区则强调生态环境保护，属于限制开发区域，通过生态补偿、财政转移支付，加强中西部地区的公共服务等措施来实现公共服务的均等化，通过制定投资补贴、税收减免、信贷投放等方面优惠政策扶持特色优势产业发展，实施严格的土地用途管制和新增建设用地规模速度控制，制定居住、就业、社保、教育、卫生等方面补助政策，引导当地居民向外迁移或在当地集中生活，注重人地协调发展。中部大部分地区则应开发与保护并重，针对中部地区基础设施普遍落后的现实，需要重点开发，加大对交通、能源、水利、水电气热供应、污水垃圾处理等基础设施和公用事业发展的财政资金、国际资金、民间资金等投入的优惠力度，确定土地优先供地的额度、速度指标和简化程序，制定土地置换的优惠办法，制定一系列吸引产业项目进入和集聚的投资补贴、税收减免、信贷优惠等实施办法，从就业安置、社会保障、教育文化、医疗卫生等方面分别制定鼓励和吸引农业劳动力进入城镇的优惠政策。

四大区域城乡建设的生态化推进要注重与国家级生态保护与环境治理工程的推进相结合。生态保护与环境治理工程是指人类应用生态学和系统学等学科的基本原理和方法，通过系统设计、调控和技术组装，对已破坏的生态环境进行修复、重建，对造成污染破坏的传统生产方式进行改善，并提高生态系统的生产力，从而促进人类社会和自然环境的和谐发展。由于地理与气候条件的原因，我国形成了长江和黄河上游地区、喀斯特岩溶地区、黄土丘陵沟壑区、干旱荒漠区和海岸带等一系列典型生态脆弱区，面临着水土流失、草地沙化、石漠化、沙尘暴、泥石流、滑坡等生态环境问题。为了改善生态环境，国家先后实施了一系列生态保护与环境治理工程，这些工程是针对生态失衡的具体问题，采取多部门协作的方式，从全国视野加以部署，并为工程本身及其相关的基础设施建设、产业经济发展等配备了一系列项目、资金和政策，确保工程的顺利实施。各区域开展城乡建设，若能积极对接和争取国家生态保护与环境治理工程项目，定能借助国家工程项目建设的东风，推进区域城乡建设的生态化进程。

伴随基础生态学、应用生态学、环境工程学、系统论、控制论等科学研究取得的重大进展，我国生态工程理论和实践体系不断完善，先后开展的大规模生态保护和环境治理工程有三北及长江流域等防护林体系建设工程、水土保持工程、天然林资源保护工程、退耕护岸林还草工程、湿地保护工程等。

国家生态保护和环境治理工程的实施，使我国生态环境有了明显好转，森林面积和森林蓄积量显著增加，草原植被得到有效恢复，水土流失综合治理稳步推进，沙化、荒漠化整体扩展趋势得到抑制，典型生态系统和生物多样性得到有效保护，环境污染得到有效治理。

国家坚持污染防治与生态保护并重、生态保护与生态建设并举，环境污染防治工作开始从点源管理向面源和流域、区域治理发展，治理模式也由末端治理开始向全过程控制转变。近年来，随着经济的高速发展，我国污染治理工作的力度不断加强，国家提高了电力、钢铁、石化等13个高耗能、高排放行业建设项目的环境准入条件，积极推进淘汰落后产能，并开始推行清洁生产，大力发展循环经济，主要污染物排放总量逐步得到控制，重点流域区域污染防治扎实推进，大气污染防治取得新成效。

2013年，国家提出长江经济带发展战略，把长江经济带作为未来一段时期我国经济社会发展和转型的重要支撑。重点建设上海、武汉、重庆三大航运中心，提高长江黄金水道的通航能力，以云南省为枢纽地带，打通中国—巴基斯坦、中国—缅甸—印度的大通道，加强我国西南地区与印度洋的联系。长江经济带战略是新时期我国的重大区域开发战略，它有利于东、中、西互动，推动全国生产力的相对均衡布局，有利于国家的长治久安和可持续发展。

表 4 - 1　国家"十二五"生态环境保护重点工程

名称	主要内容
主要污染物减排工程	包括城镇生活污水处理设施及配套管网、污泥处理处置、工业水污染防治、畜禽养殖污染防治等水污染物减排工程，电力行业脱硫脱硝、钢铁烧结机脱硫脱硝、其他非电力重点行业脱硫、水泥行业与工业锅炉脱硝等大气污染物减排工程。
改善民生环境保障工程	包括重点流域水污染防治及水生态修复、地下水污染防治、重点区域大气污染联防联控、受污染场地和土壤污染治理与修复等工程。
农村环保惠民工程	包括农村环境综合整治、农业面源污染防治等工程。
生态环境保护工程	包括重点生态功能区和自然保护区建设、生物多样性保护等工程。
重点领域环境风险防范工程	包括重金属污染防治、持久性有机污染物和危险化学品污染防治、危险废物和医疗废物无害化处置等工程。
核与辐射安全保障工程	包括核安全与放射性污染防治法规标准体系建设、核与辐射安全监管技术研发基地建设以及辐射环境监测、执法能力建设、人才培养等工程。
环境基础设施公共服务工程	包括城镇生活污染、危险废物处理处置设施建设，城乡饮用水水源地安全保障等工程。
环境监管能力基础保障及人才队伍建设工程	包括环境监测、监察、预警、应急和评估能力建设，污染源在线自动监控设施建设与运行，人才、宣教、信息、科技和基础调查等工程建设，建立健全省市县三级环境监管体系。

资料来源：国家环境保护"十二五"规划。

第三节 | 统筹城乡建设生态

一、加大城乡统筹的推进力度

我国是一个传统的农业大国，农民占到中国人口的大多数。新中国成立以来，我国长期实行城乡相对分割的二元结构体制，导致城乡社会经济发展严重失衡。长期以来，我国城乡经济社会发展形成了严重的二元结构，城乡差距不断扩大，"三农"问题日益突出。

在基础设施和公共服务设施建设方面，中小城市做得比较好，大城市做得更好，但农村基础设施和公共服务设施建设投入不足，城乡发展差距非常显著。在我国中西部广大地区，尤其是偏远的山区和经济发展相对滞后的地区，农村还很落后，基础设施和公共服务设施建设欠账甚多。

城乡投资失衡，城市得到大量的资金投入，但农村获取资金有限，农业经济发展缓慢，城乡发展差距越拉越大。从目前的情形来看，中心城市与广大农村所获得的资金支持是完全不等的。大城市每修1公里地铁需要投入6亿～7亿元，每建一个五星级宾馆需要投入8亿～12亿元，这相当于一个贫困县1年的财政收入。

资源要素流动和农村劳动力转移失衡，农民就业环境改善缓慢，城乡就业差距明显。我国目前有2亿多农民工，他们在城市和企业里难以享受城里人的正常待遇，工作强度大，劳动报酬低。改革开放以来，农民工的问题就长期存在，尽管各级政府想了很多办法，也出台了诸多的改进措施，但农民工在城市里被歧视的情况迄今未能得以全面的改观。

城乡居民收入增长失衡，收入、消费差距不断扩大。目前，我国城乡居民经济收入存在着显著差距，城乡居民实际收入比大约是2.5～3.0:1。总体来看，这些年城乡居民经济收入差距并没有缩小，在一部分地区还表现出扩大的趋势。

城乡经济体制改革失衡，农村制度供给落后，各种相关制度不能很好地适应农村经济的发展要求。这方面突出的问题主要是土地流转的问题、农民子女受教育的问题、农村医疗的问题、农民养老的问题、基础设施和改革服务配套的问题，等等。城乡二元结构的制度和体制差异，已经成为制约我国农村经济社会发展的重要限制性因素。

城乡统筹是以城市与农村一体化发展思维为指导，以打破历史和制度设计形成的城乡二元结构为出发点，立足城市发展，着眼农村建设，缩小城乡发展差距，城市与农村共同富裕文明。城乡统筹的关键，是城乡协调发展，城市带动乡村，通过城乡资源共享、人力互助、市场互动、产业互补，通过城市带动农村、工业带动农业，建立城乡互动、良性循环、共同发展的一体化体制。城乡统筹发展是解决我国"三农"问题的总体思路和战略选择，是加快我国农村全面建成小康社会的重大举措。

结合我国国情和经济社会发展实际，统筹城乡发展应从以下方面予以加强。

第一，统筹城乡产业的发展。我国现有的产业分类，是第一产业以农业为主，第二产业以工业和建筑业为主，第三产业以服务业为主。由于长期存在的"剪刀差"，农产品价格便宜，农业的比较效益差，致使农业、农村发展乏力。为了改变这种不平衡的发展状况，需要统筹城乡产业发展，以工业化支撑农业、农村的发展，促进农村剩余劳动力向二、三产业转移，建立以城带乡、以工促农的发展机制，加快现代农业和现代农村建设，提升农村经济社会发展的水平。建立农工商一体化发展机制，建立农场＋加工企业发展机制。关键在于，要让农民分享农产品深加工的利润，而不仅仅是农副产品、原材料层面的微薄收益；要让农民分享现代服务业发展的红利，而不仅仅是停留在被支援、被反哺的层面。

第二，让更多的农民变成市民。随着城市化的推进，越来越多的农村劳动力转移到第二、三产业。农民向非农产业转移，向城镇集聚，是工业化、现代化的必然趋势。农民进城务工，促进了工业和服务业的城市经济发展，但长期以来，进城农民的身份难以转变，农民工享受不到城市职工的各种待遇。应当尽快建立城乡一体的劳动力就业制度、户籍管理制度、教育制度、土地征用制度、社会保障制度等，给农村居民平等的发展机会、完整的财产权利和自由的发展空间。下决心改革现有的不合理的户籍制度，实行"身份证面前人人平等"，让进城农民成为真正的市民。在我国大中城市，应尽快推行常住人口制度，农民进入城市并在该城市从事长时期工作的，就应该被视为该城市的居民，其本人、其配偶和子女，都应作为该城市的正式居民，能够以平等的身份融入该城市的社会生活。

第三，统筹城乡社会保障。加大对城乡贫困群体的社会救助力度。重点解决农民工和失地农民的就业、大病医疗、工伤问题，然后再逐步推进到养老、生育等其他项目，才能实现"城乡居民人人平等享受社会保障"。统筹城乡医疗卫生，统筹城乡医疗卫生事业协调发展。逐步缩小城乡卫生差距，以满足农民不同层次的医疗卫生需求，从整体上提高农民的健康水平和生活质量，是全面建设小康社会的需要，也是确保国民经济持续快速健康发展和国家长治久安的需要。

第四，统筹城乡的文化教育建设。不断加强农村文化体育基础设施建设，不断提高广大农村的社会文明程度。广泛开展农民精神文明创建活动，丰富农民的精神文化生活，倡导健康文明的生活方式，促进农民向市民生活方式转变。统筹城乡教育发展的核心是实现教育资源分配和教育水平的均衡化发展，重点是在师资力量配备、完善硬件设施、城乡结对共建等方面寻求教育均衡化的突破口。将教育投入向农村倾斜，将城市的优势教育资源向农村延伸，让农村的孩子能够接受良好的教育，而不是在孩童时期就输在起跑线上。

第五，改革现有的分配和投入机制。调整国民收入分配结构和财政支出结构，增加对农业、农村和农民的投入，逐步形成国家支农资金稳定增长的机制。加快建立健全以工促农、以城带乡的政策体系和体制机制，形成城乡良性互动的发展格局。改变国民收入分配中的城市偏向，进一步完善加大对"三农"的财政支持力度，加快农村公益事业建设，建立城乡一体的财政支出体制，将农村交通、环保、生态等公益性基础设施建设都列入政府财政支出范围。

第六，统筹城乡规划建设。目前，我国城市与乡村的规划建设基本上属于两条线，城市以建设用地为主，乡村以农用地为主，建设用地与农用地之间需要根据土地利用规划和建设用地指标才能流转。宅基地再利用方面，也存在着诸多问题。农村人口进城之后，造成原有的宅基地大量闲置，但流转难度甚大。需要改变眼下城乡规划分割、建设分治的被动状况，把城乡经济社会发展统一纳入政府宏观规划，协调城乡发展，促进城乡联动，实现共同繁荣。在有条件的地方，统筹城市规划、乡村规划、土地利用规划的编制工作，实现"多规合一"，以协调各方面的发展关系。

二、将新型城市化作为加速区域发展的重要手段

我国农村人口多，城市化水平还比较低，城乡二元结构矛盾突出。结合2020年全面建成小康社会的发展目标，在2020年以前，我国城市化率每年需

要提高 1 个百分点以上。也就是说，全国每年新增城市人口 1350 万以上。

城市化能够促进土地增值，带动房地产和服务业的发展，从而有效激活地方经济。根据我国各地的情况，可选择大城市边缘区、典型的农业地区、开发区及周边地区开展城乡一体化的试点工作，并与基础设施和公共服务设施建设相结合，以拉动区域经济的发展。

城市化率要与经济社会发展速度相协调。针对每年新增加的城镇人口，必须进行基础设施、公共服务以及相关领域的配套建设，这就需要相当大的经济投入，单靠政府财力是难以负担的。因此，必须调动多方面的积极性，并借助外界的力量，以减轻政府的财政压力。

在强调城市群和中心城市带动作用的同时，还要重视小城镇、尤其是县城的协调发展。从严控制特大城市的人口规模，引导乡村人口更多地向中小城市和小城镇转移。从全国来看，比较理想的方案是，新增的城镇人口，一半由县城和建制镇吸纳，1/4 由中小城市吸纳，还有 1/4 由大城市和特大城市吸纳。需要降低农民进城的门槛，政府给予政策优惠和资金补贴，以促进新型城镇化的有序推进。

我国"三农"问题的解决，不能就农业论农业，就农村论农村，就农民论农民，不能把农民排斥在工业化和城镇化的进程之外。必须跳出"三农"看"三农"，通过城乡资源共享、人力互助、市场互动、产业互补，通过城市带动农村、工业带动农业，建立城乡互动、良性循环、共同发展的一体化体制。从全国来看，农业的问题需要工业参与解决，农村的问题需要城市参与解决，农民的问题需要依靠劳动力转移来解决，"三农"问题的解决需要工业化和城镇化的强力支撑。必须实现农业与工业、农村与城市、农民与市民之间的合理转换与良性互动。没有城市的积极参与，没有工业的有力支持，农村全面小康就难以顺利实现。

"十三五"和中长期规划的制订，要把农村经济与社会发展纳入整个国民经济与社会发展体系，以城乡一体化发展为路径，打破城乡界线，优化资源配置，更多地关注农村，关心农民，支持农业，实现城乡共同繁荣。只有减少农民，才能富裕农民，"减少农民"是解决"三农"问题的根本出路。农村剩余劳动力的适时转移与充分就业，是实现农业现代化、促进经济长期繁荣的必要前提。

编制城乡统筹发展系列规划，包括城乡统筹产业规划、城乡统筹用地规划、城乡统筹基础设施规划，促进城乡分割的传统二元结构向城乡一体的现代一元结构转变。政府增加对农村道路、交通运输、电力、电信、商业网点设施等基础设施的投入。农村工业向城镇工业园区集中，城市基础设施向农村延伸，城市社会服务事业向农村覆盖。加强现代农业基础支撑，着力构建集约化、专业化、组织化、社会化相结合的新型农业经营体系。

建立城乡一体的劳动力就业制度、户籍管理制度、教育制度、土地征用制度、社会保障制度等，给农村居民平等的发展机会、完整的财产权利和自由的发展空间。统筹城乡社会保障，包括农村公共卫生、农民养老保险和医疗保险、农村社会保障制度。要把统筹城乡教育作为统筹城乡发展的首要工程。缩小城乡教育差距，优先发展农村教育，增加农村教育投入，构建城乡教育发展共同体。

我国农村宅基地的问题是：布局散乱，粗放利用，存在着一户多宅、超标占地的情况，农民只有使用的权利，退出机制不够健全，形成大量空心村、闲置地，导致乡村用地的不合理。采用经济手段推动农村闲置宅基地的退出与流转，农民用闲置宅基地可置换商品房、农民公寓房或货币补偿。稳妥推进农民宅基地抵押担保转让，探索增加农民财产性收入的新路子。

建立起适合我国国情实际的土地要素有序流动、平等交换、合理利用的土地市场。对农村居民整户连续八年以上在城镇有稳定职业并购置住房，已成为事实的城镇居民的宅基地实行收回补偿机制，其承包地经营实行依法、自愿、有偿流转。

三、切实解决好农民工问题

农民工是我国特有的城乡二元体制的产物，是我国在特殊的历史时期出现的一个特殊的社会群体。在我国二元户籍制度背景下，农民工实际是指身在城市从事非农业工作的农业户口的工人。

改革开放以来，在农村实行家庭联产承包责任制，从土地上解放出来的农民，开始大量涌入城市。开始时农民工大量进入建筑业，接着就是制造业和服务业。随着改革开放的深入，中西部地区的农民大量迁移到东部经济发达地区，再有就是就近流动到快速发展的本地城镇。

根据国家统计局发布的《2014 年全国农民工监测调查报告》，2014 年全国农民工总量为 27395 万人。其中，外出农民工 16821 万人，本地农民工 10574 万人。按输出地分，东部地区农民工 10664 万人，占农民工总量的

38.9%；中部地区农民工 9446 万人，占农民工总量的 34.5%；西部地区农民工 7285 万人，占农民工总量的 26.6%。在全部农民工中，男性占 67.0%，女性占 33.0%。分年龄段看，农民工以青壮年为主，16—20 岁占 3.5%，21—30 岁占 30.2%，31—40 岁占 22.8%，41—50 岁占 26.4%，50 岁以上的农民工占 17.1%。高中及以上农民工占 23.8%。接受过技能培训的农民工占 34.8%。在全部农民工中，16425 万人在东部地区务工，5793 万人在中部地区务工，5105 万人在西部地区务工。外出农民工中，跨省流动农民工 7867 万人，占外出农民工总量的 46.8%。在外出农民工中，流入地级以上城市的农民工 10885 万人，占 64.7%。农民工在第二产业中从业的比重为 56.6%，在第三产业从业的比重为 42.9%。

农民工问题是指中国大陆由于农民进入城市参与经济活动后涉及的一系列权益保障的总称，其根源在于城市文化派生出来的对乡村的政治、文化、经济的排斥而产生的人的等级观念的歧视。农民工从事行业的基本特点是：体力要求较高的房地建筑工、城市清洁和环境保护的操作工种、绿化养护的苗木工、居民家中的钟点工或保姆、厨师、服务员等脏、累、险、差工种。农民工子女一般没有城市户口，其教育成为一大问题。农村打工者没有参保意识，在发生工伤或疾病时，不能享受医疗保险。农民工生活质量普遍不高，居住环境质量差，精神生活状态令人担忧。

要逐步地、有条件地解决长期在城市就业和居住农民工的户籍问题。中小城市和小城镇要适当放宽农民工落户条件；大城市要积极稳妥地解决符合条件的农民工户籍问题，对农民工中的劳动模范、先进工作者和高级技工、技师以及其他有突出贡献者，应优先准予落户。

社会对于农民工问题的关注，很大程度上停留在讨薪、工伤维权等"物质权益"层面，对于农民工的心理、情感等"精神权益"层面的关注，显然还不够。新型城镇化释放出的红利，应更公平地普及到包括农民工在内的弱势群体身上。

农民进城就业和农民变为市民，将伴随我国工业化、城镇化与解决"三农"问题的全过程。解决农民工问题既是一个紧迫的现实课题，又是一个较长的历史过程，基本思路应当是立足当前、着眼长远，明确目标、统筹安排，分阶段逐步推进。

农民进城就业和农民变为市民，将伴随我国工业化、城镇化与解决"三农"问题的全过程。解决农民工问题既是一个紧迫的现实课题，又是一个较长的历史过程，基本思路应当是立足当前、着眼长远，明确目标、统筹安排，分阶段逐步推进。

我国现有 3.4 亿劳动力主要从事农业生产，农村劳动力向非农产业和城镇转移，仍然是长时期和艰巨的任务。总体来看，城乡就业的难点主要在农村，要把加快农村富余劳动力转移作为重要任务。在发展高新技术产业的同时，大力发展劳动密集型产业和服务业。促进中小城市和小城镇的发展，提高吸纳农村转移劳动力的能力。在推动东部沿海地区产业升级的同时，在中西部地区积极发展制造业和服务业，为农民就地就近转移创造条件。扶持农民工返乡创业，以创业促进就业。基于劳动密集型产业向中西部转移的背景，农民工返乡创业前景广阔。对农民工返乡创业，应实行尊重创业、因势利导、积极支持、完善服务的方针。

公平对待农民工，推动基本公共服务均等化，健全普惠的公共服务制度。农民工所需要的公共服务经费，应以政府财政投入为主，采取各级财政分级负担的方式。加大户籍制度改革力度，推进劳动就业、义务教育、计划生育、医疗卫生、社会保障等与户口性质相关的行政管理、社会管理等制度的配套改革，逐步形成农民工与城市居民身份统一、权利一致、地位平等的制度体系。

第 5 章

绿色小城镇：城乡建设生态化的战略选择

第一节　何谓绿色小城镇

一、基本内涵

城镇包括城市（city）和镇（town），除了拥有行政中心外，还包括一定的人口规模、一定的非农业人口比例、建成区的规模等。城镇化是指农村人口不断向城镇转移，第二、三产业不断向城镇聚集，从而使城镇数量增加，城镇规模扩大的过程。城镇可持续发展理论是一种新的理论，其支撑学科主要有地理学、生物学、生态学、环境科学、高新技术等。

表 5－1　城镇可持续发展基础理论

年代	提出者	主要理论	基本思想
1898	霍华德［英］	田园城市	城市与乡村融合
1904	Tony Carnier［法］	工业城市	城市功能分区思想
1915	格罗皮乌斯［德］	新建筑运动	城市发展三大经济原则
1922	勒·柯布西耶［法］	明日城市	城市集中主义和阳光城市
1932	F. L. 莱特［美］	广亩城理论消失中的城市	城市分散主义
1933	CIAM（1933）	雅典宪章	城市四大功能：居住、工作、游憩、交通，科学制定城市总体发展
1939	C. 佩里［美］	邻里单位理论	社区居民环境
1942	E. 沙里宁［芬兰］	城市：它的发展、衰败与未来	有机疏散理论
1961	L. 芒德福［美］	城市发展史	人的尺度
1977	CIAM（1977）	马丘比丘宪章	市民参与和文化遗产保护

年代	提出者	主要理论	基本思想
1981	国际建筑师联合会第十四届世界会议	华沙宣言	建筑—人—环境作为一个整体，并考虑人的发展
1987	WCED	我们共同的未来	可持续发展
1992		里约宣言21世纪议程	
1995	R. Vknight［奥地利］	以知识为基础的发展：城市政策与规划之含义	整体的城市观、知识社会里城市发展的若干原则
1999	Iain Begg［美］	城市竞争力模型	部门趋势、公司特征、商业环境和革新与学习为城市的核心竞争力

我国长期推行"城市偏向"的发展战略，使得城乡差距和工农差距不断扩大，城乡二元结构、"三农"问题突出，成为阻碍我国城镇与农村、工业与农业协调发展的桎梏。城乡二元结构、"三农"问题的妥善解决，是我国经济社会发展的主要任务。我国现已进入以工促农、以城带乡的发展阶段，进入克服城乡二元结构、形成城乡统筹发展格局的新时期。国家重视城乡二元结构问题的解决，相继出台了一系列政策措施来缩小城乡差距，促进城乡一体化的发展。

表5-2　国内外推进城镇化的经验与启示

美国推进城镇化的经验	①重视基础设施建设，强调城镇化相对均衡地推进。②倡导科技先导和技术革命，谋求城镇化与工业化协调发展。③建立健全社会保障，着力解决就业、住房问题。④协调城乡发展，确保城镇化健康持续推进。城镇化早期，积极扩大城市规模；城镇化中后期，引导人口和工业外迁郊区；城镇化成熟期，积极改造中心城区，推动城乡一体化建设。
英国特色小城镇建设经验	在英国，小城镇在扩大就业、疏散中心城市人口、合理配置资源、缩小城乡差别、推进城乡一体化建设、保护生态环境等方面，都发挥了积极作用。其经验主要包括：以立法规范建设行为；政府引导小城镇的规划建设；依托产业推动小城镇发展；保护生态环境，谋求人地和谐；保护历史文化景观。

韩国"新村运动"实施经验	政府重视改善农民的居住条件和生活环境，通过一系列行之有效的措施，启发农民并得到积极响应。主要措施包括：加强农村基础设施建设，改善住房条件，农村电气化改造，农村饮用水改造，农村道路建设；推进农业专业化生产，积极发展高效农业，借此增加农民收入；大力发展农协组织，推动农村合作社的建设；积极兴建村民会馆，使村民拥有活动场所和发展平台。
上海推进郊区城镇化的经验	①通过多种方式促进郊区城镇化：有自上而下的城市化，即人口和产业向大城市集中；有自下而上的城市化，即人口和产业就地转化，实现乡村城镇化。②通过产业结构的高级化促进郊区城镇化，主要是大力发展非农产业，提高农民的经济收益。③通过城乡经济的融合，推动郊区城镇化进程。④在浦东新区进行大规模的开发建设，迅速实现现代化和城市化。
天津市小城镇建设经验	随着城镇化的推进，开展"宅基地换房"试点，扎实推进农村建设用地管理，农民以宅基地交换城市住宅；坚持城乡统筹，形成良性互动格局；加大城镇建设资金投入，主要用于基础设施建设；创新小城镇规划建设管理模式，统一制定小城镇规划和土地利用规划，做到多规合一。
成都市城乡统筹发展模式	在 2003 年明确提出"统筹城乡经济社会发展、推进城乡一体化"。2007年国家批准成都作为全国城乡统筹综合配套改革试验区，主要经验有：推动工业和人口以"三个集中"为核心，推进经济社会要素集中优化配置；以市场化为动力，通过创新制度设计促进生产要素流动；以规范化服务型政府建设和基层民主政治建设为保障，构建统筹城乡发展的经济社会管理体制；做大做强支撑产业，强化统筹城乡发展的产业基础。
对我们的启示	第一，做好城镇规划，指导城镇建设和发展；第二，加快产业发展，以产业带动城镇建设；第三，加强制度创新与社会保障体系的完善；第四，注重生态环境保护，提高城镇发展的环境承载能力。

绿色城镇化是以可持续发展为统领，以集约高效为导向，以绿色科技为支撑，以全面提升城镇化质量和水平为目标，以新型工业化、农业现代化和信息化为核心动力，推进城镇发展集群化、生态化、低碳化、统筹化、人本化、品牌化，走城镇规模、经济效益和建设速度相协调，城镇建设和乡村发展相统筹，自然生态和人文生态相结合，历史、文化、生态、发展相统一的城镇化发展道路。绿色城镇化的"绿"就是要构筑绿色空间、发展绿色产业、打造绿

色经济、引导绿色消费、倡导绿色生活、凝聚绿色实力、谋求绿色发展。具体包括以下特征：

集约城镇化 通过产业集群、人口集聚、土地集约利用、基础设施共享、要素市场共享（包括产品市场、人才市场、技术市场等）等，发展循环经济，提高知识、技术、信息贡献，强化规模效应，转变发展方式，建设集约城镇。

生态城镇化 按照生态化标准，对垃圾、污水、噪音等污染物进行达标处理和控制，增加绿地、林地面积，突出城镇生态建设，推动城镇与自然、人与城镇环境和谐相处，建设生态城镇。

低碳城镇化 体现人与自然、生态环境的协调，形成政府运营中的绿色低碳，企业生产管理中的绿色低碳，居民工作、生活和出行的绿色低碳，以及全社会的低碳行动等，实现城镇自身的低碳运营和城镇之间的低碳交流。

人本城镇化 充分考虑居民需求和发展，满足居民物质、精神、成长和权利的需求。要不断提高城镇居民的生活水平和居住条件等，完善城镇的社会公共服务设施，提高医疗、文化、教育水平。

品牌城镇化 每个城镇（包括县和镇）都要有自己的特色，要有体现自身特色的总体定位，有体现自身特色的经济、主导产业、产品，文化和形象设计等，打造出独一无二的城镇品牌。

城乡统筹城镇化 统一城乡规划，统筹城乡建设，将城镇化和新农村建设相结合；统筹城乡产业发展，形成一、二、三产业有机联系的产业链、产业网络等；统筹城乡公共服务，形成覆盖城乡的公共服务体系；统筹城乡制度，形成城乡一体的户籍、教育、医疗、文化等制度。

二、建设模式

小城镇位于城市之尾、农村之首，搞好小城镇的建设，对于加快城镇化进程具有重要意义。建设"两型"小城镇，就是要在资源节约、环境友好的框架下，推进小城镇的建设，实现绿色城镇化。

（1）以"两型"小城镇建设推进城乡空间结构优化

小城镇建设是提升城镇体系的重要环节。但长期以来的政策倾斜，使得中心城市发展迅速，小城镇发展滞后，并已成为制约区域经济和城镇发展的限制性因素。加快"两型"小城镇的建设，使小城镇成为城镇体系的重要组成部分，借此推动乡村的城镇化进程，促使更多的农村人口进入小城镇发展，充分发挥小城镇在城镇体系中承上启下、沟通城乡的桥梁作用。采取非均衡发展战略，做大做强资源环境基础较好、发展潜力较大的小城镇，借此加速区域经济社会的发展。强调因地制宜，坚持优势优先，注重形成各具特色的小城镇发展体系和空间布局。通过"两型"小城镇的建设，优化土地利用结构，提高土地利用效率，尤其是盘活闲置土地资源和低效利用的土地资源。

一方面，通过"两型"小城镇建设，充分挖掘小城镇闲置的存量土地资源，有效缓解当前中心城市土地资源日益紧张和新增建设用地空间受限的局面，实现中心城市土地利用结构的优化调整。另一方面，随着农村人口、农村工业向小城镇的集聚，乡村土地建设压力也将不断减小，以"两型"小城镇建设加快农村土地利用结构调整步伐，促进现代农业、生态农业的高速发展。同时，通过加强小城镇土地使用和流转方面的制度创新，合理确定小城镇用地规模，从而实现城镇本身的土地利用结构的调整。

（2）以"两型"小城镇建设加快城乡经济结构调整

通过"两型"小城镇建设调整城市产业结构。由于中心城市对高土地利用收益率的追求，使其在产业类型的选择上往往更偏向于第三产业，而将生产功能和部分居住功能逐渐向周围小城镇或者卫星城镇转移，小城镇成为了中心城市产业转移的首选之地。通过"两型"小城镇建设，承接中心城市转移的产业，使不符合中心城市功能与定位的产业逐渐转移出来，大力调整城市产业结构，加快发展中心城市高新技术产业和现代服务业，从而有效转变城市经济增长方式。同时，在产业转移的过程中，要充分利用新技术与新工艺对污染企业进行改造提升，避免污染向小城镇的转移，促进小城镇产业结构调整和经济增长方式的转变。

通过"两型"小城镇建设促进农业产业化发展。随着小城镇的发展与农民向小城镇的转移，一部分农村劳动力将从农业生产中退出，同时，原来分散的土地资源将会集中到部分农民手中，从而加快农村土地的集中经营。农村土地的集中经营有利于利用高科技手段，采取区域化、规模化经营方式，调整农业种植结构，促进农业产业化经营，加快农业现代化进程。通过"两型"小城镇建设，调整农业产业结构，降低第一产业在三次产业中的比重，促进第二产业的快速发展，加快与之相配套的商业、交通、服务等第三产业的发展，为绿色城镇化创造条件。

通过"两型"小城镇建设加快乡村工业化进程。乡村企业往往具有规模小、布局分散、经营粗放的特点，难以实现集聚效益，阻碍了自身增长方式的转变。通过"两型"小城镇建设，加快小城镇工业园区建设，将当前分散的工业企业向小城镇集中，并依托园区实现公共服务和基础设施的共享，降低生产成本，为乡镇企业的发展提供良好的条件，使企业获得较好的集聚效应和规模效应，带动城乡经济的快速发展。

（3）以"两型"小城镇建设促进城乡生态环境改善

对中心城市而言，由于人口、交通、产业、商业等的集聚以及生态绿化规模的限制，中心城市生态环境呈现不断恶化的趋势。通过"两型"小城镇建设，分担城市部分生活、生产等方面的功能，利用小城镇原有的良好生态环境，为城镇化发展提供良好的生态基质。同时，充分利用中心城市功能转移所腾出的地域空间，大力加强中心城市生态建设和环境保护，改善城市生态环境。

对小城镇自身而言，由于长期以来的无序发展以及基础设施的不健全，小城镇生态环境也遭到了一定程度的破坏。小城镇建设不能以牺牲环境为代价，不能走"先污染、后治理"的老路。通过"两型"小城镇建设，走新型工业化道路，加大小城镇污染控制与治理力度，将经济建设与生态环境建设结合起来，建设并保护好小城镇绿地，防止环境负载超过容量，凸显小城镇绿草如茵、幽雅静谧、人与自然和谐共生的宜人生活环境。

对乡村地区而言，由于人口的分散居住以及农业的粗放经营方式，乡村生态环境难以得到改善与优化。通过"两型"小城镇建设，不断吸纳农村地区人口向小城镇集聚，使乡村地区采取相对集中居住的形式，有效缓解农村分散居住形式下对生态环境造成的压力和破坏；加强农村生活垃圾、排污等污染治理系统的建设与完善，不断提高乡村地区生态环境质量，增强乡村可持续发展能力。

（4）以"两型"小城镇建设实现城乡生活水平提高

通过"两型"小城镇建设提高小城镇生活水平。市政基础设施是城镇职能的基本载体，道路、污水处理、环卫、电力电讯、学校、医院等缺一不可。通过"两型"小城镇建设，加强小城镇基础设施建设，增强城镇居民生活与企业生产的便捷性，并加强养老保险、劳动保险、失业保险等社会保障制度的建立与健全，提高小城镇生活水平。

通过"两型"小城镇建设改善农村生活质量。小城镇是农村政治、经济和文化的中心，具有缩小城乡差别、提高农村生活质量、普及现代生活方式、提高农民素质的重要作用。以"两型"小城镇建设，加强文化、教育、科技、卫生等事业投入，不断向农村传播现代社会生活方式和现代科学文化技术，加强城镇文明的传播，提高农民素质，改善农村生活质量。小城镇在住房、医疗、社保、教育等方面具有较大优势，通过"两型"小城镇建设，使更多农民到城镇居住，用积极健康的文化来改善小城镇居民的思想意识、文化素质和价值观念，提高进镇居民的生活品质。

受历史文化、社会经济条件、资源禀赋等因素的影响，各区域发展具有其特点，因此各地小城镇建设和"两型"发展模式的选择应该是多种多样的。立足于各城镇的发展条件及产业基础，大致可以概括为新型工业化带动模式、都市农业发展模式、生态宜居建设模式、旅游发展牵引模式、商贸物流联动模式、新型特色资源开发带动模式等小城镇建设模式。

表 5 - 3　"两型"小城镇建设引导模式

发展模式	特征	建设要点
新型工业化带动模式	以新型工业化作为城镇建设的关键，实现传统工业的改造升级，发展成为以新型工业为主的"两型"小城镇。	承接产业转移，发展外向型经济；兴建生态型工业园区，强调绿色化发展；以信息化、低碳化改造传统产业，促进乡镇工业全面升级；提高产业集聚度，延伸产业链，培育高效益的产业集群。
现代农业发展模式	以市场需求为导向，形成以农业经营为主，农业与旅游业结合、农业与农产品加工结合的发展模式，带动"两型"小城镇建设。	立足资源优势和市场条件，发展地方特色突出的现代农业；完善农产品生产、加工、营销等环节，形成高效益的农工商一体化产业链；加强农业与旅游业的结合，发展观光休闲农业；建设现代化的农场，农民就地转化为农场职工，享受国家职工的各种待遇。
生态宜居发展模式	以生态宜居社区建设为重点，以生态环境的良性和社会环境的良性循环和可持续发展为导向，加快基础设施、繁荣城镇经济，推进"两型"小城镇建设。	做好宜居城镇发展规划，建设独具特色的优美城镇；重视城镇建设和城镇管理，构建安居乐业的和谐社会；保护环境，建设生态良好的绿色城镇；注重小城镇的绿化网络建设，包括庭院、绿道、屋顶绿化、立面绿化等；搞好基础设施配套，以水电、燃气、通讯、出行为重点。

发展模式	特征	建设要点
旅游发展牵引模式	以旅游业的发展为城镇建设的主要动力，以商业服务业为配套，带动第一、二产业发展，建设"两型"小城镇。	旅游业的开发，强调因地制宜，弘扬特色；合理规划，深度开发，营造地域品牌；正确处理好旅游业发展和生态环境保护的问题；在发展旅游业的同时，搞好旅游服务配套，一方面形成旅游经济产业链，获取良好的经济收益；另一方面创造比较多的就业机会。
商贸物流联动模式	以商贸物流业作为城镇发展的关键，汇聚人流、物流、信息流，带动生产、消费，加快经济发展和"两型"小城镇建设。	制定高水平的规划，整合商贸资源，打造专业市场和物流园区；以商贸物流业为龙头，带动其他产业的发展；优化发展环境，搞好服务配套；推进信息化建设，构建现代物流信息平台，大力发展物联网经济。
特色资源开发带动模式	立足特色资源，创新资源开发利用模式，培育特色产业，实现"两型"发展。	立足特色资源，推动以特色资源产业为主导的城镇经济；以特色产业带动配套产业，促进城镇建设；坚持特色资源开发与环境保护并重；结合小城镇的比较优势，开发地方特色产品，打造小城镇的著名品牌。
交通枢纽带动模式	依托交通运输枢纽优势，发展相应的服务配套产业，突出小城镇的流通优势和服务功能。	小城镇依托交通枢纽发展，强化大进大出功能，适度发展停车场、仓储、货场、换乘设施、餐饮服务、休闲娱乐等，集约节约用地，强调立体开发。立足于交通运输优势，发展一部分加工制造业。
大城市边缘区发展模式	小城镇位于大城市边缘区，处于乡村—城市转型过程之中，城市化是小城镇发展的主要动力。	积极对接大都市区，适度提高小区的容积率，提高小区基础设施和公共服务设施的建设水平。小城镇的发展，要与大都市区的产业、服务、基础设施、公共服务广泛对接，并创造条件承接中心城区的一部分产业转移，借此提高自身的发展层次，加强与中心城区的发展联系。

第二节　推进绿色小城镇建设

一、绿色小城镇建设的路径选择

改革开放以来，中国经济和社会结构发生了巨大的变化，城镇化水平也显著提升。然而，不少城市和地区在城镇化过程中过于注重数量，忽视了城镇化的质量。城镇化发展中面临的问题和矛盾十分严峻，主要表现在以下方面：一是城镇化整体水平不高，滞后于工业化水平；二是城乡二元矛盾突出，农村人口转移困难；三是城市建设重视外延拓展，内在功能严重滞后；四是生态环境日益恶化，资源环境矛盾尖锐。

面对日趋严重的城市问题，反思过去城镇化道路带来的严峻挑战，在今后一段时期，我们应推动城镇化从"建设型"向"人本型"转变，以人为本地推动城市问题的有效解决，引导我国城镇化建设健康持续发展。而绿色城镇化是一个涉及社会生产方式、生活方式，特别是价值观念转变与创新的概念，是基于一种注重生态平衡，着眼于人与自然的和谐，经济效益、社会效益与环境效益兼容的新型城镇化道路，体现了可持续发展观和科学发展观的基本要求，融入了更多的人文关怀，是"人文主义城镇化"的典型，对破解城镇化难题，解决"三农"问题，保护城市生态，维护城市健康发展，促进社会经济的全面、协调、持续发展均具有重要意义，应成为我国城镇化发展的重要方向。

走绿色城镇化的道路，对传统城镇化道路应进行反思。一是城市发展速度的绿色化反思：由要速度向重效益转变；二是城乡二元结构的绿色化反思：由单线推进向均衡发展转变；三是城镇功能失调的绿色化反思：由扩空间向提功能转变；四是资源环境问题的绿色化反思：由传统式向新型化转变。

针对我国城镇化发展中面临的问题，在绿色城镇化理念的引导下，我国的城镇化将向着更加生态、和谐、人本、高效的方向发展，生态化、两型化、人本化、一体化的趋势更加明显，信息技术渗透到城镇化过程，城镇发展的地域特色更加鲜明。随着全球化的发展，我国城镇将逐渐融入国际市场体系，参与国际分工，国际化和市场化趋势将进一步明显。

生态化 随着经济水平和居民素质的提高，人们重视居住地的环境质量，希望生活在一个舒适、有益于身心健康的环境里，回归自然的呼声日益强烈。作为对传统的以工业文明为核心的城镇化运动的反思，生态城市体现了工业化、城镇化与现代文明的交融，是我们克服"城市病"、从灰色文明走向绿色文明的创新。它体现了城市发展理念向人本主义的理性转变，城市发展不仅追求物质形态的发展，更追求精神文化上的进步，更加注重人与人、人与社会、人与自然之间的和谐联系。建设生态城市，走城市生态化的道路，实现人与自然、人与人、人与社会的和谐共生、良性循环、可持续发展，是现代人能够享受高品质的生态环境，并实现城市可持续发展的根本途径。

两型化 追求资源节约与环境友好，是世界经济社会发展的基本趋势。对于中国这样的人口众多、人均资源少的国家来说，如何满足日益增长的能源和原材料需求，是中国经济持续增长、区域和城市可持续发展所面临的巨大挑战。"两型社会"将集约型经济增长模式与可持续发展战略融会贯通，是科学发展观的基本内容和主要体现。我们应按照"两型社会"的总体要求，积极探索一条有别于传统模式的城市发展新路，积极建设"两型"城镇，全面提高城市品位，促进经济社会又好又快地发展。

人本化 坚持人性化与人本化的城市建设理念，是我国历代人民对世界城市建设所作出的重要贡献。针对城镇化进程中出现的问题，需要调整规划建设思想，将人文关怀作为城市发展的基本原则。重新回归历史的优良传统，尊重人的生理与心理欲求，坚持"以人为本"的理念，重视城市人文精神和社区文化环境，将作为城市发展的重要目标。我国的许多城镇，将步行街、绿道、休憩广场作为倾心打造的亮点，为广大市民提供街坊绿地和小公园。注重以居住社区为单元的市民社会文化建设，构建具有亲和力的居住社区，培育新颖健康的社区生活，也得到日益广泛的重视。总之，城镇建设的人本化趋向日益明显。

城乡一体化 当前，随着现代化的推进、尤其是信息技术的发展，城镇郊区逐步扩展，城乡一体化的趋势日益明显。同时，随着农业现代化和农业产业化的推进，农村地区文明程度不断提升。上述两种趋势促使二元结构缩小与城乡走向融合。我国原有二元体制架构下建立的城乡关系，已经到了必须调整的阶段。但我国工业化、城镇化水平还比较低，城乡差别较大，二元经济结构矛盾突出，在绿色城镇化和城乡统筹发展的过程中，不能照搬已有的西方模式。加强绿色小城镇的建设，将其作为促进城乡统筹、空间融合的重要方式，推进城市文明和现代设施向农村地区延伸，引导农民有序转移，让农民享受到与城镇居民同样的文明和实惠，实现城乡经济社会全面、协调、可持续的发展。

信息化　现代信息技术广泛和深刻地改变着我们的生活，成为经济社会发展的强大动力。我们必须积极应对由信息技术快速发展所带来的巨大变化，运用信息化提升城镇化。一是加大信息网络设施建设力度。推动网络升级换代，加快农村信息基础设施建设，推动网络升级换代，重点培育物联网产业，推进通讯网、互联网、广播影视网三网融合取得实质性的进展。二是将城镇化与信息化相融合，注重培育新的增长点。加快 4G、电子商务、软件服务、网络动漫、电子娱乐等新兴部门的发展。三是促进信息化与工业化的深度融合，推广信息技术在经济社会各个领域的深度应用，加快信息技术向各行业、各领域的渗透。

特色化　突出地域特色，是创建绿色小城镇的重要内容。我国深厚的历史文化底蕴和各具特色的地理环境，是搞好小城镇建设的重要资源。应当弘扬地域景观特点和地方文化特色，建设好具备农耕、山林、水乡、滨海、高原、古镇等地理特征鲜明的小城镇，构建产业特色、文化特色、民族特色相对突出的小城镇，设法彰显其自然或人文魅力。反对千城一面、千村一面、面貌雷同，注重特色的彰显和个性的挖掘，体现独到的发展定位，打造特有的城镇品牌。

市场化　小城镇的传统发展，过度倚重于政府的计划指令，忽略了市场、企业在城镇化进程中的重要作用，结果导致土地利用不节约，空间配置不合理，并引发了"空心镇"、"空心村"等问题。绿色城镇化的建设，强调集约节约用地，协调功能分区，尤其是突出小城镇的生态功能、产业功能和居住功能，在加强政府规划引导的同时，充分尊重市场选择的结果，走市场化的发展道路。

我国走绿色城镇化的道路，具有重要的现实意义。它是建设"两型社会"的重要方面，是改善生态环境质量的必然要求，是提升城镇品质的核心举措，是转方式、调结构的有效途径，是促进城乡统筹发展的合理途径，是避免各种"城市病"的有效方式。

绿色城镇化的推进，需要体现以下思路：

一是"两型"、"低碳"。大力推进"两型社会"和"低碳"城市建设，推进能源及资源利用效率的提升，保证城镇资源使用过程的低污染，促进节能减排；推行清洁生产，减少使用不可再生的资源，加大环境综合整治力度，确保城镇排污量不高于自然的承受力；智慧紧凑增长，严格限制城镇区域的无序扩展和"摊大饼"式延伸，提高土地利用效率；以创建全国生态文明示范城市为目标，加强城市自然生态环境的建设、改造和营造，改善环境及人居质量，显著提高全市可持续发展能力。

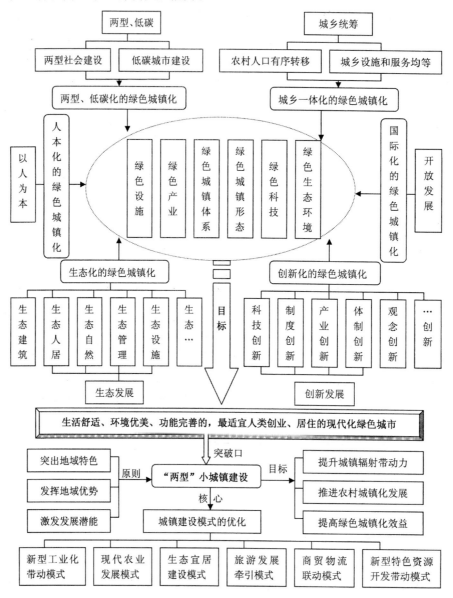

图 5-4　绿色城镇化发展基本框架

二是以人为本。在充分考虑和满足人的物质和精神需求前提下，促进农村人口向城镇有序转移。积极完善相关的制度和环境，科学管理城镇，使每一位居民（包括外来人口）都能享受到平等、自由的权利和轻松、安全、舒适的生活工作环境。维护"弱势群体"的利益，维持社会和谐健康发展。注重城镇居民参与的重要性，形成珍惜绿色、保护绿色的社会文化氛围等。

三是绿色产业体系建设。大力发展生态农业、现代服务业、战略性新兴产业等产业类型，加快推进传统产业的优化升级，积极发展先进制造业，注重促进产业集群发展，形成产业集群规模，提高城镇容积率，进而充分发挥城镇作为经济活动和商贸交易中心作用的规模效应和聚集效应，增强产业发展的集群效应和对城镇化的带动力。

四是强化城镇发展的内涵提升。积极推进现代"绿色"设施建设，构建高效便捷的交通运输设施和信息网络设施，建设保障有力的能源设施，加快给水、排水等市政设施建设，完善农村公共服务设施，积极推进城镇设施向农村地区的延伸，推进城乡设施的一体化建设，着力提升城市服务功能。

五是以创新为动力。健全创新体系，优化创新平台，完善创新环境，加速创新要素聚集，大力推进科技创新、制度创新、体制机制创新、产业创新，建设国家创新型城市，不断提高绿色城镇化的创新发展能力，全面提升城镇化品质。

六是建设"两型"小城镇。建设一批地域特色明显、辐射带动力强的"两型"小城镇，夯实城镇发展基础，优化城镇建设模式，提高城镇承载能力，带动农村城镇化的高效、协调、持续发展，实现城镇化发展的社会、经济、生态效益的统一，提高绿色城镇化发展效益。

二、绿色小城镇建设的主要任务

第一，以生态文明为指引。推进绿色城镇化进程和"两型"小城镇建设，应以生态文明为指引，实现三个转变：从传统的"向自然宣战"、征服自然等理念，向树立"人与自然和谐发展"的生态文明理念转变；从粗放型的以过度消耗资源、破坏环境为代价的增长模式，向增强可持续发展能力、实现经济社会又好又快发展的模式转变；从以物质财富增长为核心的理念向以人的全面发展为核心的理念转变。工作重点包括：加强生态环境教育，提高城乡居民的道德素质；坚持城镇建设与资源环境相协调，构建"两型"社会；探索建立解决生态环境问题的市场机制；加强企业在环境保护和生态建设中的主体地位。

第二，以科学的城镇规划为指导。一是以科学的城市规划为龙头，提高全社会的城镇规划意识，统筹城乡发展规划。二是强化规划编制责任，健全规划决策机制。包括切实加强组织领导，严格执行城镇规划修编和调整程序，完善城镇规划决策审批制度。三是强化城镇规划实施监管。强化建设项目的规划选址许可管理，加强建设项目许可后规划监管，健全城镇规划实施的监督机制，强化城镇规划监管的信息和技术支撑。

第三，以强化城镇管理为重点。发达国家城镇的发展经验告诉我们，城镇"三分在建，七分在管"。推进绿色城镇化及"两型"小城镇建设，必须提高城镇的管理水平，主要是创新城镇管理理念，理清职责并强化服务意识，完善城镇管理体制。牢固树立城镇经营的观念，建立高效的城镇资产经营框架。建立城镇建设市场化运作机制。推进绿色城镇化和"两型"小城镇建设的任务十分艰巨，资金短缺问题突出，必须深化投融资体制改革，拓宽城镇建设的资金渠道，继续加大政府投入，多途径引导社会资金，积极探索利用国际资本，大力争取金融机构信贷支持。

第四，以创新政策机制为保障。一是完善土地使用政策。推行统一规划、统一征地、统一开发、统一出让或划拨、统一管理的"五统一"办法，按照市场经济规则配置土地资源，搞好农村土地流转。二是改革户籍管理制度，适时取消农业与非农的户口性质差别，实行城乡统一的户口登记制度。引导集中式居住，最大限度放宽城镇落户条件。三是完善就业服务体系。完善城乡统筹就业总体规划，积极扩大就业规模，建立城乡一体的失业登记、动态管理和就业援助制度，建立健全覆盖城乡的公共就业服务体系，加强乡镇、社区劳动保障基层工作平台建设。四是健全社会保障体系。建立完善农民工社会保险制度，启动建设新型农村养老保险制度，改革完善社保转移接续办法。

三、绿色小城镇建设的关键领域

按照"优化结构、完善功能、突出特色"的要求，构建"中心城市—中等城市—重点镇—一般镇—集镇"的城镇体系结构，建设以中心城市为龙头、以中等城市为支柱、以重点镇和一般镇为基础、以集镇为支撑的城镇体系网络，建立起各级城镇职能互补、协调共生的城镇发展格局，逐步形成规模结构层次分明、职能分工明确、空间布局合理的现代化城镇体系结构。

城镇职能方面，明确城镇职能分工，提升城镇职能层次，实现城镇职能的多样化和综合化发展，形成各具特色、分工合理、有机联系、协调发展的城镇职能结构，将小城镇划分为综合型、工矿型、交通型、旅游纪念型和集贸型等类型。

小城镇作为城镇体系的细胞和基本的行政中心，是连接城市与乡村的纽带，是中心城市与中等城市进一步发展的基础与后盾，是乡村城镇化的源泉和农村剩余劳动力转移的最佳场所，是市域城镇体系不可缺少的一个重要组成部分。采取非均衡发展的战略，依据现有经济基础、区位条件和发展潜力，择优选择一定数量的建制镇作为重点镇，集中力量建设一批高品质、功能型、特色型的精品小城镇。加强一般镇的建设，强化已有建制镇，大力发展城镇经济，改善城镇生态环境，提升城镇居民生活质量，提高城镇竞争力，增强城镇集聚水平；根据集镇的资源、交通和区位条件，有选择地发展成为建制镇，大力发展非农产业，不断增加城镇人口，扩大城镇规模，积极建设特色城镇。

中心村是在合理归并自然村后形成的具有地方特色、环境优美、布局合理、基础设施和服务设施较完善的现代化农村新型社区。中心村建设是农村社会转型的基本策略，是突破城乡二元结构框架、实现城乡统筹发展的关键所在，是社会主义新农村建设不可或缺的重要内容，是促进农村城镇化建设的过渡型衔接点，是城镇建设与发展的腹地，是加快城镇化发展进程的有效手段。中心村建设的思路是：根据实际情况分类指导、有序推进，大力发展中心村经济，加强农业生产规模化与农业产业化建设，重点发展为农服务，建设农业生产服务中心，建立农业生产机械站、农业种子站、农业教育培训和技术推广站、农业生产车间等，充分发挥中心村的集聚功能；按照资源节约、环境友好、城乡一体的要求，加强土地利用集约化建设，引导农村分散的人口逐步向中心村集聚，建设中心村集中居住点；加快中心村基础设施建设，加强生态环境保护，着力改善中心村生产生活条件和村容村貌，创造良好的人居环境；加大对中心村地区的投资，促进住房、就业、服务设施、基础设施向中心村集中，在加快中心村自身发展的过程中支持中心村腹地的发展。

打造生态化的城镇发展空间，全面改善城乡人居环境，从而为城镇的可持续发展提供可靠保证。树立生态优先的理念，对城镇的环境承载力进行调查与评价，为城镇土地利用和空间管制等提供有力支撑；构建"斑块—廊道—基质"系统，避免城镇自然景观遭到破坏。

基础设施作为城镇发展的硬环境，要按照"适度超前、功能完备、布局合理、环境友好、高效可靠"的原则，不断加强交通、能源、信息等方面的建设，以构建集约高效的城镇基础设施体系，从而提高城镇运行的效率，促进城镇的可持续发展。科学安排城镇公共设施建设，统筹抓好管网配套与衔接，构建科学合理、安全可靠的城镇公共设施体系，显著增强与城镇地位相适应的载体功能、服务功能和综合保障功能。

推进能源有序发展与可持续利用，优化能源结构，逐步提高清洁能源比重，构筑稳定、经济、清洁、安全的能源供应体系。

加快发展互联网，大力发展宽带传输网，提高宽带接入网覆盖率，加快推进村村通宽带工程，努力提高乡村互联网接入能力。

绿色产业体系是将绿色技术、绿色生产、绿色服务运用到生产的各个领域和各类产品的产业体系，是一种高端化、高质化、高新化、低碳化、生态化的产业体系，是采用新技术和新工艺推进区域产业转型升级、助推城镇跨越发展的产业体系。构筑绿色产业体系是建设绿色城镇化的必由之路。

随着城镇化的不断发展，城乡环境污染日益严重，生态环境逐步恶化。为保护当前环境，加强城镇生态建设，应在坚持环境效益、经济效益、社会效益统一的基础上，积极推进主体功能区划，大力实施环境污染综合整治工程，加强以绿化建设为重点的生态环境建设，不断改善城乡生态环境，为城镇的可持续发展提供可靠保证。通过对水污染、大气污染和土壤污染的治理及环境监测系统的建设，加强对城乡生态环境的保护，构建"碧水、蓝天、绿地"的生态系统。

第三节 绿色小城镇与低碳化

一、大力发展低碳经济

低碳经济以低能耗、低污染、低排放与高效能、高效率、高效益"三低三高"为主要特征，在不影响经济和社会发展的前提下，通过技术创新和制度创新，最大限度地减少温室气体排放，从而减缓全球气候变暖，实现经济社会的清洁发展与可持续发展。从我国宏观层面来看，能源总消耗量迅猛增长，但能源消费结构不合理，能源综合利用效率偏低，并引发了一系列环境生态问题，能源开发困难重重，节能管理体制明显滞后，所面临的减排压力越来越大。在这样的背景下，发展低碳经济势在必行。

低碳经济对于绿色小城镇的建设是非常重要的。它能够减少能源消耗，减轻环境污染，改善人居环境和小城镇的景观，提高小城镇的承载力，增强小城镇的可持续发展能力。

（1）低碳经济建设框架

根据我国绿色小城镇的建设，低碳经济发展模式主要由低碳产业体系、低碳人居环境体系、低碳消费体系、低碳管理体系四大体系组成，四者相互联系，彼此制约。

低碳产业体系　低碳产业是指以低能耗、低污染、低排放为主要特征的产业，其核心包括清洁能源、节能减排和低碳金融三部分，并具有能源利用效率高效化、能源利用结构清洁化、碳排放减量化、环境污染减轻化等特征。低碳产业体系是指以高科技、低能耗、低排放、低污染的低碳产业为主导，以减碳、无碳、去碳三大低碳技术为依托，以制度完善、人才培养、环境保护、设施建设等为支撑的产业体系。低碳产业具有以下特点：传统产业向低碳化转型；新兴低碳产业快速发展；现代服务业优先发展；低碳技术创新力度不断加强；制度政策逐渐完善。

低碳人居环境体系　结合小城镇建设，应建立以人为本、生态平衡、因地制宜的低碳人居环境体系。工作要点包括：全面推进环境保护和生态建设，构建生态型小城镇；加快低碳设施建设，促进小城镇人居环境向低碳化转型；统筹规划小城镇的建设，维持小城镇的生态平衡；构建多种聚居形式并存的小城镇人居体系。

低碳小城镇

低碳小城镇是指以低碳经济为发展模式及方向、市民以低碳生活为理念和行为特征、政府公务管理层以低碳社会为建设标本和蓝图的小城镇。把降低能源消耗和二氧化碳排放强度作为经济社会发展的约束性指标，把建设资源节约型、环境友好型社会作为加快转变经济发展方式的重要着力点。实现低碳生产，就必须实行循环经济和清洁生产，推行绿色制造、绿色能源、绿色食品、绿色旅游的产业方式。确定低碳小城镇发展标准体系，包括低碳生产力、低碳消费、低碳资源和低碳政策四类指标体系。

创建低碳消费体系 低碳消费是在能源危机加剧和环境问题恶化的情况下出现的一种新型消费方式，包括生产消费和非生产消费低碳化两部分。低碳消费体系的创建要求人们从人与自然和谐共处的角度出发，限制对物质经济的过度追求，使人们的消费方式由奢侈型消费向低碳型消费转变，减少人类生存对生态环境所造成的沉重负荷，促进经济的低碳化发展。建设要点包括：培育低碳消费理念；企业生产性消费的低碳化；构建低碳交通运输体系；完善低碳消费保障体系。

健全低碳管理体系 健全低碳管理体系是加速低碳经济发展的重要保障。低碳管理体系主要包括低碳市场管理系统、低碳社会管理系统和低碳行政管理系统三个子系统。结合小城镇建设实际，建立健全符合地区实际的低碳消费政策法规；运用经济杠杆，出台针对企业和消费者的低碳消费激励政策；完善低碳产品认证体系，加强低碳消费市场的检查监督工作。

（2）小城镇低碳经济建设的着力点

优化能源消费结构 改进化石能源结构，控制煤炭消费的过快增长；提高能源利用效率，在多领域推进节能降耗；大力开发新能源，促使能源结构多元化；全面促进资源节约，推动能源资源利用方式的根本性转变。

优化产业经济结构 促进传统产业的低碳化转型，逐步淘汰高投入、高耗能、高污染、低效益的夕阳产业部门，大力发展低能耗、低污染、高效益的战略性新兴产业。主要思路包括：培育战略性新兴产业部门；调整压缩传统工业部门，尤其是高耗能产业部门；以生态型农业为导向，改造传统的"高碳农业"；大力发展现代服务业，支撑低碳经济发展。

着力推动低碳技术创新 低碳技术的开发应用，是实现低碳化发展的关键手段。一方面，运用信息技术推动产业升级；另一方面，大力推动低碳技术创新，构建多元化低碳技术体系。整合现有低碳技术，明确低碳技术突破重点，提高企业低碳技术创新能力，培育低碳技术专业人才。

低碳经济建设体制优化 实现小城镇的低碳化转型，健全优化低碳经济税费、金融、环境等各类制度。工作要点包括：健全低碳税费制度；完善低碳金融管理体制；构建低碳创新体制；改革土地管理体制；加强生态文明制度建设。

低碳经济建设机制优化 低碳经济机制是以低能耗、低排放、低污染为原则，采取一定的运作方式，将政府、企业、市场等经济发展的相关机制联系起来，使它们协调运行，充分发挥机制对低碳经济建设的激励、约束和保障作用。低碳经济转型是一项重大的系统工程，需要从财政税收、产业政策、能源利用、技术创新等多个方面构建多元化的低碳经济发展机制，实现低碳经济转型的整体协调、重点推进。工作重点包括：完善财政税收调控机制；建立产业政策导向机制；探索低碳能源利用机制；优化低碳技术创新机制；构建地区低碳交易机制；健全低碳融资机制；建立低碳环境监管机制。

（3）发展低碳经济的对策措施

强调低碳发展，树立低碳社会价值观。低碳经济是对以高碳排放为特征的传统经济发展模式的革新。必须提高对低碳经济的认识，强调低碳发展的重要性，树立低碳社会价值观念，养成低碳消费生活习惯。

转变发展方式，下大力气搞好节能减排。结合"两型社会"建设要求，坚持把转变发展方式、调整产业结构和工业内部结构作为战略重点，努力形成"低投入、低消耗、低排放、高效率"的低碳型经济发展模式。具体包括：推进结构性节能；推进技术性节能；推进制度性节能；推进重点节能工程、企业节能行动和节能产品惠民工程；强化节能减排管理；推出鼓励和支持企业进行节能减排的政策。

调整产业结构，大力发展战略性新兴产业。调整产业结构是实现经济增长方式由高排放向低排放转变的重要途径。产业结构调整的重点包括：加快推进传统产业改造升级；培育战略性新兴产业；加快发展现代服务业；促进原材料工业和一般加工业的优化升级；加快新能源和节能环保技术产业化；发展低碳农业。

发展与控制并重，确定能源消耗与碳排放的上限。所谓发展与控制并重是指既要发展低碳经济，又要控制能源消费及其导致的碳排放量过快增长，即实现经济增长与能源消费（碳排放）的脱钩发展。工作重点包括：发展与控制并重；确定能耗和碳排放的上限；加快推进中部低碳技术创新；编制新能源和可再生能源发展规划。

以开发利用可再生能源为着力点，着力优化能源结构。提高传统能源利用效率，开发利用可再生能源，也是发展低碳经济的重要路径。工作重点包括：强化能源节约；优化能源结构；开发新型能源；把低碳环保和节能减排列为政绩考核的主要内容。

大力发展循环经济，以降低能源消耗和污染物的排放。将传统工业化过程中"资源—产品—废弃物"的增长模式转变为新型工业化过程中"资源—产品—再生资源"新的循环模式，实现"减量化、再利用、资源化、清洁化、高效化"的集约型经济增长方式。工作重点包括：全面推行清洁生产；大力推进资源节约；加强资源综合利用；加快技术研发利用；开展循环经济试点；加大低碳投入力度。

突出价值规律引领，建设碳排放交易市场。低碳经济的发展，要通过更多的市场调节机制来实现。建立高效的碳排放权交易市场机制，通过市场"无形之手"对碳资源按照最优化的方式在市场主体之间进行配置。可从以下方面入手：完善碳排放权交易的法律法规保障；建立健全碳市场的监管体系和核查体系；建立起一套纠纷仲裁办法和破产兼并程序体系；鼓励和引导企业参与清洁发展机制项目；建立完善的碳交易平台；确定所有可能参加排污权交易的企业名单；开展低碳排放权交易试点。

在全社会推进低碳理念，倡导绿色消费和低碳生活。要从政府、企业和社会三个不同层面来推进，形成政府引导、企业推动、社会参与的良性发展机制，增加政府、企业和社会之间的良性互动合作关系，通过三者相互作用、相互影响，共同推动中部地区的低碳经济发展。主要措施包括：大力广泛开展低碳经济的宣传和教育活动，进一步提高全民对低碳经济重要性的认识；创新工作方法、增加参与与互动途径，确保全社会参与低碳经济发展的实践中来；设立有效的激励机制，充分调动全社会参与低碳经济发展的积极性。

二、积极倡导低碳生活

（1）基本内涵

低碳生活（low-carbon life）是指在日常生活中，尽量减少碳排放。低碳生活的实质，是以低碳为导向的一种共生型生活模式，它促使人类社会能够和谐共生，持续发展，实现代内公平与代际公平。

低碳生活是绿色、可持续发展的深入与细化，它反映出人们的忧患意识，是协调经济社会发展与生态环境保护的重要途径。低碳生活着力于解决人类生存的环境问题，它通过个人适度减少碳排放量来达到集体总和碳排放量的减少，从而促进整个地球环境的可持续发展。全社会推广普及低碳生活方式，能够缓解气候变暖和环境恶化的速度，有利于保护我们赖以生存的家园。

低碳生活基于科学、文明、绿色、健康的生态化消费，提倡低能量、低消耗、低开支的生活方式，要求我们实行低碳消费模式，包括低排消费、经济消费、安全消费和可持续消费，注重减少二氧化碳的排放，促使我们的消费行为理性化和科学化。低碳生活体现在宏观与微观两个层面。从大处说，主要是提高能源利用效率，建立清洁能源结构，核心是技术创新、制度创新和发展观的转变。从小处讲，主要是提高公众的生态环保意识，共同创造一个更美好的生存和发展空间。

低碳生活是一种符合时代潮流的生活方式，是一种全新的生活质量观。低碳生活基于文明、科学、健康的生态化消费方式，提倡低能量、低消耗、低开支的生活方式，不但生活成本低，而且更健康、更天然，有利于使人们在均衡物质消费、精神消费和生态消费的过程中，推进人类消费行为与消费结构进一步走向理性化、科学化、合理化，从而减少二氧化碳的排放。

低碳生活的实质是以低碳为导向的一种共生型生活模式，是使人类社会在环境系统工程的单元中能够和谐共生、共同发展，实现代际公平与代内公平。低碳生活要求人们树立全新的生活观和消费观，减少碳排放，促进人与自然和谐发展。低碳生活是协调经济社会发展和保护环境的重要途径。低碳生活是后工业社会生产力发展水平和生产关系下，人们消费资料的供给、利用和消费理念的一种转变，也是当代消费者以对社会和后代负责任的态度，同时也是在消费过程中积极实现低能耗、低污染和低排放的一种文明导向。

（2）低碳生活框架

低碳生活的框架结构主要包括树立低碳生活理念、养成低碳生活习惯、营造低碳生活氛围、践行低碳消费模式、打造低碳生活家园、构建低碳产业体系以及形成绿色能源结构七大部分。

树立低碳生活理念　要以理性的眼光看待能源消耗，倡导和鼓励自觉地减少能源消耗，转变各种过度消耗能源的"高碳"生活，从细节入手，倡导一种"低碳"的生活，改变以往的粗放型生活方式，明确小城镇可为减碳做些什么，可以怎么做，从而树立一种节约资源、能源的意识，改变传统生活习惯。

养成低碳生活习惯　"低碳生活"不再是一种理想，更是一种"爱护地球，从我做起"的生活方式，作为绿色小城镇建设的重要内容。从身边的点滴做起，减少个人碳足迹，在生活中培养低碳的生活方式，是绿色小城镇的发展特色。应确立低碳生活准则，养成低碳生活习惯，如拒绝使用塑料袋、巧用废旧品、远离一次性用品、提倡水循环、用电节约化、办公无纸化、出行少开车等。

营造低碳生活氛围　低碳生活不仅仅是居民的自觉行为，也需要在小城镇营造一个低碳生活环境。比如建设低碳小区、扶持垃圾回收利用等"静脉"产业，以及对自觉实行低碳生活方式的市民实施一定的奖励等，这都对形成良好的低碳生活习惯具有"四两拨千斤"的作用。目前，一些小城镇已通过制订实施涉及各个行业的绿色标准、印发低碳生活手册等方式，有效引导了居民的生活方式和消费习惯。这些小城镇的成功实践也证明，政府及相关部门在实现低碳生活过程中，不仅不能当"甩手掌柜"，还完全可以通过自己的努力，推动整个工作的有效开展。

践行低碳消费模式　低碳生活消费模式指出了每个消费者应该怎样进行消费，以及怎样利用身边的消费资料来满足自身生存、发展和享受需要的问题。低碳消费模式包括：低排消费，即人们在生活过程中尽可能把排放的温室气体量降到最低程度。经济消费，即人们在生活过程中对资源和能源使用注重节约，使其消耗量达到最小最经济。安全消费，即人们在生活过程中所消费的物质对社会的生存环境影响最小，对他人健康危害最小。可持续消费，即人们生活的消费过程能维持资源、生产与生活的长期稳定发展。

打造低碳生活家园　低碳生活对于家居来讲，也要能尽量节约能源资源，减低有害物质的排放。低碳家园建设的核心是节能，但是节能并不意味着要牺牲居住的舒适度，并非就是要把空调或采暖系统关掉，而是通过合理设计、合理使用资源能源等，使家园建设对人类生存环境影响最小，甚至是在有助于改善人类生存环境的前提下，让人的身心处于舒适的状态。

构建低碳产业体系　以节能降耗和提高效益为目标，提质改造传统产业，现阶段侧重于冶金、化工、建材、火电等高耗能、高污染部门的改造，大力推广清洁生产技术、资源循环利用技术、新能源和可再生资源技术。大力发展高新技术产业和战略性新兴产业，包括电子信息、生物医药、节能环保、航空航天、新材料、新能源、文化创意、装备制造等。推进农业产业结构转型，积极发展生态农业，加快发展农业科技、社会化服务、农产品加工、市场流通、信息咨询等为农服务的相关产业。大力发展现代服务业，运用信息技术，壮大发展主体，拓宽服务领域，增强服务功能，提高服务层次，打造服务品牌，逐步建立现代服务体系。

形成绿色能源结构 改善能源结构，建立安全可靠、清洁高效的绿色能源体系和消费结构。减少煤炭在能源消耗中的比重，提高水力能源的综合利用效率，提高天然气在能源消耗中的比重，加快太阳能、光伏电、风能等新能源的开发利用。创新新能源和可再生资源发展政策，建立发展投入机制，建立完善的新能源科研与服务体系。

低碳生活建设的技术路线要从宏观和微观两个层面入手，在宏观方面，其实质是提高能源利用效率和创新清洁能源结构，核心是技术创新、制度创新和发展观的转变；在微观方面，可从人们的衣、食、住、行等生活细节着手实现低碳生活。具体来看，低碳生活建设的技术路线主要包括：国家在政策上给予大力扶持；企业积极开发和提供低碳产品及服务；媒体、教育机构等充分利用舆论力量来宣传低碳生活；科研机构充分研究和推广低碳技术；建立低碳消费模式；选择低能耗、低排放的绿色出行方式；减少化石能源和薪柴消费；倡导并扶持农村低碳生活；将低碳饮食注入居民膳食文化；开展环保的户外活动。

（3）低碳生活方式的技术工艺基础

低碳技术涉及电力、交通、建筑、冶金、化工、石化、农业、林业等部门以及在可再生能源及新能源、煤的清洁高效利用、油气资源和煤层气的勘探开发、二氧化碳捕获与埋存等领域开发的有效控制温室气体排放的新技术。一类是减碳技术，是指高能耗、高排放领域的节能减排技术，煤的清洁高效利用、油气资源和煤层气的勘探开发技术等。另一类是无碳技术，比如核能、太阳能、风能、生物质能等可再生能源技术。

低碳生活建设的支撑重点包括：城镇居民节能减碳建设；城镇低碳出行建设；城镇低碳能效建设；城镇绿色食品供给建设；农村低碳能源建设；农村生态产业建设；农村低碳人居环境建设；农村绿色文明生活建设。

（4）打造低碳生活家园

建设低碳城镇 建设低碳城镇是打造低碳生活家园的首要任务。低碳城镇的建设包括以下方面：全面的绿色规划；政府、企业、社会公众的共同参与；发展低碳产业；开发绿色能源；发展清洁技术；倡导绿色建筑；探索低碳交通；提倡低碳消费方式；营造城镇低碳环境。

出台低碳生活准则 低碳生活准则制定的依据主要是节能、减排、环保。凡是能节约能源、减少温室气体排放、保护环境的行为就可以列入准则。低碳生活准则制定的原则包括全面性、普遍性、可操作性等。

确立低碳消费模式　低碳消费是低碳经济的重要组成部分，构建低碳消费模式有助于推动低碳经济的快速发展。低碳消费模式主要强调低碳化的消费结构，其理念和形式体现在日常生活消费的各个方面。确立低碳消费模式，需要采取完善政策法规、鼓励技术革新、改变消费观念等一系列举措。

推进低碳生活的突破口　以低碳饮食、低碳建筑、低碳交通、低碳日用为突破口，逐步推进，并以此带动其他低碳生活领域的推进，从而全方位实现低碳生活。主要包括：以营养健康为导向的低碳饮食；以生态节能为导向的低碳建筑；以绿色环保为导向的低碳交通；以经济适度为导向的低碳日用。

第四节　慢城

一、概述

慢城（Slow Cities）是指一种放慢生活节奏的城镇形态，规模一般都比较小。它摈弃快的节奏，反对污染和噪音，主张全面绿化和绿色能源，支持传统的手工业，不主张设置快餐场所和大型超市。意大利的慢城数量较多，多为古色古香的小城，没有霓虹灯，甚至限制汽车的数量，汽车时速通常不超过20公里，每逢周四和周日，店面均不营业。1999年，首届"慢城市"大会在意大利奥维多召开，提出了慢城市运动、享乐人生等理念。鼓励保留更多的空间供人们散步，提供更多的绿地让人们休闲。意大利小镇奥维托是世界上第一个慢城，保持午睡的传统，经营传统地方特色产品，车子不准开入城里。著名慢城还有英国的勒德罗、澳大利亚的古尔瓦、韩国的曾岛、中国江苏高淳县桠溪镇。桠溪镇地处苏皖边界，人口约2万，由6个自然村组成，生态道路绵延百里，果园、竹林、葡萄园、湖泊绵延展布，这里保留了江南水乡难得的静谧，当地产业以传统农业为主。

慢城是1999年自意大利逐渐兴起的一种新的城市模式，如今在欧洲及欧洲以外的地方已有相当规模，越来越多的城市开始加入慢城协会。根据国外已有的慢城实例和各种文献对其的描述，慢城是这样的城市：环境清新优美，徒步区和绿地星罗棋布；地方的传统生产、工艺与烹调得到大力的支持，鼓励发展有机农业，支援本地的农民和贩卖本地制品的商店、餐馆等，拥有服务于本地特色与个性的现代产业；居民生活节奏悠闲，充分享受当地的美食和亲切的人文氛围，热情好客，敦亲睦邻；政府重视环境保护，鼓励环保科技，充分利用当地的资源和新技术为居民生活谋取福祉。总之，这是一种更加宜居的城市模式：有独特的地方感，拥有美食、健康的环境、可持续的经济来源和节奏悠闲舒适的社区生活。

信息技术革命以来，人与地域面临着空前规模与超速的变革。经济与文化的全球化，导致了以资本、信息与人力快速流动的"网络社会"的产生。人们日常生活和公共社会生活的节奏越来越快，引发城市人口死亡率与发病率逐年升高等问题。另一方面，随着文化和信息成为全球的共享资源，地域文化由于差别不断淡化被推向了同化和消亡的危险边缘。许多城市趋于同质化，城市个性走向模糊。如何确保我们的生活质量、发现并保护地方独特的精神与风貌已成为当前地方发展的一个紧迫问题。1999 年 10 月，意大利城托斯卡纳基安蒂地区的小城市 Greve-in-Chianti（康蒂）的市长 Paolo Saturnini 与另外三个城市 Orvieto（奥维亚托）、Bra（布拉）和 Positano（波西塔诺）的市长联合发起了"慢城运动"，决定将慢食运动的原则运用到当地的社区、政府和日常生活实践中，以保护全球化背景下的地方特色并致力于提高居民的生活质量。会议定义了慢城的属性，成立了慢城协会，并发表了《国际慢城宪章》。这四个城市成为最早的慢城，慢城运动也由此而生。

目前，慢城运动在欧洲及以外的地方蓬勃发展，慢城正成为一个跨国性的城市网络。2001 年，第一批的 28 个慢城多位于意大利北部。到 2010 年，国际慢城协会已拥有 135 个会员城镇，分布在意大利、英国、德国、挪威、西班牙、葡萄牙、新西兰、美国等 24 个国家，其中有过半是意大利的城市，但其他国家的慢城也增长很快，亚洲的韩国和日本也有不少城市加入，中国江苏省高淳县桠溪镇也于 2010 年加入国际慢城协会，成为中国首个国际慢城。加入协会的条件十分苛刻。慢城人口 5 万的标准并非必需，但这一政策已在小城镇建立起来，如果一个人口超过此规模的城市申请加入，慢城委员会将通过商议决定是否批准。慢城运动更适用于小规模的城镇，因为慢城的政策和目标在这样的小城镇施行起来更容易取得成效。最近运动又增加了"慢城支持者"，其类似于慢城之友，不能成为慢城的城镇可以通过成为慢城支持者而加入慢城网络，明显地扩大了慢城运动的适用范围。尽管如此，这一运动还处在起步阶段，目前对慢城政策和目标的施行情况也处于不同阶段。慢城运动有望成为一种全球性的基层城市运动。

二、意大利慢城

意大利是慢食与慢城运动的发源地，也是拥有慢城最多的国家。在意大利，慢城多是中世纪的小城，区域特色相当显著，即使是很临近的城市，人们也会体验到各城市完全不同的风貌。其中康帝格雷威（Greve-in-Chianti）、奥尔维那托（Orvieto）是两个资历比较老的慢城。

Greve-in-Chianti 是慢城的诞生地，坐落在托斯卡纳的基蒂安地区。Greve-in-Chianti 曾是一个就业水平很低的小镇，当时许多人迁移到其他的地方去找工作。后来为了吸引人们回来就业，大型的工业被引入了小城。然而多年以后，当地的景观、传统的土地利用和农业生产都受到了工业很大的影响，为当地人敲响了警钟。当时的市长 Saturnini 决定不能让这种悲剧再发生在其城郊。他根据当地历史制定了慢城政策并发起了这场运动。这些政策包括：支持传统的土地利用，如葡萄园；保护当地的传统建筑——石头别墅；在慢城与慢食网络中推介当地的特色生产，如基蒂安红酒，提高品牌知名度等。通过诸如此类的系列措施，当地的生产取得了经济上的持续，从而确保了大型工业不必再被引进，由此当地的风貌与特质得到了保存，周围郊区的生活质量也在其成为慢城后有了很大提高。Orvieto 其实在慢城运动开始之前就是一个典型的慢城了。近二十年来，Orvieto 一直把保护镇上的历史文化中心和解决污染、噪声、交通和停车问题放在首位。由于其独特的高地地形与软岩地质，为了维持其地质的稳定和墓穴的可持续性，Orvieto 把解决交通问题放在首位，修建了缆车和一个两层的地下停车中心，缆车和车库中的电梯可以直接将人运送到城市中心，从而解决了城市中心繁重的交通问题。这些举措都是在慢城诞生之前已完成，在其成为慢城前早已经将"慢"哲学渗透到生活哲学和政策中。

三、英国慢城

英国的慢城运动与意大利有不同的特点，它没有直接的政党组织形式，由慢城委员会和中产阶级的知识分子、慢城积极分子领导。英国慢城协会通过呼吁广泛范围内政党的参与，从而与政府合作，将慢城运动的原则和哲学嵌入到政府政策中。目前，英国有九个慢城，其中 Ludlow（勒德罗）是第一个加入慢城的英国城市。

勒德罗（Ludlow）是一个传统型的商贸小镇，位于英国的什罗普郡（Shropshire），于 2004 年加入慢城协会。其实在成为慢城之前，Ludlow 就已因为售卖高质量的地方特色商品和其特别的地方特色而闻名。慢城这个标签是对 Ludlow 已存在鲜明的地方特色的认可，也为其提供了更多的支持。为加入慢城协会，Ludlow 采取了以下举措：首先由于政府管理体制的差别，Ludlow 对慢城城市管理政策进行了调整，但其基本的原则、目标和哲学仍然忠于原来的城市愿景。其次是关于超级市场的建设，当地慢城积极分子通过加强与当地的商会组织的联系，建立当地生产商与消费者之间更密切的联系，鼓励多样性的小型商业，为居民提供更多元的消费路径，从而维持了当地独特的经济可持续模式，超级市场对当地商业模式并没造成很大的冲击。

四、德国慢城

德国也是欧洲拥有慢城较多的国家之一。玛瑞汉村（Marihn）是世界上最小的慢城，只有 260 个居民，但是这个北德的小村子以其独有的魅力吸引着人们的注意。Marihn 村的居民个个心灵手巧，他们每天的生活除了美化自己的村子，就是让村子更美丽一点。刷墙、修房子或者是在花园里种植花草，工作与生活的概念已经完全模糊。

这座 1306 年建成的村子是以这个村子原来的所有者——一个叫 Marihn 的骑士命名的。缓缓起伏的山坡上一路都是用石头搭建的房屋，迄今已经有 200 多年历史的宫殿被改成一处全新的酒店，此外还有一个酒馆、一个巨大粮仓和一个生产马车的工厂，这些组成村庄的要素被当地居民不厌其烦地打扫、细微地整修、不遗余力地维护与完善。现在这个小村子已经成为一个别致的花园，不但有各种观赏植物点缀其间，还有许多可供食用的植物种类，真正做到了名副其实的"秀色可餐"。小城的生活方式符合慢城的理念，其入口的"绿色"更是吻合了世界上"慢餐"的潮流——只有绿色的农业产品方能入口。

五、韩国慢城

韩国慢城本部成立于 2005 年，经世界慢城组织批准成为国际韩国慢城本部。2007 年韩国在亚洲国家中第一个加入慢城组织。全罗南道新安郡是韩国唯一一个拥有超过 1000 个岛屿的地方，在这些岛中，曾岛作为生态旅游地备受关注。曾岛在"慢城市"中最吸引人是因为它是一个岛，更因为这里食宿方便，而且还拥有韩国最大的太平盐田。

曾岛是一个比起自驾游更适合骑车旅行或步行体验的岛屿，拥有公用自行车350辆，分放在岛的各个地方，免费出租，它的目标就是打造长期"没有化石燃料汽车的岛"。这里也有韩国最大且最早的沙堤生态教育空间——沙堤生态展示馆，可以看到沙堤的诞生过程和韩国沙堤的面貌，以及沙堤上生活的生物的展示。

韩国规模最大的太平盐田自1953年形成，现在已被记录为近代文化遗产。在这个"盐博物馆"中，盐的有益信息和有关轶事、世界之盐和千日盐制造过程等一目了然。千日盐不是一次就可以制作好的，而要经历"忍耐"和"汗水"的艰苦过程，"慢"之美学在这种盐的制造过程中也可以感受得到。

六、中国慢城

江苏南京高淳县桠溪镇是国内首个且是目前唯一一个被授予国际慢城称号的城市。严格来说，它其实不是一座城，而是位于高淳县桠溪镇西北部的一个小镇，面积约49平方公里的地区，地处苏皖两省及溧阳市、高淳县、溧水县、郎溪县四县市交界处，本身纵贯桠溪镇西北部丘陵地区，西离宁高高速7公里，东接246省道，目前人口约2万人。桠溪镇山清水秀，生态环境优美。东南部沟汊纵横，河塘密布，水产资源得天独厚；西北部丘陵起伏，松青竹茂，是省级生态农业示范区。水陆交通便捷，中国第一人工古运河——胥河及其支流桠溪河是连通太湖水系的黄金水道，直达苏、锡、常、沪；公路四通八达，S239、S246穿境而过，连接宁高、宁杭高速公路，距南京禄口机场仅50公里。

桠溪地域风情浓厚，有卞和金山献玉的美丽传说和"南城遗址"牛皋抗金的故事；有刘伯温开挖的大官塘和荆山竹海中的永庆寺等景观；有陈毅司令在桠溪的战斗史迹，都蕴藏着丰富的人文旅游资源。集旅游观光、休闲度假、娱乐健身及都市农业为一体的瑶池山庄被评为国家AA级旅游风景区。桠溪生态之旅被评为全国农业旅游示范点，2010年获得了中国第一个"国际慢城"称号。生态之旅全长48公里，面积50平方公里，沿途有茶叶、早园竹、林果、吊瓜子、药材等绿色生态有机食品示范基地，形成集休闲度假、购物娱乐、农事参与、民俗文化活动为一体的旅游佳地。桠溪现有"国际慢城"主题公园展示、美丽乡村生态观光度假、七彩桥李农业娱乐体验、荆山竹海文化休闲养生四大主题功能区，已成为南京及周边地区市民乡村旅游、休闲度假的主要目的地。

七、借鉴之处

通过对众多慢城的研究，我们可以看出在文化各异的背景下，各国在建立慢城时虽对政策有所调整，但是他们都将慢城哲学融入到当地的政策和文化中，忠实于慢城协会的原则和共同目标。其政策具有以下特点：首先，敬重自然，保护环境，致力于为居民创造一个优美宜居的生态环境，重视地方传统物质文化遗产和风貌的保护，保持和维持自己城市的独有个性。其次，遵循传统，注重保护和维持当地的传统——传统的生产方式、传统的土地利用、传统的食物等，致力于利用这些传统为当地创造一种可持续的经济发展方式。再次，强调生活质量，提倡生态美食，注重人性化的空间设计，如减少机动车交通、增加行人设计、关注绿地空间等。慢城运动提倡这样一种行为方式：放慢脚步、敬畏自然、遵循传统、倾心于精神需求，涉及规划、环境、经济、政治、社会等各个方面，这些城市为我们在处理城市化过程中遇到相似问题时提供了一定的借鉴，也为我们呈现了一种更理想的城市生活模式、城市经济发展模式。

参考文献

1. 董宪军. 生态城市论 ［M］. 北京：中国社会科学出版社，2006.

2. 方创琳. 城市化过程与生态环境效应 ［M］. 北京：科学出版社，2008.

3. 冯云廷. 城市聚集经济 ［M］. 大连：东北财经大学出版社，2001.

4. 傅崇兰. 城乡统筹发展研究 ［M］. 北京：新华出版社，2005.

5. 富田和晓. 大都市圈的结构演化 ［M］. 东京：古今书院，1995.

6. 黄光宇，陈勇. 生态城市理论与规划设计方法 ［M］. 北京：科学出版社，2002.

7. 姜爱林. 城镇化、工业化与信息化协调发展研究 ［M］. 北京：中国大地出版社，2004.

8. 李廉水，Roger Stough. 都市圈发展——理论演化、国际经验、中国特色 ［M］. 北京：科学出版社，2007.

9. 李芸. 都市计划与都市发展——中外都市计划比较 ［M］. 南京：东南大学出版社，2002.

10. 两型社会研究院编. 两型社会干部读本 ［M］. 长沙：湖南人民出版社，2009.

11. 陆大道. 区域发展及空间结构 ［M］. 北京：科学技术出版社，1998.

12. 王祥荣. 生态建设论——中外城市生态建设比较分析 ［M］. 南京：东南大学出版社，2004.

13. 吴良镛. 人居环境科学导论 ［M］. 北京：中国建筑工业出版社，2005.

14. 肖金成，袁朱. 中国十大城市群 ［M］. 北京：经济科学出版社，2009.

15. 许学强，等. 现代城市地理学［M］. 北京：中国建筑工业出版社，1998.

16. 许学强，等. 中国乡村——城市转型与协调发展［M］. 北京：科学出版社，1998.

17. 许学强，周一星，宁越敏. 城市地理学［M］. 北京：高等教育出版社，1997.

18. 姚士谋，等. 中国的城市群［M］. 合肥：中国科学技术大学出版社，2001.

19. 张京祥. 城镇空间组合［M］. 南京：东南大学出版社，2000.

20. 张萍. 长株潭城市群发展报告（2008）［M］. 北京：社会科学文献出版社，2008.

21. 张萍. 长株潭城市群发展报告（2009）［M］. 北京：社会科学文献出版社，2009.

22. 张文忠，尹卫红，张锦秋，等. 中国宜居城市研究报告［M］. 北京：社会科学文献出版社，2006.

23. 黄亚生，李华芳，真实的中国：中国模式与城市化变革的反思［M］. 北京：中信出版社，2013.

24. 周岚，等. 城市空间美学［M］. 南京：东南大学出版社，2001.

25. 周琳琅. 统筹城乡发展理论与实践［M］. 北京：中国经济出版社，2005.

26. 朱翔，周国华，贺清云. 推进湖南省城市化进程研究［M］. 长沙：湖南大学出版社，2002.

27. 朱翔. 城市地理学［M］. 长沙：湖南教育出版社，2003.

28. 朱翔. 中国地理大谋略［M］. 北京：高等教育出版社，2006.

29. 朱翔，等. 构筑中部发展轴心——长沙、株洲、湘潭城市群一体化建设研究［M］. 长沙：湖南师范大学出版社，2008.

30. 朱翔，等. 湖南省边界城市发展策略研究［M］. 长沙：湖南教育出版社，2011.

31. 朱翔，等. 长株潭城市群发展模式研究［M］. 长沙：湖南教育出版社，2009.

32. 朱英明. 城市群经济空间分析［M］. 北京：科学出版社，2004.

33. 朱有志，童中贤，等. 长株潭城市群重构："两型社会"视域中的城市群发展模式 ［M］. 北京：社会科学文献出版社，2008.

34. 邹军，王学峰，等. 都市圈规划 ［M］. 北京：中国建筑工业出版社，2005.

35. 巴特·兰布雷特. 多中心化对提升大都市区竞争力的利与弊——以荷兰兰斯塔德地区为例 ［J］. 陈熳莎，译. 国际城市规划，2008（1）.

36. 仇保兴. 统筹城乡发展的若干问题 ［J］. 城乡建设，2008（11）.

37. 方创琳. 城市化与生态环境交互耦合系统的基本定律 ［J］. 干旱区地理，2006（1）.

38. 方创琳. 中国城市群形成发育的新格局及新趋向 ［J］. 地理科学，2011，31（9）：1025 - 1034.

39. 方忠权，丁四保. 主体功能区划与中国区域规划创新 ［J］. 地理科学，2008，28（4）：483 - 487.

40. 顾朝林. 城市群规划的理论与方法 ［J］. 城市规划 2007，31（10）：40 - 43.

41. 顾朝林. 城市群研究进展与展望 ［J］. 地理研究，2011，30（5）：771 - 784.

42. 何力武，罗瑞芳. 城市群网络的物质内容与整体经济增长——我国14个主要城市群的实证研究 ［J］. 经济问题探索，2009（4）：50 - 54.

43. 何一民，范瑛，付春. 中国城市发展模式研究 ［J］. 社会科学研究，2005（1）：49 - 54.

44. 李诚固，郑文升，等. 中国城市化的区域经济支撑模型分析 ［J］. 地理科学，2004，24（1）：1 - 6.

45. 林先扬，陈忠暖，等. 国内外城市群研究的回顾与展望 ［J］. 热带地理，2003，23（1）：44 - 49.

46. 刘耀彬，李仁东. 中国区域城市化与生态环境耦合的关联分析 ［J］. 地理学报，2005（2）.

47. 宁越敏. 国外大都市区规划体系评述 ［J］. 世界地理研究，2003，12（1）：36 - 43.

48. 牛文元. 中国新型城市化战略的设计要点 ［J］. 中国科学院院刊，2009，（2）：130 - 137.

49. 沈建国. 世界城市化的未来趋势 [J]. 城市发展研究, 2000, 7 (2): 17 - 20.

50. 王书国, 段学军, 姚士谋. 长江三角洲地区人口空间演变特征及动力机制 [J]. 长江流域资源与环境, 2007, 16 (4): 405 - 409.

51. 吴优. 世界城市化趋势 [J]. 国外城市规划, 1995, (4): 55.

52. 姚士谋, 陈振光, 吴松, 等. 我国城市群区战略规划的关键问题 [J]. 经济地理, 2008, 28 (4): 529 - 534.

53. 许学强, 程玉鸿. 珠江三角洲城市群的城市竞争力时空演变 [J]. 地理科学, 2006, 26 (3): 257 - 265.

54. 姚士谋, 朱英明. 信息环境下城市群区的发展 [J]. 城市规划, 2001, (8): 16 - 18.

55. 周惠来, 郭蕊. 中国城市群研究的回顾与展望 [J]. 地域研究与开发, 2007, 26 (5): 55 - 60.

56. 中共中央关于全面深化改革若干重大问题的决定. 2013.

57. 国家新型城镇化规划 (2014—2020).

58. 关于开展国家新型城镇化综合试点工作的通知 (发改规 [2014] 1229 号).

59. 国务院关于进一步推进户籍制度改革的意见 (2014 年 7 月 30 日).

60. 湖南省加速推进新型城镇化实施纲要 (2012—2020 年).

61. [美] 凯文·林奇. 城市意象 [M]. 北京: 华夏出版社, 2001.

62. Gilles D. Microfoundations of urban agglomeration economies [M]. North Holland: Handbook of Regional and Urban Economics, 2003.

63. Shapiro J. Smart Cities: Explaining the Relationship between City Growth and Human Capital [M]. Mimeo: Harvard University, 2003.

64. Andrew J. Hoffman. Competitive Environmental Strategy. (M) Island press. Washington, D. C. California. 2000.

65. Rodney H. Matsuoka, Rachel Kaplan. People needs in the urban landscape: Analysis of Landscape And Urban Planning contributions (J). Landscape and Urban Planning 84 (2008) 7 - 19.

66. Michela Marignani, Duccio Rocchini Dino Torri, Alessandro Chiarucci Simona Maccherini. Planning restoration in a cultural landscape in Italy using an ob-

ject-based approach and historical analysis (J). Landscape and Urban Planning 84 (2008) 28 – 37.

67. J. Vernon H. Estimating Net Urban Agglomeration Economies With An Application to China [J]. Brown University, 2003, (10): 1 – 45.

68. John I. , Carruthers. Growth at the fringe: The influence of political fragmentation in United States metropolitan areas [J]. Regional science, 2003, (82): 475 – 479.

69. Fang C, Lin X. The eco-environmental guarantee for China's urbanization process [J]. Journal of Geographical Sciences, 2009, (1): 95 – 106.

70. Gu C, Pang H. Study on spatial relations of Chinese urban system: Gravity model approach [J]. Geographical Research, 2008, (1): 100 – 104.

71. Kim D, Batty M. Modeling urban growth: An agent based microeconomic approach to urban dynamics and spatial policy simulation [C]. UCL Centre for Advanced Spatial Analysis working papers series, 2011, (5): 1 – 16.

72. Teirlinck P, Spithoven A. The spatial organization of innovation: Open innovation, external knowledge relations and urban structure [J]. Regional Studies, 2008, 42 (5): 689 – 704.